Nigel Slater
Halbe Portion

PIPER

Zu diesem Buch

Nigel ist kein normales Kind: Er verschlingt Kochbücher wie andere Leute Pornografie. Möglich, dass seine Mutter, eine armselige Köchin, daran schuld ist. Kein Wunder also, dass Nigel voller Sehnsucht alles bestaunt, das nur irgendwie appetitlich aussieht. Sein Vater vermutet ja längst, dass »etwas nicht stimmt« mit dem Jungen.
Mit dem Gesundheitszustand seiner Mutter verschlechtert sich auch das Verhältnis zwischen Nigel und dem Vater. Kurz vor Weihnachten stirbt Nigels Mutter und lässt zwei Männer mit gebrochenem Herzen zurück. Als Mrs. Potter, die neue Reinemachefrau, in ihr Leben tritt, verhexen ihre weiblichen Formen und Zitronenbaisers Nigels Vater. Im Besuch einer Hauswirtschaftsschule sieht Nigel die einzige Chance, die Konkurrentin im Kampf um die Aufmerksamkeit seines Vaters auszustechen. Eine Anstellung in der Küche des örtlichen Pubs eröffnet ihm weitere Perspektiven und als sein Vater stirbt, ist er bereit, nach London aufzubrechen …

Nigel Slater, nach Jamie Oliver der angesagteste Koch Großbritanniens, veröffentlichte mehrere Kochbücher, die vielfach ausgezeichnet wurden. Seit vielen Jahren hat der Bestsellerautor eine Kolumne im *Observer* und produziert eine prämierte BBC-Kochserie.

Nigel Slater

Halbe Portion

Wie ich meine Leidenschaft für das Kochen entdeckte

Aus dem Englischen von Karen Lauer
Mit einem kleinen ABC der Spezialitäten und
zahlreichen Illustrationen von Claudia Sanna

Piper München Zürich

Mehr über unsere Autoren und Bücher:
www.piper.de

Neuausgabe der ungekürzten Taschenbuchausgabe
August 2011

Titel der englischen Originalausgabe:
»Toast. The Story of a Boy's Hunger«

erschienen im Verlagsprogramm Kabel
Umschlagkonzeption: semper smile, München
Umschlaggestaltung: Bauer + Möhring, Berlin
Umschlagabbildung: 2010 Ruby Films (Toast) Limited. All Rights Reserved.
Satz: Kösel, Krugzell
Papier: Munken Print von Arctic Paper Munkedals AB, Schweden
Druck und Bindung: CPI – Clausen & Bosse, Leck
Printed in Germany ISBN 978-3-492-27317-6

Für Dogger, Magrath und Poppy in Liebe

In Erinnerung an Elvie 1902 – 2002

Vorwort

»Schreiben Sie doch einmal etwas darüber, was sie als Kind gegessen haben«, bat mich die damalige Redakteurin meiner wöchentlichen Kolumne im Londoner *Observer*. Die Idee gefiel mir, und so ging ich los und kaufte mir die Süßigkeiten und Süßspeisen, die vor dreißig Jahren so einen wichtigen Bestandteil meiner Ernährung ausgemacht hatten. Manche gönnte ich mir noch ab und zu, andere hatte ich seit zwanzig Jahren nicht mehr mit der Zunge umschlossen. Während ich die klebrigen Schokoriegel auswickelte und die bunten Bonbons lutschte, stieg in mir eine Flut von Erinnerungen auf – erstaunlich klar und laut. Das wird ein Kinderspiel, dachte ich. Etwas, das mir leicht von der Hand gehen wird nach all den Jahren, in denen ich wöchentlich einen Artikel über irgendein Gericht geschrieben habe.

Anfangs war denn auch alles recht unkompliziert. Haferkekse erinnerten mich daran, wie ich aus der Schule heimgekommen war, grüne Bohnen an den Geruch der Farm, auf die ich zum Pflücken geschickt worden war, und Turkish Delight an Weihnachten. In dieser Hinsicht unterschied sich das Ganze kaum von Kindheitserinnerungen anderer Köche. Aber je mehr ich aß, desto klarer wurde mir, daß nicht jeder Bissen so süße Erinnerungen weckte. Eine Schale Himbeeren aus der Dose ließ in mir eine Szene wiederaufleben, bei der mich mein Vater nahezu bewußtlos geschlagen hatte (ich hatte die Beeren mit dem tiefroten Saft über den neuen grauen Teppich gekippt, und mein Vater war gerade erst Witwer geworden und noch völlig verzweifelt). Walnut Whips riefen mir mit beschämender Deutlichkeit meinen frühen sexuellen Voyeurismus ins Gedächtnis, und die weichen rosa Marshmallows, die ich nicht mehr gegessen hatte, seit ich neun war, waren untrennbar mit den Gutenachtküssen meiner verstorbenen Mutter verbunden.

Ich beschloß, es zu riskieren, und schrieb einen hemmungslos persönlichen Artikel.

Ich verknüpfte das Essen nicht nur mit bestimmten Ereignissen, sondern auch mit Gefühlen, mit allen Fehlern und Schwächen, und mischte sogar eine tüchtige Portion Sex hinein. Dann gab ich den Artikel ab.

Eine halbe Stunde später klingelte das Telefon. Schon bevor ich abnahm, wußte ich, daß es meine Redakteurin war. »Ich rufe wegen dieser Geschichte an«, sagte sie. Ich brabbelte sofort los, sagte, es tue mir leid, ich wisse, das Ganze sei viel zu intim und geschmacklos. Ich bot ihr an, es umzuschreiben, die Erinnerungen wegzulassen und mich nur auf das Essen zu konzentrieren. »Nein«, erwiderte sie, »ich finde es wunderbar. Ich werde es genauso drucken, wie es ist.«

Am Morgen, nachdem der Artikel erschienen war, unter der Überschrift »My Life on a Plate«, bekam ich einen Anruf von meiner Lektorin Louise Haines, die all meine Kochbücher betreut hatte. Sie sagte, sie habe die Geschichte gelesen und finde, ich solle ein Buch daraus machen. Wir befanden uns gerade in der Endphase von *Real Food,* meinem fünften Kochbuch, das an meine damalige Kochsendung im Fernsehen gekoppelt war. In Arbeit ertrinkend, beschlossen wir, die Idee erst einmal beiseite zu stellen, um später darauf zurückzukommen.

Vergessen Sie Salz und Pfeffer, Knoblauch und Zitronensaft. Nichts würzt unser Essen so wirkungsvoll wie eine kräftige Prise Nostalgie. Fragen Sie einen Menschen danach, was es in seiner Kindheit und Jugend zu essen gab, und er wird Sie mit (größtenteils) glücklichen Erinnerungen überschütten. Ich muß zugeben, daß ich das wußte, als ich anfing, *Halbe Portion* zu schreiben. Wenn man die Geschichte einer Kindheit mit Markennamen von Süßigkeiten und Standardgerichten aus jener Zeit spickte, würde man zweifellos einige Erinnerungen wecken.

Es war sicher angemessen, daß ich das Essen zu dem Blut gemacht habe, das in den Adern meiner Autobiographie fließt. Schließlich habe ich seit jeher damit gearbeitet, zuerst in Restaurantküchen, dann als Autor von Kochbüchern und -artikeln. Ich hatte mehr als ein Jahrzehnt lang eine Kochkolumne in einer Zeitung, habe für Hochglanzzeitschriften geschrieben und mehrere Kochbücher verfaßt, von denen das erste, *Real Fast Food,* jetzt achtundzwanzig Auflagen erlebt hat. Essen ist immer mein Beruf, mein Hobby und, man muß wohl sagen, meine Zuflucht gewesen.

Dennoch waren die meisten Leute nicht wenig erstaunt, daß ich ein so persönliches Buch schrieb. Obwohl meine Küche in Großbritannien ziemlich bekannt ist, habe ich nie das Rampenlicht gesucht (und werde es auch niemals tun). Ich habe mich inbrünstig geweigert, im Kochzirkus mitzuspielen, an Symposien teilzunehmen, Autorenverbänden beizutreten, Kochvorführungen zu geben oder mich an Wettbewerben zu beteiligen. Ich würde alles tun, um mich um einen Fototermin oder ein Seminar zu drücken, und eher Federn fressen, als zu einer Preisverleihung zu gehen. Selbst wenn ich einer der Preisträger sein könnte.

Manchmal, vor allem gegen Ende der Entstehung des Buches, habe ich an der Angemessenheit eines solchen Projektes gezweifelt. Wenn ein Kochbuchautor seine Autobiographie schreibt, ist sie stets von einem rosigen Glanz und dem Duft von Frischgebackenem umgeben. Was man erwartet, sind Erzählungen vom Kuchenbacken mit der Mutter und vom morgendlichen Marktgang mit dem Weidenkorb, von der Frau an dem hübschen kleinen Käsestand und von der Heimkehr mit dem übervollen Korb und einer knusprigen Stange Weißbrot.

Doch ich hatte nichts von alldem geschrieben. Nicht riesige Tassen mit dampfendem Café au lait und federleichte Croissants hatten mich poetisch werden lassen, sondern die Steak-and-Kidney Pies aus der Dose, die mein Vater vergeblich aufzubacken versuchte, die Spiegeleier, die ich hatte essen müssen, bis ich mich übergab, und die Kochbücher, die mir als Heranwachsendem die Pornohefte ersetzten. An einem bestimmten Punkt in dem Buch schien mehr Essen ausgespuckt als geschluckt zu werden. Außerdem war das Ganze von einer gewissen Traurigkeit durchzogen. Sowohl meine Lektorin als auch meine Agentin – die einzigen, die das unvollendete Manuskript zu sehen bekamen – gaben zu, daß es sie beide zu Tränen gerührt hatte.

Sollte ich mich nicht doch lieber auf die Schokoladenkuchen-Erinnerungen verlegen?

Und noch ein Gedanke drängte sich auf: Warum schrieb jemand, der so darum kämpfte, im Hintergrund zu bleiben und seine Privatsphäre zu wahren, ein Buch, das man, milde gesagt, als »vertraulich« beschreiben könnte? Offenbarungen, Indiskretionen und Erinnerungen, die selbst meine ergebensten Anhänger als »Überinformation« einstufen könnten. Ich weiß nicht, was mich bewog, es zu Ende zu schreiben. Ich weiß nur, daß ich es tat.

Als das Buch schließlich erschien, war ich nicht wirklich erstaunt, daß so viele der Speisen und Eßwaren, mit denen ich groß geworden war, auch bei anderen Menschen Erinnerungen weckten. Was ich nicht erwartet hatte, war, wie stark sich viele in meiner Geschichte wiedererkannten. Dem, was sich hinter dem Essen verbarg. Was ich für einen sehr persönlichen Bericht über eine Kindheit gehalten hatte, die gezeichnet war von dem Tod eines Elternteils, der Aufzwingung einer scheinbar bösen Stiefmutter, von Frustration, Einsamkeit und sogar sexueller Verwirrung, erwies sich als alles andere als das. Briefe fielen durch meinen Briefschlitz, die Zeitungen bedrängten mich wegen eines Interviews (das sie jedoch selten bekamen), immer wieder hielten mich Leute auf der Straße an. »Entschuldigen Sie, aber Sie haben über *meine* Kindheit geschrieben!« … »Es ist, als wären Sie dabeigewesen.« … »Ich dachte, ich wäre der einzige.« So redeten sie alle. Mir wurde bald bewußt, daß *Halbe Portion* tausend Knöpfe gedrückt hatte.

Das Buch war klein und handlich, wie eine Scheibe Toast. Die Kritiker waren sehr nett zu mir, netter, als ich es mir hätte träumen lassen, und anders als bei den Kochbüchern, die ihm vorangegangen waren, erschienen die Besprechungen auf den Literaturseiten. Das Buch kam auf die Bestsellerliste und hielt sich dort ein paar Wochen, dann hagelte es Anfragen wegen der Filmrechte, und schließlich wurden sie verkauft. Ich staunte, beglückt und reichlich verlegen.

Als meine Agentin mir sagte, daß mein kleines Buch in den USA erscheinen solle, fragte ich: »Wird es denn da funktionieren? « Ich war überzeugt, daß die Markennamen, die Gerichte und in gewisser Hinsicht auch der Lebensstil des englischen Mittelstands den Lesern dort unbekannt waren und fernliegen würden. Schießlich hatten nur wenige Amerikaner von mir gehört. Und dann fiel mir der erste Brief ein, den ich in meiner Post gefunden hatte, als das Buch in England herausgekommen war. Der, in dem stand: »Ich bin viel jünger als Sie, und wir stammen offensichtlich aus einem ganz anderen Milieu. Und doch hatten wir anscheinend in so vielerlei Hinsicht genau die gleiche Kindheit. Es ist, als hätten sie meine Geschichte geschrieben.«

Nigel Slater
London 2004

Toast 1

Meine Mutter kratzt, aus dem Küchenfenster gelehnt, eine Scheibe verbrannten Toast ab und runzelt dabei verärgert die Stirn. Das ist keine Sache, die von Zeit zu Zeit vorkommt, kein vereinzeltes kleines Malheur im arbeitsreichen Alltag einer Mutter. Meine Mutter verbrennt den Toast so sicher, wie morgens die Sonne aufgeht. Ja ich bezweifle, daß sie je eine Runde Toast gemacht hat, die nicht die ganze Küche mit beißenden Rauchwolken erfüllt hätte. Ich bin jetzt neun und habe noch nie Butter ohne schwarze Krümel darin gesehen.

Es ist unmöglich, einen Menschen, der Toast für einen macht, nicht zu lieben. All seine Fehler und Sünden, selbst größere, wie etwa, daß er dich zwingt, in kurzen Hosen zur Schule zu gehen, verlieren jede Bedeutung, wenn deine Zähne durch die grobe, getoastete Kruste brechen und in das weiche Teigbett des weißen Brotes sinken. Sobald die warme, gesalzene Butter auf deine Zunge trifft, bist du verloren. Wachs in der Hand jenes Menschen.

Christmas Cake

Mum war nie eine besonders gute Köchin. Daß das Essen auf den Tisch kam, verdankte sich ebensosehr dem Zufall wie den Lehren der Hauswirtschaft. Was das Kochen betraf, war sie der Kotelett-und-Erbsen-Typ, verstieg sich allenfalls einmal zu einem Rice Pudding, und dann trieben sie die Launen ihres schwarzen und cremefarbenen Aga-Herds und ihres pingeligen kleinen Jungen zur Verzweiflung. Das Ganze war für sie eher eine Qual, und sie wünschte, sie hätte das Kochen, wie das Waschen, Bügeln und Staubwischen, Mrs. P. überlassen, ihrer »Perle«.

Einmal im Jahr galt es Christmas Puddings und Christmas Cakes zu machen. Sie wurden weder mit Liebe gekocht und gebacken noch mit Freude. Sie waren einfach etwas, das gemacht werden mußte. »Dann werd ich jetzt wohl mal *den Kuchen backen*«, sagte sie seufzend. Die Küchenmaschine – meine Mutter gehörte nicht zu der Sorte Frauen, die ihre Hände benutzen – war ein uraltes, schweres Ding von Kenwood, das in einem versteckten Bau tief unter der Arbeitsfläche hauste. In einem seiner seltenen Anfälle von Heimwerkertum hatte mein Vater eine schwere Stahlfeder unter der

Maschine angebracht, so daß diese, wenn man die Schrankklappe hochhob, langsam von selbst heraufstieg wie eine Leiche aus einem Sarg. Das alles war für meine Mutter ein bißchen zuviel. Der abstruse Erfindergeist meines Vaters überrumpelte sie jedes Jahr aufs neue, und wenn das riesige Ding wie ein Springteufel hochfuhr, schlug sie die Hände vor die Brust. »Verflixt!« keuchte sie dann. Es war der schlimmste Fluch, den meine Mutter je ausstieß.

Mit der Küchenmaschine lernte sie nie richtig umgehen. Ich sehe noch vor mir, wie sie verzweifelt versucht, ihre störrische Kenwood zu schirren, und Teigfetzen aus der Schüssel fliegen wie in einem *Typisch Lucy*-Sketch. Das Kuchenrezept war mit grünem Kugelschreiber auf edles blaues Briefpapier geschrieben und wurde, zweimal akkurat gefaltet, in dem rückenlosen Aga-Kochbuch verwahrt, das den Rest des Jahres in der Schüssel der Kenwood lag. Der unpraktische, wenn auch genial konstruierte Küchenmaschinen-Schrank ließ sich nicht richtig putzen, und in den Schichten von Mehl und Puderzucker lebten kleine schwarze Mehlkäfer. Ich war der einzige, der sie herumflitzen sah. Das alles war vielleicht nicht so wichtig, wenn man einen Christmas Pudding machte, der mit seinen kleinen harten Korinthen stundenlang kochen mußte. Aber hier ging es um Kuchen.

Ein richtiger Koch weiß, daß er die Backform einfetten und mit Papier auslegen muß, bevor er sich ans Rühren und Schla-

gen macht. Meiner Mutter fiel es immer erst ein, wenn sie gerade den letzten Löffel Brandy zum Teig geben wollte, und dann brauchte sie eine halbe Stunde, bis sie die Backform fand. Sie lag jedesmal in einer Schublade, verrostet und voller Staubflocken. Dann folgte das alljährliche Gewühle nach dem Packpapier, der Schere und der Schnur. Sosehr sie das Kuchenbacken haßte, so sehr liebten wir beide das Geräusch, wenn der rohe Teig in die Form fiel. In der Küche war es wärmer als sonst, und meine Mutter hatte dieses strahlende Ich-habe-gerade-einen-Kuchen-gebacken-Gesicht. »Ach, Schatz, leg doch eine Schallplatte auf, ein paar Weihnachtslieder«, sagte sie dann, wenn sie den Kuchen in den oberen Ofen des Aga-Herds schob. Weihnachtslieder hin oder her, der Kuchen fiel jedesmal in der Mitte zusammen. Und die peinliche Kuhle, die manchmal so tief war wie eine Faust, mußte mit Marzipan ausgefüllt werden.

Vergessen Sie Duftkerzen und frisch gekochten Kaffee. Jedes richtige Zuhause sollte nach einem Christmas Cake riechen, der im Ofen bäckt. Und nach warmen, frisch gebügelten Geschirrtüchern an der Stange vorm Herd. Es war ein Jammer, daß Tante Fanny bei uns wohnte. Ihre Inkontinenz konnte schon den Duft eines Hühnercurrys verderben und erst recht den eines Kuchens im Ofen. Egal, wie viele Mince Pies gebacken oder Kiefernscheite im Kamin verbrannt wurden oder wie viele mit Nelken gespickte Orangen meine Mutter im Haus verteilte, es roch doch immer leicht nach Tante Fanny.

Warmes, süßes Obst, ein Kuchen im Ofen, Holzfeuer, warme Bügelwäsche, ein glühender Retriever, der zusammengerollt vor dem Herd liegt, Mince Pies, Mums 4711. So sollte Weihnachten in der Erinnerung eines jeden Kindes riechen. Bei mir roch es so. Schade nur, daß stets ein Hauch von Ammoniak hindurchzog.

Kuchen hält eine Familie zusammen. So kam es mir wirklich vor. Wenn Kuchen im Haus war, dann war mein Vater ein anderer Mensch. Warmherzig. Ein Mann, den ich umarmen wollte, und nicht einer, vor dem ich zurückschreckte. Hielt er einen Teller mit Kuchen in der Hand, wußte ich, daß ich getrost auf seinen Schoß steigen konnte. Irgend etwas an der Art, wie meine Mutter eine Torte auf den Tisch stellte, gab mir das Gefühl, daß alles gut war. Sicher. Wohlbehütet. Unzerstörbar. Selbst dann noch, als sie ihren Ventolin-Inhalator nicht mehr aus der Hand legte. Unzerstörbar. Selbst dann noch, als sie und mein Vater lange Spaziergänge unternahmen, bei denen sie ein Stück vor mir gingen, sich mit gedämpfter Stimme unterhielten und er mit Tränen in den Augen zurückkam.

Als ich acht war, übertrug meine Mutter mir die alljährliche Aufgabe, den Christmas Cake der Familie zu glasieren. »Ich hab genug von diesem Spaß, Du bist alt genug, Schatz.« Sie

setzte sich inzwischen ziemlich oft hin. Ich verpfuschte die Glasur kaum weniger als sie, aber immerhin waren bei mir Tisch, Boden und Hund danach nicht mit Puderzucker überzogen. Ehrlich gesagt, war es eine Erleichterung, ihr die Sache aus der Hand zu nehmen. Ich hielt mich an den Stil des Hauses Slater: schneeige Gipfel, die mit einem Messer aufgetürmt wurden, und eine rote Schleife. Schon damals war ich kein Mensch, der an Traditionen rüttelt. Der Welleneffekt ihrer Glasur diente ganz einfach dem Zweck, zu verbergen, daß das Ergebnis ihres Versuchs, den Kuchen mit Marzipan zu überziehen, vor allem an ein ungemachtes Bett erinnerte. Falten und Höcker, Knitter und Risse, und ein paar Fetzen, die mit Aprikosenmarmelade angeklebt waren.

Wahrscheinlich hätte ich eine makellos glatte Glasur hinbekommen, aber das hätte meine Mutter verletzt. Also mußten es Wellen sein. Außerdem prangten darauf ein angeschlagener Weihnachtsmann, mit einem zerklüfteten Brocken Marzipan vom letzten Jahr um die Füße, und ein verstaubter Tannenbaum mit verschneiten Zuckerspitzen. Erst das flaumige gelbe Osterküken war mir zuviel.

Für die eigene Familie einen Christmas Cake zu backen, das Verrühren von kandierten Kirschen, Korinthen, Rosinen, Orangeat, Zitronat und Brandy, braunem Zucker, Butter, Eiern und Mehl – für mich das höchste Symbol der Liebe einer Mutter zu ihrem Mann und ihren Kindern –, wurde auf etwas reduziert, das »einfach gemacht werden muß«. Wie Klo- oder Schuheputzen. Meine Mutter wußte nicht, daß man Glycerin in den Zucker tut, damit die Glasur weich bleibt, und so gab ihr steinharter Kuchen das ganze Weihnachtsfest lang eine Zielscheibe für allerlei Scherze ab. Einmal nahm ihn mein Vater sogar mit Hammer und Meißel in Angriff. So stand denn der traurige, langsam vergilbende Kuchen bis Ende Februar herum – nur der Hund schleckte manchmal im Vorbeigehen daran –, bis er letztlich zu unser aller Erleichterung für die Vögel in den Garten geworfen wurde.

Bread-and-Butter Pudding

Meine Mutter schmiert Butterbrote für das Vaterland. Die Energie, mit der sie das weiche gelbe Fett auf pappige dünne Weißbrotscheiben streicht, ist das, was bei ihr noch am ehesten der Freude daran entspricht, für einen geliebten Menschen zu kochen. Im Moment hält sie das Brotmesser in der Hand, und nichts kann sie aufhalten. Sie kauft immer unverpacktes, ungeschnittenes Brot, ein fast krustenloses helles Kastenbrot, und schneidet es selbst von Hand.

Die Art, wie meine Mutter Brot schneidet und schmiert, wirkt mühelos und umständlich zugleich. Sie hat die Butter hinten auf dem Herd weich werden lassen, so daß sich eine sanfte Welle bildet, als sie das Buttermesser darüber zieht. Sie streicht die Butter auf die angeschnittene Seite des Brotlaibs, dann nimmt sie das Brotmesser und schneidet die Scheibe mit der Butter ab. Sie legt das Brotmesser hin, nimmt das Buttermesser und bestreicht wieder die angeschnittene Seite. So fährt sie fort, bis sie drei Viertel des Laibes aufgebraucht hat. Von dem Rest macht sie am nächsten Morgen Toast.

Das Komische ist, daß eigentlich keiner von uns sonderlich viele Butterbrote ißt. Das Ganze wirkt wie ein Ritual einer guten Hausfrau, das meine Mutter vollziehen muß. Als hätte ihre Großmutter ihr auf dem Sterbebett gesagt: »Achte darauf, daß sie immer genug Brot und Butter kriegen.« Keiner von uns hat je gesehen, was sie mit all den Scheiben macht, die wir nicht essen.

Von diesen übriggebliebenen Scheiben erzähle ich einmal Mrs. Butler, einer freundlichen, gutherzigen Frau, deren Tochter in meine Klasse geht und die einen Garten mit Rhabarber und Kartoffeln und einen Teich mit Molchen und Goldfischen hat. Und ein Haus, in dem es nach Apple Crumble riecht. Es ist Mittag, und ich besuche ihre Tochter Madeleine. Wir gehen oft zusammen zurück zur Schule. Mrs. Butler läßt mich warten, während Madeleine fertig ißt.

»Na ja, deine Mutter könnte damit Bread-and-Butter Pudding machen, Apfelcharlotte, Arme Ritter oder Brotpudding«, schlägt Mrs. Butler vor, »oder auch getoastete Käse-Sandwiches.«

Ich liebe Bread-and-Butter Pudding. Ich liebe diese Schichten aus süßem, zitterndem Custard, saftigen Rosinen und aufgeblähter, goldener Kruste. Ich liebe es, wenn er leise im Ofen vor sich hin summt und wie er auf dem Löffel wabbelt.

Umarmungen kann man nicht riechen und auch nicht hören. Aber wenn man es könnte, dann röchen und klängen sie bestimmt wie warmer Bread-and-Butter Pudding.

Sherry Trifle

Mein Vater trug immer alte, rostrot-schokoladenbraun-karierte Hemden und roch nach Rosentabak und Blumentopferde. Ein warmherziger Mann mit strahlenden Augen, der Typ Mann, der seinen Sohn es sich auf seinem Schoß bequem machen und in den Falten seines Hemdes einschlafen läßt. »Jetzt mußt du runter, mir ist das Bein eingeschlafen«, brummelte er dann irgendwann und kippte mich hinunter auf den Boden. Er schnitt bei jeder Gelegenheit Grimassen, vor allem wenn ein Fotoapparat oder andere Kinder in der Nähe waren. Manch-

mal brachte er mich damit zum Lachen, dann wieder, etwa wenn er sein Affengesicht zog, jagte er mir solche Angst ein, daß ich Schmetterlinge im Bauch bekam.

Seine Kleidung war immer alt und weich, was mir erst recht Lust machte, mich an ihn zu schmiegen. Er zog äußerst ungern neue an. Mein Vater trug immer alte, schwere Schuhe und selbst in seinem Gewächshaus eine Krawatte. Er las den *Telegraph* und *Reader's Digest*. Der Crumpets-mit-Honig-Typ, mit einem dichten kleinen Schnurrbart. Aber mein Gott, was konnte er aufbrausend sein. Manchmal ging er in die Luft, krawumm, wie ein Pulverfaß. Etwa damals, als er mich erwischte, wie ich in Mutters Handtasche nach Malzbonbons wühlte, oder als sie einmal zwölf Fairy Cakes backte und ich sechs davon auf einmal aß.

Mein Vater ging nie zur Kirche, betete aber jeden Abend, kniend und den Kopf in die Hände gestützt, vor seinem Bett. Es kam selten vor, daß er fluchte, außer wenn er irgendwen einen »blöden Mistkerl« nannte. Ich weiß noch, daß er nacheinander für verschiedene Sängerinnen schwärmte. Zuerst war es Kathy Kirby, auch wenn er einmal sagte, sie sei »ein bißchen zu mondän«, und dann Petula Clark. Manchmal kaufte er ihre Schallplatten und legte sie am Sonntag auf, nachdem ich meine einzige Platte gehört hatte – eine zerkratzte Single, auf der Tommy Steele *Little White Bull* sang. Mein alter Herr liebte seine Sammlung weiblicher Stimmen wirklich heiß und innig. Sie hätten sehen sollen, wie er weinte, als Alma Cogan starb.

Das Gewächshaus war meines Vaters Heiligtum. Ich wußte nie genau, ob es nach ihm roch oder umgekehrt. Im Winter ging er vor dem Schlafengehen hinaus und zündete den alten Ölofen an, der seine kostbaren Begonien und Tomatenpflanzen am Leben hielt. Ich erinnere mich noch an die finstere Nacht, in der der Ofen ausging und seine Begonien erfroren. Er verbrachte Stunden dort. Einmal erwischte ich ihn im Gewächshaus mit seinem Schwanz in der Hand. Er sagte, er hätte gerade »pinkeln« wollen: »Das ist gut für die Pflanzen.« Sein Ding sah anders aus, größer als in der Badewanne, und er schien ein wenig Probleme zu haben, es wieder in seiner Hose unterzubringen.

Sherry Trifles zu machen war eine Art Marotte von ihm. Die Trifles und sein gefürchteter Eintopf aus Truthahnresten waren das einzige, was er eigenhändig zubereitete. Der Truthahneintopf am zweiten Weihnachtstag, ein Trauma für alle Beteiligten, variierte von Jahr zu Jahr, aber beim Trifle gab es feste Regeln. Er verwendete dafür fertige Sponge-Böden. Solche, die so fest in Zellophan eingeschweißt sind, daß man sie nicht herausbekommt, ohne sie einzudellen. Sie wurden mit Himbeermarmelade gefüllt, niemals mit Aprikose, denn dann hätte man die Marmeladeschlieren nicht so schön durch die Glasschüssel gesehen wie bei Himbeer. Die Sherryflasche

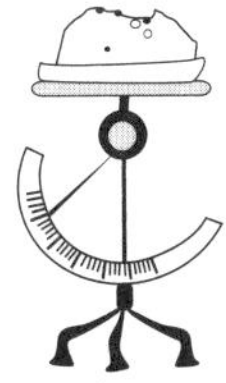

gab Anlaß zu viel verschämtem Gelächter. Was haben die Männer nur mit dem Alkohol? Sie kochen nur zweimal im Jahr, aber dann ist immer irgendein Alkohol im Spiel. Als nächstes eine Dose Pfirsiche und ein bißchen Saft. Mit dem Tränken der Teigböden nahm er es äußerst genau. Zuerst der Sherry, dann der Saft aus der Pfirsichdose. Dann die Marmelade. Puristen ist die Vorstellung von Marmelade in einem Trifle ein Greuel. Aber für meinen Vater war sie unabdinglich. Wenn das Trifle meines Vaters ein Mensch gewesen wäre, dann wäre es ein Clown gewesen. Einer von denen mit gestreifter Hose und einer roten Nase. Er machte eine hellgelbe Vanillesauce, Bird's Custard aus der Dose. Die strich er über der Marmelade glatt, wobei er mit fast absurder Sorgfalt darauf achtete, daß der Custard nicht zwischen die Teigböden und die Glaswand lief. Zweifellos eine Frage der Ehre.

Wenn er kalt war, wurde der Custard mit Schlagsahne, Belegkirschen und abgezogenen ganzen Mandeln bedeckt. Nie mit Silberkügelchen, die er für gewöhnlich hielt, oder mit Schokoladenstreuseln, von denen einem seiner Ansicht nach schlecht wurde. Nur große, fette Mandeln. Er röstete sie nie, obwohl sie dann besser geschmeckt hätten. Meine Stiefmutter schlug später einmal vor, bunte Liebesperlen darüber zu streuen. Ebensogut hätte sie ihm vorschlagen können, als Tageszeitung von nun an den *Mirror* zu lesen.

Das ganze Weihnachtsfest stand oder fiel mit dem Geräusch, das das Trifle machte, wenn der erste reichverzierte Silberlöffel voll herausgehoben wurde. Diese Mischung aus einem Platschen und einem Furz war wie ein Zeichen Gottes. Ein leises Trifle war ein schlechtes Omen. Je lauter das Trifle schmatzte, um so schöner würde das Weihnachtsfest sein. Dads Schwester hatte seltsamerweise denselben Tick bei Wakkelpudding: Sie machte ihn fester als üblich, damit er ein Geräusch hervorbrachte, das dem alten Mädchen noch an ihrem hundertsten Geburtstag ein Kichern entlockte.

Man würde nicht meinen, daß ein Mann, der süßen, parfümierten Tabak raucht, rosa Begonien züchtet und mit größter Behutsamkeit Trifles macht, furchterregend sein kann. Sein Jähzorn, seine Wutanfälle, seine Schimpftiraden versetzten meine Mutter, meine Brüder und den Gärtner in Angst und Schrecken, ja sogar den reizenden Milchmann, der sich gelegentlich in der Menge vertat. Einmal, als mein Vater mich dabei erwischte, daß ich mit ungeputzten Zähnen ins Bett ging, sprühten seine Augen so ein Feuer, war sein Gesicht so rot und aufgedunsen und hob er die Hand so hoch, daß ich mir auf dem Flur vor meinem Zimmer in meine Schlafanzughosen machte. Trotz seiner weichen Hemden, trotz allen Gekuschels und seiner Trifles hatte ich eine Todesangst vor ihm.

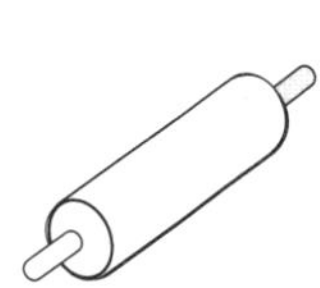

Das Kochbuch

Das Bücherregal beherbergte zugleich die Bar. Oder vielleicht eher umgekehrt. Drei Glaskaraffen mit silbernen Plaketten rühmten sich, Brandy, Whisky und Portwein zu enthalten, obwohl ich nie einen Tropfen in ihnen gesehen hatte, nicht einmal zu Weihnachten. Dads Whisky, Dimple Haig, kam aus einer Flasche, die er in einem versteckten Schrank hinter der Rückwand des Bücherregals aufbewahrte, wo auch sein Canada Dry und ein Glas mit Maraschinokirschen standen, für die Snowballs, die wir an Weihnachten tranken. Die Vorderseite der Bar enthielt Dads gesamte Büchersammlung.

Die ziemlich winzige Bibliothek der Familie bestand aus Büchern mit Kunstledereinband und der Prägung »Reader's Digest« oder »The Folio Society«. Die meisten sahen aus wie neu, und alle waren »ausgewählt« oder »gekürzt«. Fünf oder sechs Bücher standen hinten im Schrank neben dem Dimple Haig und einer Flasche Advocaat: ein Band mit Erzählungen von Edgar Allan Poe, ein eselsohriger Raymond Chandler, ein Philip Roth und ein ordentlicher Stapel von *National Geographic*-Heften. Und ein Kochbuch: *Cookery in Colour* von Marguerite Patten.

Zwischen der Wand und der Rückwand des Bücherregals war nicht viel Platz. Dad öffnete immer nur die Tür und lehnte sich hinein, um seinen Whisky herauszuholen. Sich dort hineinzuzwängen, wie ich es tat, und eine Position zu suchen, in der man unbeobachtet in den dort versteckten Büchern blättern konnte, war schon schwerer. Ich weiß nicht, was Marguerite Patten sagen würde, wenn sie wüßte, daß sie im selben Schrank verwahrt wurde wie *Portnoys Beschwerden* oder daß ich aufgeregt zwischen beiden hin und her wechselte. Ich hoffe, die Bücher wurden nie verkauft. »Zu verkaufen, je ein Exemplar von Marguerite Patten, *Cookery in Colour,* und Philip Roth, *Portnoy's Complaint,* Erstausgabe, mit Umschlag, leicht fleckig.«

»Ich weiß gar nicht, wozu du dir das ansiehst«, sagte Mum einmal, als sie früh nach Hause kam und mich dabei ertappte, wie ich auf ein Bild von Gammon Steaks mit Ananas und Kirschen starrte. »Das ist doch alles so extravagant, ich kann mir nicht vorstellen, wer so was kocht.« In dem Buch gab es Ente à l'orange, Steak-and-Kidney Pudding, Fish Pie, Filet Wellington und Rock Cakes, Obsttorte und Crème caramel. Seite um Seite mit prachtvollen Fotografien von gefüllten Eiern, Seezunge mit Trauben und einer Lammkrone, die umrahmt war von Erbsen und Babykarotten, Petersilienzweigen, Radieschenrosen und Gurkenspiralen. Tag für Tag quetschte ich mich dort hinter das Regal und studierte Rezepte, erging mich in Phantasien über Marguerites Pikante Nierchen und ihr Spani-

sches Huhn, ihren Krabbencocktail und ihre Würstchen im Schlafrock. Genau wie ich mich in ausgedehnten Phantasien über Portnoys Umgang mit Leber verlor.

Die Lunch-Box

Josh, der neue Gärtner von Mum und Dad, war ein echt starker Typ. Er hatte ein schwarzes Motorrad, eine Triumph, und brachte sich sein Mittagessen ordentlich verpackt in einer Blechdose mit. Er saß auf seiner Maschine, leckte seine Zigarettenpapierchen an, winzige Dinger mit einer Prise Tabak darauf, und rollte sie zu kurzen flachen Zigaretten. Alle mochten Josh – Mum fand, er sei »so ein gutaussehender junger Mann, und noch dazu einer mit Köpfchen«, und Dad schien mit ihm zufriedener zu sein als mit den älteren Männern, die, kaum hatten sie angefangen, immer schon wieder zu gehen schienen. Einer wurde rausgeworfen, nur weil Dads Dahlien erfroren waren.

Im Gegensatz zu den anderen Gärtnern ließ Josh mich den Kompost umdrehen, mit einer langstieligen, zweizackigen Harke, die anzurühren mir sonst jeder verbot, und die Wanne des Rasenmähers auf den Haufen leeren. Er ließ mich den vorderen Bereich der Rabatten jäten, wo er Mesembryanthema gepflanzt hatte, mit Blüten wie Margeriten, die nur in der Sonne aufgingen, kugelförmige Alyssum-Stauden und rosa und weiße Schleifenblumen. Ich sah zu, wie er die Clematis hochband, als der Wind einmal die Schnur zerrissen hatte, und wie er auf den Kompost pinkelte. »Sag deinem Vater lieber nichts davon, das ist mein Geheimrezept, damit der Kompost in Gang kommt«, sagte er dann, sich zu mir umdrehend, während er die letzten Tropfen abschüttelte und seine Hose zuknöpfte.

Mein Vater lächelte, ja strahlte geradezu, wenn ich die Pflanzen bei ihrem richtigen Namen nannte. Antirrhinum statt Löwenmaul, Muscari statt Traubenhyazinthe. Und er schnaubte entnervt, aber belustigt, als er eine Rosensorte einmal »Pleasure« genannt hatte und ich ihn korrigierte, denn ich wußte doch, daß sie »Peace« hieß. Josh schritt mit mir immer die Rabatten ab, ließ mich ihm so viele Pflanzennamen nennen, wie ich konnte, und zog mich auf, wenn ich Azaleen und Rhododendren verwechselte. Manchmal hob er mich auf seine bloßen Schultern, stürmte, Flugzeuggeräusche machend, durch den Garten und tat, als krache er gegen einen Baum. Einmal spielten wir Fußball, aber ich parierte so schlecht, daß der orangerote Ball, der meinen Brüdern gehörte, immer wieder in die Margeriten schoß und sie umnietete.

Es gefiel mir, daß Josh mich dasitzen und mit ihm reden ließ, während er sich auf der Außentoilette auszog, wusch und wie-

der in seine Lederkluft stieg. Daß ich mir aus seiner Lunch-Box einen Keks aussuchen durfte – einen Bourbon Biscuit, einen Ingwerkeks oder sogar eine Caramel Wafer – und daß er mir nie den Rücken zukehrte, wenn er sich mit seinem verschlissenen, grün-weiß-gestreiften Handtuch abtrocknete.

Jam Tarts

Das Gute-Nacht-Sagen hatte bei uns große Bedeutung. »Ich komm gleich rauf und sag dir gute Nacht« war fast dasselbe, wie wenn meine Mutter mit mir gespielt hätte. Mir gute Nacht zu sagen war ihr Ersatz dafür, mit mir Ball zu spielen, zur Rutsche im Park zu gehen, beim Sportfest in der Schule dazusein, mit mir Versteck zu spielen, Kuchen zu backen, mir Schokolade, Eis oder Liebesäpfel zu kaufen, Masken zu basteln und Halloween-Kürbisse zu schnitzen. »Ich komm gleich rauf und sag dir gute Nacht« war ein guter Ersatz. Nicht gut war es, wenn sie es vergaß.

Alle paar Wochen machten meine Mutter und ich Jam Tarts. Sie hatte kleine Hände mit langen, zarten Fingern. So sanft wie ihr Name, Kathleen, und die Namen ihrer Geschwister, Marjorie und Geoffrey. Angeblich hatten sie irgendwelche irischen Vorfahren, aber darüber wurde, wie über das Asthma meiner Mutter, nie geredet.

Sie wog das Mehl ab, die Butter, das bißchen Schmalz, von dem der Teig so krümelig wurde, und ließ mich alles mit den Fingerspitzen in der großen, cremefarbenen Rührschüssel verreiben. Sie schüttete aus einem Glas kaltes Wasser hinein, und ich formte den Teig zu einem Ball. Dann begann sie mit dem Nudelholz zu arbeiten, und sobald der Teigball flach war, übernahm ich und rollte den Teig zu einer großen, dünnen Platte aus. Wir nahmen die rostigen, staubigen Ausstecher aus Metall, stachen runde Teigscheiben aus und drückten sie in die flachen Vertiefungen des noch mehr verrosteten Törtchenblechs.

Mutter kochte und backte nicht gern. Das hier tat sie für mich. Als sie meinen Vater kennenlernte, war sie die Sekretärin des Bürgermeisters und hatte noch nicht einmal ein Sandwich gemacht. Die erste Ehe meines Vaters hatte nur ein paar Monate gedauert und wurde nie auch nur mit einem Wort erwähnt. (Rein zufällig fragte ein alter Bekannter meines Vaters einmal meinen Bruder, ob er aus der ersten Ehe stamme oder der zweiten. Sonst hätten wir es wohl nie erfahren.) Fünfzehn Jahre nach der Geburt meines Bruders Adrian und fünf Jahre nachdem sie seinen Schulfreund John adoptiert hatten, wurde meine Mutter mit mir schwanger. In dieser Zeit begannen ihre Asthmaanfälle. Während sie mich erwartete.

In den Törtchen mußten drei verschiedene Marmeladen sein. Erdbeer, schwarze Johannisbeere und Lemon Curd. Erst später entdeckte ich, daß Pflaume, Zwetschge und Orange die beste Füllung ergaben. Ich tat ein paar Löffel Marmelade in jedes Törtchen, nicht so viel, daß sie überkochen und am Blech kleben würden, aber genug, daß es mehr Marmelade als Teig war. Mein Vater liebte Jam Tarts. Er steckte sie immer als Ganzes in den Mund und verschlang sie wie eine Schlange ein Vogelei. Er war zwar ein ausgebildeter Büchsenmacher, besaß jetzt jedoch eine Fabrik, in der Autoteile für Rover hergestellt wurden, eine Fabrik, in der es nach Öl roch und die Maschinen ganz schwarz und von öligen Pfützen umgeben waren. »In der da drüben ist einer ums Leben gekommen – sein Overall ist in die Walze geraten und hat ihn reingezogen, kam platt wie ein Pfannkuchen raus«, erzählte mir mein Vater eines Tages, als wir in der Dämmerung durch die schwarze Werkhalle gingen, in der es nach Rost stank und vom Eisendach herabtropfte.

Die Törtchen wurden im oberen Ofen des Aga-Herds gebacken, bis der Teigrand hellbeige und die Marmelade an den Rändern karamelisiert war. Wenn es in der Küche heißer und stickiger wurde, holte meine Mutter ihren Inhalator aus der obersten Schublade und inhalierte lange und tief, wobei sie den Kopf von mir abwandte. Manchmal griff sie sich mit der Hand an die Brust und schloß für ein paar Sekunden die Augen. Ein paar Sekunden, in denen die Welt stillzustehen schien.

Meine Mutter war höflich, ruhig, aber nicht schüchtern. Ich hörte einmal, wie sie den Boten von Percy Salt, dem Kaufmann, zurechtwies, weil auf der Rechnung etwas stand, das nicht hätte dastehen sollen. Ich habe sie nie die Stimme erheben hören. Ich weiß nicht, ob sie es gekonnt hätte, wenn sie es einmal gewollt hätte. Mir gegenüber hat sie es jedenfalls nie getan.

Eines Tages kam mein Vater von der Arbeit heim und schnappte sich noch im Mantel eines unserer Jam Tarts, die zum Abkühlen auf dem Kuchenrost standen. Er konnte nicht wissen, daß sie vor ein oder zwei Minuten noch im Ofen gewesen waren. Er fuchtelte mit den Händen, sein Gesicht lief zu einem dunklen Himbeerrot an, auf seiner Stirn bildeten sich Schweißperlen, wie Warzen, und er führte einen wilden Tanz auf. Als er zu schlucken versuchte und seine Augen sich mit jenen Tränen füllten, die ein Mann nur zustande bringt, wenn ihm kochende Marmelade am Gaumen klebt, sah ich über das Gesicht meiner Mutter den Hauch eines Lächelns huschen.

Spaghetti Bolognese

»Heute … gibt es … Spaghetti, nein *Spaghetti* … Probier sie wenigstens. Du mußt sie nicht essen, wenn sie dir *nicht schmecken*.« Mum brüllt in Tante Fannys »gutes« Ohr. Warum

sie glaubt, daß es ein gutes und ein schlechtes gibt, ist uns allen ein Rätsel. Jeder weiß, daß die Alte auf allen beiden stocktaub ist.

Weder Fanny noch Mum haben schon einmal Spaghetti gegessen, ich allerdings auch nicht. Dad wartet darauf, daß das Wasser auf dem Aga-Herd kocht. Die Sauce ist schon warm, denn er hat sie vor einer halben Stunde aus der Dose in den Topf gekippt. Sie steht jetzt auf der kalten Kochplatte und macht nur noch ab und zu »Blubb«.

Als das Wasser endlich kocht, schüttelt mein Vater die Pastastäbe aus dem blauen Zuckerpapier, das aussieht wie die langen Packungen mit Feuerwerk, und stellt sie in das sprudelnde Wasser. Sie fächern sich auf wie eine dieser Glasfaserlampen, die wir im BBC bei der Ideal-Home-Ausstellung gesehen haben. Als das Wasser wieder zu kochen beginnt, versucht er, die Spitzen hineinzudrücken. »Die gehen da nie alle rein«, schimpft er und versucht, den Text auf der Packung zu lesen, der, auch durch Bifokalgläser gesehen, auf Italienisch ist. Einige der spröden Stangen brechen entzwei und springen klackend über den Herd.

»Meinst du, das schmeckt mir, Daddy?« frage ich, halb in der Hoffnung, daß er es sich anders überlegt und Mum uns allen ein paar Koteletts brät.

»Probier es einfach«, sagt er, einen ersten Anflug von Gereiztheit in der Stimme. »Probier es wenigstens.«

»Ich glaube, du solltest ein bißchen Salz reintun«, zwitschert Mum dazwischen.

Tante Fanny starrt auf ihren Schoß. »Muß ich davon was essen?« Es klingt, als bräche sie gleich in Tränen aus.

»Ich glaube, jetzt müßten sie fertig sein«, sagt mein Vater zwanzig Minuten später. Er schüttet die schlüpfrigen Spaghettifäden in ein Abtropfsieb. Einige entfliehen durch die Löcher und rollen sich in der Spüle zusammen wie Würmer. »Schnell, bringt die Teller, sie laufen davon.«

Wir sitzen alle da und starren auf die wirren Pastahaufen auf unseren Pyrexglastellern. »O Kathleen, ich glaube, das kann ich nicht«, schluchzt Tante Fanny, woraufhin sie mit den Fingern einen langen, klebrigen Faden nimmt und ein Ende in den Mund steckt, von wo der Rest ihr bis zum Schoß hinabhängt.

»Nein, Fanny, warte noch auf die Sauce«, seufzt Mutter und stößt dann entgegen ihrer Art hervor: »Los, Daddy, mach schon.« Dad löffelt die Sauce, eine rotbraune Hackfleisch-Jauche, die »fremdartig« riecht, über die verschlungene, verknäulte Pasta. Auf einmal sieht alles so erwachsen aus, so kultiviert.

Mum wickelt die Fäden um ihre Gabel: »So müßt ihr das machen« und bewegt sie dann auf Fannys feuchte, hellrote kleine Lippen zu. Der Großteil der Pasta fällt auf Fannys Rock, und ihr bleibt etwas Sauce an der Unterlippe hängen.

Sie leckt sie ab und erschaudert. »Das ist scheußlich, abscheulich. Er will mich vergiften«, wimmert sie. Alle am Tisch wissen, daß sie das auch gesagt hätte, wenn es das Köstlichste gewesen wäre, was sie je gegessen hat.

Fannys kleinen Anfall ignorierend, tue ich, was Mutter sagt, und wickle die Pasta um meine Gabel, wobei ich die entgleitenden Enden mit dem Löffel wieder darauf schaufle. Irgendwie mag ich das – diese weichen, schlüpfrigen Nudeln im Mund, die gehaltvolle Sauce, die heiß ist und salzig und halb nach Tomaten, halb nach Fleischextrakt schmeckt. Von mir aus könnte es das jeden Tag geben. Mein Vater zaubert einen runden Pappbehälter mit geriebenem Parmesan hervor und hält ihn mir geöffnet hin.

»Was hast du da?« fragt Mum.

»Das ist geriebener Käse, Percy Salt hat gesagt, den muß man darüber streuen, sonst ist das nichts.« Jetzt kommen wir endlich zur Sache. Ich pule das Papier von den Löchern und schütte das weiße Pulver über die Sauce. Dann reiche ich es meinem Vater, der das gleiche tut. Mum lehnt ab, wie gewöhnlich bei ungewöhnlichen Dingen. Tante Fanny, die sich inzwischen stumm in die Hosen macht, brauchen wir erst gar nicht zu fragen.

Dad schüttet den Rest des Käses über seine Pasta, und auf einmal sind alle still. Ich blicke nach unten, aber aus dem rechten Augenwinkel kann ich meinen Vater sehen. Er hält inne, die Gabel, von der ein kurzes Spaghettiende herabhängt, auf halber Höhe zum Mund. Sein Blick ist glasig geworden, und er legt die Gabel zurück auf den Teller.

»Daddy, dieser Käse riecht wie Kotze«, erkläre ich ihm.

»Ich weiß, Sohn, laß ihn stehen. Ich glaube, er ist nicht mehr gut.«

Es gab bei uns nie wieder Spaghetti Bolognese oder Parmesan. Ja es wurde nicht einmal mehr davon gesprochen.

Arctic Roll

In der Schule waren wir nur drei, die in einem Haus wohnten, das nicht mit dem Nachbarhaus verbunden war. Nummer 67 in der Sandringham Road, das »York House« genannt, hatte Fachwerk im Tudorstil, eine Doppelgarage, deren eine Hälfte als Gartenschuppen und als Aufbewahrungsort für die Kanus meines Bruders diente, und ein großes, langsam verfallendes Gewächshaus im Garten. Und ich war der einzige, der wußte, wie Arctic Roll schmeckt. Während meine Freunde sich mit rosa-weiß-braunem Fürst-Pückler-Eis zufriedengaben, brachte mein Vater dieses neumodische gefrorene Gourmetdessert mit. Arctic Roll war eine von Sponge-Teig umhüllte Stange Vanilleeis, deren Besonderheit laut der Werbung darin bestand, daß

die Hülle aus dem feuchten Teig und der Ring aus roter Marmelade so dünn waren wie mit der Feder eines Architekten gezeichnet.

In Wolverhampton galt Arctic Roll als eine Art Statussymbol. Zugleich steckte dieses Dessert voller Geheimnisse. Warum etwa schmolz das Eis nicht, wenn die Teighülle auftaute? Wie war es möglich, die Marmelade so dünn aufzutragen? Wie kam es, daß etwas, das aus Kuchenteig, Marmelade und Eiscreme bestand, nach kalter Pappe schmeckte? Und vor allem, wie kam es, daß kalte Pappe so köstlich war?

Dies war das Beste, womit man verwöhnt werden konnte, besser noch als Cadbury's MiniRolls. Es war kein Feiertagsdessert und keines für besondere Gelegenheiten. Es war ein Fest ohne äußeren Anlaß. Daß man in seinen Genuß kam, hatte nichts damit zu tun, daß man brav gewesen war, eine gute Note erzielt, Hilfsbereitschaft gezeigt oder Rücksicht genommen hatte. Es war einfach etwas Besonderes und wurde mit so viel Pomp und Trara serviert wie ein gebratener Schwan bei einem Tudor-Bankett. Ich glaube, es sollte den versammelten Familien- und Freundeskreis auf subtile Weise daran erinnern, wie gut die Firma meines Vaters lief. Jedenfalls wurde an unserem Tisch nichts mit solchen Ovationen aufgenommen. Ein beachtlicher Erfolg für etwas, dessen Geschmack mich immer an einen gefrorenen Teppich denken ließ.

Pfannkuchen

Am Faschingsdienstag backte Mum immer Pfannkuchen, wie es in England Sitte ist. Sie waren richtig locker, bis auf den allerersten, der jedesmal mißlang, obwohl er aus irgendeinem Grund immer der beste war. Mutter machte dünne Pfannkuchen in einer zerbeulten alten Pfanne, die nach Bratwürsten roch und außen ganz schwarz war, und wir aßen sie mit Kristallzucker und fertigem Zitronensaft aus Plastikzitronen. Ich fand es wunderbar, wie der Zucker den Zitronensaft aufsog, ohne sich darin ganz aufzulösen, so daß man zu dem weichen Pfannkuchen noch knirschenden Zucker und sauren Zitronensaft zugleich hatte.

Es war wirklich der schönste Tag im Jahr, vor allem, wenn sie richtig in Fahrt kam und die Pfannkuchen so schnell fertig wurden, wie wir sie essen konnten. Zum Schluß ließ Mum mich immer einen hochwerfen. Ich schaffte es jedesmal, daß er auf dem Boden landete, und dann sagte sie: »Jetzt reicht's«, und das war es dann bis zum nächsten Jahr.

Flapjacks

An klirrend kalten Wintermorgen, an denen Eiszapfen von den Dachrinnen hingen, machte Mutter immer Flapjacks, die sie in einem dickwandigen, narbigen Aluminiumtopf anrührte und sich dann hinten auf dem Herd setzen ließ. Sie benutzte dazu einen Metallöffel, dessen schabendes Geräusch in dem alten Topf ein wirkungsvoller Wecker war. Die Flapjacks zählten zu den wenigen Speisen, mit denen meine Mutter uns verwöhnte. Mein Vater aß ein oder zwei, wahrscheinlich um sie in ihren seltenen hausfraulichen Bemühungen zu unterstützen. Mich dagegen mußte man zurückhalten, damit ich nicht die ganze Platte leer aß. Es war die zähe, salzige Süße, die ich an ihnen so mochte. Wer nie eine richtig große Prise Salz zu den Haferflocken, dem Sirup und dem braunen Zucker gegeben hat, der hat den Clou des Ganzen noch nicht entdeckt.

Manchmal legte sie auch Josh draußen einen Flapjack hin, und dann saßen wir auf seinem Motorrad und aßen zusammen unsere Flapjacks. Irgendwann kam ich an einem bitterkalten Tag nach Hause, und es duftete im Flur nach warmen Keksen. Als ich die Küchentür öffnete, roch es verbrannt, und ich ertappte meine Mutter dabei, wie sie eine Ladung verkohlter Flapjacks in den Müll warf. Am Rand der Backform hing noch ein schwarzer Granatsplitter, den ich vergeblich abzuschälen versuchte. Jetzt wurde die ganze Platte in den Treteimer gekippt. »Es tut mir leid, Schatz«, sagte sie, den Kopf schüttelnd. Unter Tränen machte ich ihr Vorhaltungen wie: »Wie konntest du die Flapjacks verbrennen lassen? Du lernst es nie, jetzt kriegt Josh morgen keinen Flapjack«, dann stampfte ich zum Gewächshaus und sagte meinem Vater, er solle sich eine neue Frau suchen. Eine, die nicht immer alles anbrennen ließ.

Percy Salt

Wenn man in der Penn Road am Fischgeschäft vorbei in Richtung des imposanten Baus ging, der die Royal School for Boys beherbergte, kam man zu Percy Salt, dem Kaufmann. Eigentlich waren es zwei Geschäfte – rechts eine Metzgerei und links ein kühler, gekachelter Lebensmittelladen –, deren Boden mit Sägemehl bedeckt war und wo meine Mutter den Großteil ihrer Einkäufe erledigte. Hier kaufte sie den Schinken, den die jungen Verkäufer in langen weißen Schürzen frisch aufschnitten, weißgesprenkelte Zunge für Dad und Dosenpfirsiche und dicke Kondenssahne von Nestlé für uns alle. Hier

kauften wir unseren durchwachsenen Speck, Sardinen und am Wochenende Kartons mit Double Cream.

Percy Salts Geschäft war der einzige Laden, in dem meine Mutter anschreiben ließ. So war es Sitte unter den bessergestellten Kunden, die sich ihre Einkäufe nach Hause liefern ließen. In diesem Laden stand ich also, während Mum den Cheddar oder den Caerphilly probierte, und dort kaufte sie die Kraft-Scheibletten für mich. Manchmal nahm sie auch kleine, in Alufolie verpackte Schmelzkäse-Ecken mit Tomaten oder Sellerie (Sellerie mochte ich am liebsten), Pilzen oder Blauschimmelkäse. Dort deckten wir auch unseren Bedarf an Butter und Kippers, Salad Cream und Honig, Eiern und Tee.

Nichts liebte ich so sehr, wie mit Mutter zu Percy Salt zu gehen. Der Geruch des Ladens spielte dabei eine nicht geringe Rolle: Es roch dort nach geräuchertem Speck und den kleinen Cheddar-Rädern, im Sommer nach Tomaten und im Winter nach Schweinehachse. Zu Weihnachten erstrahlte das Schaufenster in dem Glanz von Clementinen in buntem Stanniolpapier, Keksdosen mit Kutschen auf dem Deckel, frischer Ananas, ganzen Pfirsichen in Dosen, Trifle-Böden und Pakkungen Silberkügelchen und Mandeldragees. Dann kaufte Mutter Turkish Delight, kandierte Feigen und Pflaumen und Gläser mit Kirschen in Brandy. Bei Percy Salt besorgte sie auch den Brandy für die Brandy-Butter, die es zum Christmas Pudding gab, die Flaschen Mateus Rosé, den Puderzucker und den

Weihnachtsbaumschmuck aus Schokolade, den ich im Laufe der Feiertage Stück für Stück stibitzte. Nie war ich so glücklich wie zu Weihnachten bei Percy Salt, auch wenn meine Mutter einmal sagte, er werde allmählich »schrecklich teuer«.

Bei dem Wort »teuer« senkte meine Mutter die Stimme, genau wie wenn sie etwas »ziemlich primitiv« fand oder wenn jemand »in etwas hineingetreten« war. »Bist du in etwas hineingetreten?« war die diskrete Art meiner Mutter zu fragen, ob man gefurzt hatte. Kein Wunder, daß Mr. Salt meine Mutter nie mit »Love« anredete wie seine anderen Kunden – eine in England nicht unübliche Anrede –, sondern ausschließlich mit »Mrs. Slater«.

Süßigkeiten, Eis, Rockmusik und Politik

Man kann nicht sagen, daß wir reich waren. »Gutsituiert« würde es wohl eher treffen, wenn auch ohne die darin liegende Selbstgefälligkeit. Auf Mums Einkaufsliste standen zwar Dosenpfirsiche und Lachs, aber sie überprüfte Percy Salts Lieferungen immer peinlich genau, indem sie die Liste mit dem Finger durchging und jeden Posten mit einem blauen Kugel-

schreiber abhakte. Dad nahm Ableger und säte Samen aus – gelbes Löwenmaul, bonbonfarbene Nemesia und jene Mesembryanthemums, die nur bei Sonnenschein aufgingen –, weil das billiger war, als schon gezogene Pflanzen zu kaufen. Und natürlich hatte ich auch nicht mehr Taschengeld als meine Schulkameraden.

Ich kaufte mir hin und wieder ein Buch, meist aus jährlich erscheinenden Reihen für Kinder, ein paar Singles, *Can't Buy Me Love* oder *I Only Want To Be With You* von Dusty Springfield, und einmal eine Gespenstheuschrecke, aber der größte Teil meines Taschengelds ging für Süßigkeiten drauf. Süßigkeiten, Schokolade, ja sogar Eis zu kaufen hatte eine politische Dimension, die deutlich über das hinausging, womit sich ein Achtjähriger herumschlagen sollte. Süßigkeiten konnten ein Kind auf eine ähnliche Weise in eine Schublade einsortieren wie die Wahl einer bestimmten Tageszeitung einen Erwachsenen. Fry's Chocolate Creams und Old-English-Spangles-Bonbons galten als den Erwachsenen vorbehalten; Love Hearts und das Fab-Eis am Stil mit dem Toffeekern waren etwas für Mädchen, Parma Violets mit Veilchengeschmack etwas für alte Damen, und Malzbonbons das, was man von seinen Eltern für lange Autofahrten bekam. Waffeltüten mit Marshmallow-Füllung und Schokoladenüberzug fanden die meisten total altmodisch, während ich sie insgeheim mochte, und niemand, der über sechs war, hätte sich mit einem von den Eßpapier-Ufos mit

Brausepulver sehen lassen. Sherbet Fountains galten strikt als Mädchenkram, eine Ansicht, gegen die ich mich schon damals wehrte. Milky Ways waren das, was Eltern ihren Kindern kauften, wodurch sie etwas Braves bekamen, genauso wie Jacob's-Orange-Club-Riegel. Geschenkkartons mit einer Auswahl von Süßigkeiten bekam man von Leuten zu Weihnachten, die man Tante nannte, ohne mit ihnen verwandt zu sein.

Die losen Kaubonbons für einen Penny, die bei Mr. Dixon auf dem Ladentisch standen, kauften wir eigentlich nie – allerdings ließ ich gelegentlich, wenn er mir den Rücken kehrte, ein Lakritz mitgehen, eins von denen in dem blauweiß-gestreiften Papier. Dads Lieblingsbonbons waren die Butterscotch-Toffees von Callard & Browser, die in flachen Schachteln verkauft wurden, wie Zigaretten, und die rechteckigen Fruchtbonbons von Pascall mit dem pappigen Kern. Außerdem liebte er Erdnußkrokant, von dem er immer gleich einen ganzen Riegel aß. Ich mochte am liebsten Zuckerstangen-Zigaretten, wovon ich zwar keinen Lungenkrebs bekam, dafür aber reichlich Plomben. Zu Weihnachten kaufte Dad sich Paranuß-Toffees von Thornton – mit Metalltablett und Toffeehammer im Karton –, und ich bekam Zigaretten, diesmal aus Schokolade mit Papier drum herum, das aufweichte, wenn man sie in den Mund steckte. Dad sagte, sie seien teuer. Mum aß nur Süßigkeiten aus runden Dosen, altmodische Sachen wie Zitronendrops und mit Puderzucker bestäubte

Fruchtpastillen oder die festen Johannisbeergummis in den flachen, rechteckigen, lila-weißen Dosen.

Süßigkeiten für Jungen – Gobstoppers, weiße Schokolade und Rolos – trafen für mich nie ganz den Punkt. Ich gab mein Geld zum Großteil für Süßigkeiten aus, von denen man eine wunde Zunge bekam: saure Drops, Sherbet Lemons, Chocolate Limes und eine Rolle Refreshers nach der anderen. Der Preis dafür waren Geschwüre im Mund, die so groß waren wie Hemdknöpfe und auf die ich Kartoffelchips mit Salz und Essig tat, nur um zu sehen, wieviel Schmerz ich aushielt.

An Feiertagen gab es Zuckerstangen, rosa oder pfefferminzgrün gestreift mit roten Buchstaben darin. Ich aß meine nie, bevor sie nicht mindestens ein halbes Jahr in der Obstschale gelegen hatten und so weich und zäh waren wie Toffees.

Welches Eis man aß, hing eher davon ab, wer es einem kaufte. Von Mum bekam ich immer eine Waffeltüte mit einem rechteckigen Vanilleeis in weißem Papier. Das war ein Eis, das gewisse Gefahren barg. Man mußte das Papier abschälen und den Block in die Waffel schieben, während man jeden kostbaren Tropfen Vanilleeis von dem Papier schleckte. Für sich selbst kaufte sie immer einen kleinen Eiscremeblock in Papier und zwei flache Waffeln oder ein Eis mit Schokoglasur in Aluminiumfolie. Das beste daran war die knackige Schokolade, die so dünn war, daß sie beim Hineinbeißen zerbrach und ihr Splitter davon auf den Schoß fielen. Im Kino oder bei der

Weihnachtspantomime aßen wir immer Eis aus Bechern, obwohl mein Vater sich jedesmal beklagte, weil es so teuer war und er so lange anstehen mußte, daß er nicht rechtzeitig zum Ende der Pause wieder zu seinem Platz zurückkam.

Der Eiswagen mit seinem Ananaseis und den Rauchschwaden, die er ausstieß, war meinen Eltern ein Dorn im Auge. Ich fand die Musik, die so eierte wie eine Spieldose kurz vor dem Stehenbleiben, ein wenig unheimlich, ähnlich wie die Clowns mit den weißen Gesichtern und spitzen Hüten. Ich glaube, meine Eltern fanden es einfach gewöhnlich, sich anzustellen. Am liebsten mochte ich das Bananeneis am Stiel oder das Schokoladeneis, das wie schwacher Kakao schmeckte. Die Grenze zog Mum bei dem Cornetto von Mr. Whippy, das sie für primitiv hielt, und Softeis war einfach vulgär. Weiß der Himmel, was sie gesagt hätte, wenn sie gesehen hätte, wie ich auf dem Weg zur Schule das untere Ende der Waffel abbiß und das weiche, klumpige Eis heraussog.

Rice Pudding

Mutter wäre schrecklich gern eine gute Hausfrau gewesen, eine Frau, die in der Lage war, einen Knopf anzunähen, einen Strumpf zu stopfen oder einen Fairy Cake zu glasieren. Oft saß

sie am frühen Abend, den Kopf schräg geneigt und die Zungenspitze zwischen den Lippen, im Wohnzimmer unter der Stehlampe und schien Stunden zu brauchen, um einen weißen Baumwollfaden durch ein Nadelöhr zu fädeln. Auf mein »Laß mich das machen« antwortete sie mit einem Seufzer: »Jetzt hab ich's gleich.« Egal, wie sehr sie sich anstrengte, nach ein oder zwei Tagen sprangen die Knöpfe ab, die Zehen stachen durch die säuberlich, aber ineffektiv gestopften Löcher, die Glasur sammelte sich in den Kratern auf ihren Fairy Cakes oder lief, falls der Teig einmal aufging, in Sturzbächen an der Seite herab und ließ die geblümten Papierförmchen am Teller festkleben.

Mrs. Poole machte die Betten, schob die Biberbettücher durch die elektrische Mangel mit der langen, baumwollbezogenen Walze und nähte abgerissene Knöpfe an meine Schulhemden an. Diese Schmach glich Mutter dadurch aus, daß sie Rice Pudding machte. Warmer, milchiger Reis. Reis, der die süße Flüssigkeit, in der er schwamm, niemals andickte, weshalb das, was auf dem Löffel die sämige Konsistenz von Risotto hätte haben sollen, geschlürft werden mußte wie Brühe. Die Haut wurde braun und blähte sich zu einer schwarz-goldenen Kuppel. In der Küche roch es, wie es in einer Küche riechen soll.

Die Haut wurde mit einer einzigen perfekten Handbewegung abgeschöpft und in der Schale meines Vaters deponiert.

»Das ist das Beste«, pflegte er zu sagen. Dann wurde der rundkörnige Reis aus den Tiefen gefischt und unter uns allen aufgeteilt. Anschließend nahm sie die Emailleform und löffelte die Milch heraus. »Will jemand Marmelade?« fragte sie und reichte die gekaufte Erdbeermarmelade herum. Ich war der einzige, der davon nahm, rührte den süßen Glibber in die Milch und bereute es dann, wenn sich die Klumpen nicht auflösten und auf den Boden der Schale sanken.

Wirklich milchiger Milchreis gilt unter Rice-Pudding-Fans als mißlungen, doch mir war er lieber, als wenn Mutter der Reis ausnahmsweise gelang. Eine Mutter sollte immer nach warmer, süßer Milch riechen.

Butterscotch Angel Delight

BUTTERSCOTCH ANGEL DELIGHT: Zucker, modifizierte Stärke, gehärtetes Pflanzenfett, Emulgatoren (Propylenglycolester von Speisefettsäuren, Soja-Lecithin), Geliermittel (Dinatriumphospat, Diphosphate), Milcheiweiß, Laktose, Farbstoffe (einfache Zuckercouleur, Annatto, Betanin), Molkepulver, Aromastoffe, Salz.

Eine Tüte Angel Delight in einen Viertelliter Milch zu leeren und das Ganze anderthalb Minuten lang schaumig zu schlagen war das Äußerste, was meine Mutter in Sachen moderne Nachspeisen unternahm. Sie merkte sich, welche Geschmacksrichtung sie uns zuletzt serviert hatte – Erdbeer, Butterscotch, Schokolade oder Banane –, und ging nie das Risiko ein, uns zweimal hintereinander mit derselben Geschmacksrichtung zu langweilen. Butterscotch und Banane waren die einzigen, die wir wirklich erträglich fanden. Die anderen aßen wir ihr zuliebe.

Butterscotch Angel Delight hatte etwas Magisches. So konnte man, wenn man fünf Minuten davorstand, zusehen, wie sich das Pulver und die Milch wie durch Zauberhand zu einem cremigen Dessert verdickten. Und wie durch Zauberhand wurde es, sobald man es im Mund hatte, noch dicker, wurde das, was in der Schale nach einer mageren Portion aussah, im Mund beinahe zu üppig. Und vor allem war es unerklärlich, wie dieses Dessert es schaffte, gleichzeitig nach Zukker und nach Seife zu schmecken.

Kartoffelbrei

Mindestens zweimal die Woche machte meine Mutter »Mash«, Kartoffelbrei, und türmte ihn neben dem gekochten

Gammon oder den Lammkoteletts zu großen, butterigen Wolken auf. Es war das einzige, was meiner Mutter nie mißlang. Aber guter Kartoffelbrei hat auch wenig mit Kochen zu tun, sondern nur damit, ob man Klumpen aus einer gekochten Kartoffel herausstampfen kann. Und das kann jeder. Außer anscheinend Schulköchinnen. Kartoffelbrei war das einzige, was Mum wirklich phantastisch kochen konnte.

Es war ein unvergleichlicher Moment, wenn man ihren Kartoffelbrei mit der Gabel in der warmen Petersiliensauce oder dem heißen Bratensaft zerdrückte. Wenn das weiche Püree in Wellen durch die Ritzen zwischen den Zinken trat und sich, gefleckt mit dunklem Bratensaft, kräuselte. Keine Bratkartoffel, die im Bräter klebte, kein Pommes-frites-Stäbchen mit Wellenschnitt, keine neue Kartoffel mit gehackter Minze reichte jemals an einen Löffel cremigen Kartoffelbreis heran. Auf nichts freute ich mich so sehr wie auf ihren Kartoffelbrei.

Als ich eines Tages aus der Schule heimkam, saß meine Mutter mit hängendem Kopf und geschlossenen Augen, langsam und tief atmend, am Küchentisch. Das tat sie in letzter Zeit ziemlich oft. Es war, als müsse sie sich auf etwas konzentrieren und dafür alle anderen Sinne ausschalten.

An diesem Tag war das Püree klumpig und salzig und fühlte sich im Mund, obwohl es zu feucht war, trocken, ja beinahe pulverig an. »Der Kartoffelbrei schmeckt komisch, Mummy.«

Leise und bestimmt, in einem Ton, in dem abgrundtiefe Verzweiflung mitschwang, und mit einem fernen Krächzen nach dem ersten Wort sagte sie: »Nigel … Iß ihn einfach.«

Sobald sie nach oben ging, stieg ich von meinem Stuhl, um die enttäuschende Pampe in den Mülleimer zu kippen. Unter der Schachtel, in dem die gefrorenen Erbsen gewesen waren, steckte eine braun-schwarze Verpackung, die ich noch nie gesehen hatte. In großen cremeweißen Buchstaben stand darauf: Cadbury's Smash.

Dosenschinken

Es ist Samstag, Mitte August, und wir haben den Gartentisch auf den Rasen geschleppt. Meine Mutter sitzt gern zwischen den Apfelbäumen, damit sie nicht in die Sonne blinzeln muß. Sie trägt Scholl-Sandalen und ein türkisblaues Kleid mit einem Muster aus Margeriten. Sie und mein Vater holen das Essen aus der Küche, während ich untätig am Tisch sitze und auf meinen Schoß starre. Sie bringen eine Schüssel mit fahlem Salat, in Essig eingelegte Rote Bete, Gurke in so dünnen Scheiben, daß man durch sie die Bibel lesen könnte, und eine Sauciere mit Heinz Salad Cream. Wir sind bestimmt die einzige Familie in Großbritannien, die Salad Cream in eine Sauciere tut.

Meine Mutter legt mir eine Tomate auf den Teller und viertelt sie, dann ein paar riesige Salatblätter und zwei Scheiben Rote Bete und sagt: »Du mußt keine Salad Cream nehmen, wenn du nicht willst.« Ich weiß, was jetzt kommt. Mein Vater sucht auf meinem Teller nach der Scheibe Schinken, die seinen schmächtigen Sohn in einen Wikingerhelden verwandeln wird.

Ohne ein Wort zu sagen, sticht er seine Gabel in eine Scheibe Schinken und klatscht sie mir auf den Teller. Eine Welle von glühendem Haß steigt in mir hoch. Ich hasse Schinken, ich hasse Dad.

Eigentlich mag ich Schinken ganz gern. Was ich nicht mag, ist dieser Schinken. Schinken, der aus einer ovalen, grünen Dose kommt und umgeben ist von goldbraunem Gelee. Diesen Schinken, bei dem man eine Ewigkeit braucht, um ihn aus seinem Blechsarg zu befreien. Diesen Schinken, den mein Vater mit demselben Messer hauchdünn aufschneidet, das er für den Sonntagsbraten benutzt. Schöner rosaroter Schinken, böses Gelee.

Es ist erstaunlich, wie lange es dauern kann, bis man jedes Fitzchen Gelee von einer Scheibe kalten gekochten Fleisches gekratzt hat. Ich verbringe eine gute Viertelstunde damit, das Gute vom Schlechten zu trennen, und schiebe das Gelee an meinen Tellerrand. Ein Wissenschaftler, der eine Mumie ausgräbt, hätte nicht soviel Geduld gehabt wie ich. Unterdessen

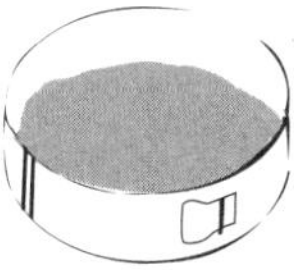

starrt mich mein Vater mit einer Mischung aus Wut und Widerwillen an. Warum Widerwillen, ist mir nicht ganz klar. Vielleicht wegen der Verschwendung von wertvollen Proteinen oder wertvoller Zeit? Oder einfach, weil es undankbar wirkt? Vielleicht ist es auch die Art, wie ich es mache: als hätte mir jemand Kacke auf den Teller getan.

Mutter ist still, Vater kocht still vor sich hin. Wäre er eine Comicfigur, käme ihm Rauch aus den Ohren.

Auf einmal langt er über den Tisch, nimmt meinen Teller mit dem Schinken, dem Salat und dem penibel entfernten Gelee und schleudert ihn quer über den Rasen. Mutter verzieht den Mund zu einem schmalen, geraden Strich. Schinken, Rote Bete, Salat und Gurken liegen verstreut im Gras. Ich stehe auf und renne ins Haus, durch die Küche und hinauf in mein Zimmer. Ich schließe die Tür, lege mich mit dem Gesicht nach unten aufs Bett und warte.

Space Dust

Wenn man eine Tüte mit dem originalen Space Dust aufriß und es sich in den Mund schüttete, knisterten und zischten die Kügelchen aus Zitrusfrüchten und Chemie, als würde man seine Zunge an eine Batterie halten. Wenn man drei Päckchen auf einmal hineinschüttete, war es, als hielte man seine Zunge an einen Elektrozaun. Wahrscheinlich haben sie darum die Zusammensetzung verändert.

Tante Fanny sieht so gelangweilt aus, wie sie dort in ihrem Sessel sitzt, dem mit der Gummiauflage, für den Fall, daß sie sich in ihre langen Flanellunterhosen macht. Die, die ihr bis zum Knie gehen. Man möchte Tante Fanny irgendwie aufmuntern. Manchmal setze ich mich hin und erzähle ihr etwas, obwohl ich weiß, daß sie kein Wort versteht. Ich kann unanständige Wörter benutzen wie Schniepel oder Popo, und sie lächelt mich nur an und summt vor sich hin. Manchmal tauschen wir Süßigkeiten. Sie besorgt mir Schokoladenknöpfe, ich besorge ihr Parma Violets. Einmal habe ich ihr ein Toffo gegeben, aber das klebte ihr das Gebiß zusammen. Mum sagte, manchmal sei ich ein wenig gedankenlos.

Sie sieht so gelangweilt aus, wie sie so dasitzt und vor sich hin summt. Ich bin sicher, eine Tüte Space Dust würde Tante Fanny Freude machen. Eine oder auch zwei. Oder vielleicht sogar drei.

»Mum … Mum … Tante Fanny macht es *schon wieder*.«

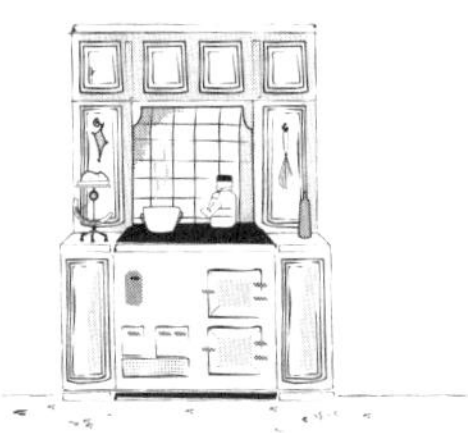

Bombay-Ente

Mein Bruder hat nicht nur *A Hard Day's Night,* Wüstenstiefel und ein Donkey-Jacket mit Lederflecken an den Ellbogen, er war auch schon in einem indischen Restaurant. So einen Menschen zu hassen ist leicht. Er findet, es sei an der Zeit, mich in die Freuden eines duftenden Huhn Biryani und Lamm Vindaloo einzuweihen, und nimmt mich zusammen mit unserem Bruder John mit ins Kohinoor – ein kleines indisches Restaurant mit Samttapete, das sich hinter der Rollschuhbahn von Wolverhampton versteckt.

Das Restaurant ist fast leer, und es riecht nach Achselschweiß. »Ich nehme Bombay-Ente und Huhn Biryani«, sagt Adrian, kaum daß wir uns gesetzt haben. John nimmt Huhn Vindaloo, dann lachen sie über etwas namens »Ring of Fire«, das offenbar nicht auf meiner Karte steht. Wahrscheinlich etwas, das »der Chefkoch empfiehlt«. Die Speisekarte wirkt furchterregend, aber nicht halb so sehr wie der Mann mit dem Turban, der mit verschränkten Armen vor dem Eingang zur Küche steht, als würde er sie bewachen.

»Beides schaff ich nicht, ich nehm nur die Bombay-Ente«, sage ich verschüchtert. Es klingt exotisch, noch exotischer als

Huhn Madras. Adrian fragt mich, ob ich denn wisse, was Bombay-Ente sei, und ich versichere ihm, daß ich es weiß. Er und John scheinen irgend etwas lustig zu finden. Dann bestellt Adrian mir trotz meiner Bitten auch noch ein Biryani und behauptet, ich würde beides schaffen.

Wir bekommen einen Haufen tellergroßer Kartoffelchips und irgendein scharf gewürztes, klebriges Zeug, in das man sie tunkt und von dem mir schon bald die Nase läuft und die Ohren brennen. Die beiden bestellen sich jeder ein Bier, und ich trinke das erste Shandy meines Lebens. Meine Brüder sagen, das sei genauso, als würde ich Limo trinken, trotzdem solle ich Dad davon lieber nichts erzählen. Die Bombay-Ente kommt – ein verschrumpeltes Stück graue Haut, das wie etwas riecht, das schon sehr lange tot ist. Verfault. »Die ist aber anders als letztes Mal«, sage ich großtuerisch, ohne mir recht zu überlegen, was ich da zusammenlüge.

Der einsame Kellner im Smoking bringt die Biryanis und Johns Vindaloo. Ich bin mir bei alldem nicht sicher. In dem Raum riecht es nach Schimmel und Bier und dem erwähnten Schweiß, und der Mann vor der Küchentür hat, seit wir hier sind, noch keinmal gelächelt. Auch der Kellner riecht komisch, und der Kragen seines Smokings glänzt. Das Huhn ist sehr dunkel, brauner als alle Hühner, die ich je gesehen habe, und schmeckt sehr intensiv. Adrian sagt, ich solle damit nicht herumspielen und es einfach essen. »Bist du sicher, dieses

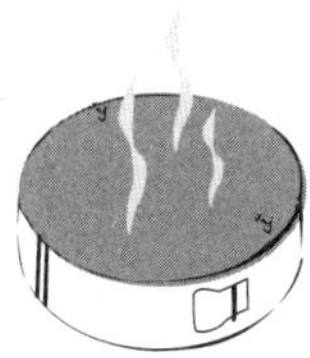

Huhn ist noch gut?« frage ich, während ich in dem igelfarbenen Fleisch herumstochere, als ob es vergiftet wäre.

»Ja, die Farbe kommt von den Gewürzen«, versichert mir John, der sich mit indischem Essen ziemlich gut auszukennen scheint.

Vorsichtig schlucke ich ein paar Bissen hinunter. Eigentlich könnte ich noch weiteressen, aber irgend etwas an diesem Lokal gefällt mir nicht. Es hat etwas Unheimliches, ein bißchen »Schmuddeliges«. Auf einmal raunzt Adrian mich an: »Du kleiner Dämel, du hast ja fast nichts gegessen.«

Einige Wochen darauf schneide ich voller Schadenfreude einen Artikel aus dem *Express and Star* (in seinem Vertriebsgebiet meist »Expressenstar« ausgesprochen) und lasse ihn auf dem Küchentisch liegen. Darin steht, daß Inspektoren des Gesundheitsamts in indischen Restaurants gehäutete Katzen im Kühlschrank gefunden haben.

Blackcurrant Pie

Mutter ist oben und macht ein Nickerchen, wie sie ihren Mittagsschlaf nennt. Adrian steht in der Tür, lächelt und schwankt vor und zurück. Seine Augen zucken auf und zu. Er wankt hinüber zum Sofa mit dem weißen Baumwollbezug und dem Blumenmuster, bleibt an einem Ende stehen und läßt sich dann rückwärts auf die eingesunkenen Polster fallen. Er liegt auf dem Rücken da, seine Augen gehen auf und wieder zu, dann kreuzt er die Hände auf der Brust wie Boris Karloff und schläft ein.

Adrian hat diese Woche Hush Puppies bekommen, rehbraune Slipper. Die mit dem schwarzen Elastikeinsatz an den Seiten. Sie sehen toll aus zu seiner schmalen Strickkrawatte und dem weißen Hemd mit dem geknöpften Kragen. Mum hat versprochen, mit mir zu Beau Brummell zu gehen und mir für die Schule auch so ein Hemd zu kaufen. Sie sagt, so eine Krawatte werde ich nicht bekommen, denn die würde ich niemals tragen, und Wildlederschuhe wären bei mir nach fünf Minuten hinüber. Sie behauptet, meine neuen Sandalen, gräßliche rotbraune Dinger mit karoförmigen Löchern, hätte ich innerhalb von zwei Tagen ruiniert. Als ich ihr erzähle, Maxwell Mallin und Peter Francis seien mittags auf dem Spielplatz darauf gesprungen, sagt sie, das glaubt sie mir nicht. Sie unterbricht sich, um Atem zu schöpfen, und sagt dann barsch: »Wenn du mit den anderen Jungen spielen würdest, würde das nicht passieren.« Es ist einer jener eisigen Momente, die zwischen uns so selten sind. Mir schießt durch den Kopf, daß ich, wenn sie sterben würde, mit einer schwarzen Krawatte zur Schule gehen dürfte.

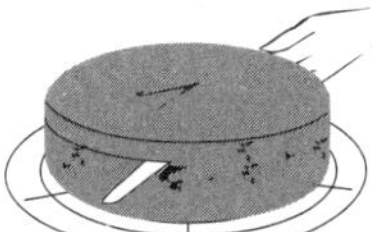

Josh ist gekommen, um sich um den Garten zu kümmern, aber er sieht meinen Bruder schlafen und sagt, er muß wieder heim und kommt Montag wieder. Ich gehe mit ihm hinaus in die Einfahrt, aber er wirkt reserviert, ja kalt. Ich erkläre ihm, daß mein Bruder ein sehr netter Kerl ist, aber das interessiert Josh nicht, er läßt einfach den Motor aufheulen und fährt los. Sehr reserviert. »Dann bis bald.«

Als ich zurückkomme, liegt Adrian anders da, und das Sofa scheint sich auf rätselhafte Weise mehr als einen halben Meter vorwärts bewegt zu haben. Im Zimmer riecht es nach Hühnersuppe aus der Dose und irgendwie säuerlich.

Ein Schlüssel dreht sich in der Haustür, und mein Vater steckt den Kopf herein. »Adrian schläft, Mum schläft auch«, sage ich, wahrscheinlich überflüssigerweise. Daddy starrt meinen Bruder aufmerksam an und kneift die Augen zusammen, als dächte er angestrengt nach. »Hmm«, brummelt er.

Auf dem Küchentisch steht ein großer, nicht sehr hoher Pappkarton. Ein großes Kastenweißbrot, ein Paket Butter, zwei Tüten weißer Zucker, ein Strauß aus roten, blauen, weißen und magentafarbenen Anemonen, eine Blackcurrant Pie, eine Schachtel Terry's-All-Gold-Pralinen und zwei Zeitschriften, *Radio* und *TV Times*. Mein Vater holt noch mehr Sachen aus dem Kofferraum des Rover und stellt sie auf den Tisch, packt die Schachtel Pralinen, bringt sie zurück zum Auto und steckt sie ins Handschuhfach. Dann gibt er mir eine Schachtel mit Toffees von Mackintosh und sagt, ich soll sie Mum hinaufbringen.

Als ich wieder herunterkomme – sie schläft –, hat er jedem von uns ein Stück Blackcurrant Pie abgeschnitten und schiebt die schmalen Stücke auf Pyrexglasteller. Das ist der Kuchen, an den ich die ganze Woche lang denke. Der Kuchen, von dem ich abends träume, bis ich eingeschlafen bin. Die schwarzen Johannisbeeren sind scharf und süß, der Teig ist hell und bröselig, als wäre er nur so gerade eben durchgebacken. Die Pie ist nicht verziert, bis auf ein kleines, nabelartiges Loch in der Mitte. Manchmal sitzt es ein bißchen daneben. Das verstehe ich nicht, warum sollte man es neben die Mitte machen? Ich esse mein Stück ganz langsam, drücke die Gabel durch die Zuckerkruste nach unten in die blauvioletten Früchte.

Draußen schlägt der riesige Türklopfer gegen die Tür. Ich höre Warren, meinen besten Freund: »Kann Nigel rauskommen zum Spielen?« Mein Vater steckt den Kopf durch die halboffene Tür herein. »Was ist? Kann er?« »Nigel kann jetzt nicht rauskommen, er fühlt sich nicht wohl«, sage ich und beiße mir auf die Lippe. Mein Vater lächelt und verschwindet. Mit meinem besten Freund spielen oder noch ein Stück Pie essen? Keine Frage.

Ich nehme mein zweites Stück mit ins Wohnzimmer. Adrian ist nach oben gegangen. Ich setze mich auf den Boden und lehne den Rücken ans Sofa. Es rutscht auf den Rollen wie-

der an seinen ursprünglichen Platz. Dort, wo vorher der Rand des Sofas war, liegt warme Kotze von meinem Bruder. Aber Pie ist Pie, und ich lasse sie mir trotzdem schmecken.

Gegrillte Grapefruits

Für eine kurze Zeit war ich der tollste Junge der Schule. Mein Bruder hatte sich die *Rubber Soul* gekauft, und wenn er abends mit seiner Freundin ausging, die langes blondes Haar hatte und so stark getuschte Wimpern, daß sie wie ein Panda aussah, hörte ich sie mir bei gedämpftem Licht an. Ich lernte die Texte auswendig. Nur etwa zwei Jungen in der Schule hatten überhaupt von der Platte gehört, und ich kannte die Texte auswendig. Nicht einmal mein Bruder, der sonst alles wußte, konnte sie Wort für Wort. Er fand *Michelle* Scheiße. Ich fand das Lied großartig. Natürlich hatte ich keine Ahnung, daß mein Bruder viel zu sehr damit beschäftigt war, das Mädchen mit den Pandaaugen auf der Rückbank seines Hillman Imp zu bumsen, um die Texte von der *Rubber Soul* auswendig zu lernen.

Ungefähr um diese Zeit kaufte mein Vater ein Grapefruitmesser. Es hatte eine stark gezähnte Klinge, die wie eine Rutsche gebogen war. Man stelle sich vor: Wir waren so kultiviert, so glamourös, so toll, daß wir tatsächlich ein extra Messer besaßen, um unsere Grapefruits zu schneiden. Ich kannte nicht einmal jemanden, bei dem es Grapefruits gab.

Als wir zum erstenmal gegrillte Grapefruits aßen, war das ein ziemliches Spektakel. Wir hatten alle schon davon gehört, obwohl keiner von uns jemanden kannte, der tatsächlich eine gegessen hatte, so daß wir nur raten konnten, wie sie zubereitet wurden. Mein Vater schüttete eine dicke Schicht Kristallzucker auf die halbierten Früchte, die damals natürlich alle gelb waren, und heizte den Grill vor.

Den Grill vorheizen war ein bißchen wie »das Auto aus der Garage holen«, dieses eigentümliche Ritual, bei dem Dad etwa eine halbe Stunde, bevor wir irgendwohin fuhren, in der Garage den Motor aufheulen ließ. »Nein, ich pack den Rest, hol du das Auto aus der Garage«, sagte meine Mutter immer. Heutzutage würde man nicht einmal um den Start eines Space Shuttle so einen Aufstand machen. Als der Grill heiß war, oder zumindest so heiß, wie er jemals wurde, standen wir alle da und sahen zu, wie der Zucker schmolz, zum Großteil herunterrutschte und auf dem Blech zu verbrennen begann.

Als mein Vater in der Panik die Kochhandschuhe nicht gleich fand, versuchte er, die Grapefruits mit bloßen Händen herauszuholen, während der geschmolzene Zucker ihm die Tränen in die Augen trieb. Er hatte sogar spezielle Grapefruitlöffel mit gezähntem Rand gekauft. Wir stachen knirschend durch den halb geschmolzenen und noch halb körnigen

Zucker und zerrten die herausgelösten Stücke aus der Haut. Das Ganze war sehr heiß und sehr kalt, sehr süß und sehr sauer zugleich. »Sind die jetzt richtig so?« fragte jemand, nicht wirklich wohlwollend, und im Raum wurde es ziemlich still. Doch ich kam mir einfach wahnsinnig toll vor, weil ich gegrillte Grapefruits gegessen hatte. Am nächsten Tag gab ich in der Schule damit ähnlich groß an, wie andere Jungs damit prahlen würden, zum erstenmal gebumst zu haben.

Käse und Ananas

Wir hatten nur selten Gäste, die zum Abendessen blieben. Wir waren noch nie zu einem förmlichen Abendessen eingeladen gewesen und hatten erst recht keines gegeben, obwohl an unserem Eßtisch zwölf Personen sitzen konnten. Doch ab und zu kamen Freunde, meist Paare, die sich bis zur Ununterscheidbarkeit glichen. Sie hatten Namen wie Ray oder Eunice. Die Männer trugen immer eine Strickjacke und eine Krawatte. Die Frauen trugen Twinsets. Die Art von Frauen, die von ihrem »Mädchen« sprachen und nie ohne Brosche aus dem Haus gehen würden. Ich weiß noch, daß sie alle viel lachten, doch ich verstand nie, warum. Alle waren größer als ich. Es war, als wäre ich nicht da.

Ich war dafür zuständig, die Snacks herumzureichen. Mein Gott, die Snacks. »So, Schatz, du paßt auf, daß jeder einen Cheese Football bekommt, nicht wahr?« sagte meine Mutter immer. Unsere Stellung in der Gesellschaft von Wolverhampton schien nicht davon abzuhängen, ob wir eine Doppelgarage hatten (ja) oder in welchem Golfklub mein Vater war (in keinem). Das Entscheidende war, ob man diese Kekskugeln mit Käsefüllung von Huntley & Palmer hatte oder nicht.

Das Pièce de résistance war eine mit Zahnstochern gespickte Grapefruit, an denen Käsewürfel und Ananasstücke steckten. Die Vorbereitungen waren immer ein ziemliches Theater: Man mußte den Saft aus der Ananasdose abgießen, den Käse in gleich große Stücke schneiden, die Zahnstocher suchen, die meist, mit Mehl bestäubt, hinten in der Schublade mit den Kochutensilien lagen. Ich fand das alles unerträglich.

Kaum etwas ist wohl für einen Möchtegern-Chefkoch so peinlich, wie Männern in Strickjacken eine ganze Grapefruit hinhalten zu müssen, die mit Cheddarwürfeln und Ananas aus der Dose gespickt ist.

Das Schlimmste war, daß alle dachten, ich hätte das Ganze verbrochen. »Er will mal Chefkoch werden«, sagte mein Vater immer, wenn ich die gespickte Grapefruit der Gattin des ehrwürdigen Freimaurermeisters hinhielt, die eine feste Dauerwelle hatte und Lippen wie ein Katzenpo. Wenn ich die gefürchtete Grapefruit dann den anderen anbot, warf ich den

Kopf zurück und zog mißbilligend die Oberlippe nach unten. »Mach nicht so ein Gesicht«, herrschte mich mein Vater einmal an, »du siehst ja aus wie Kenneth Williams.« Aber ich mußte doch allen meine Verachtung dafür zeigen, wie meine Eltern ihre Gäste verköstigten. Hätte ich nämlich die Snacks gemacht, dann hätten sie in Speck gewickelte Pflaumen bekommen.

Äpfel

Ich spielte meistens im Garten, fernab der Straße und der großen Jungs mit den Plastikfußbällen, von deren Aufprall mir die Beine brannten. »Mir ist es lieber, du spielst da, wo ich dich sehen kann«, warnte Mutter mich, und ich hatte nichts dagegen. Der Rasen war zu beiden Seiten von langen Beeten gesäumt, die mit weißen Rhododendren, rosafarbenen und safrangelben Azaleen, violetten Astern und im Hochsommer mit Dahlien mit stachligen, tellergroßen Blüten in Kastanienbraun, Weiß und Knallgelb bepflanzt waren. In einer Ecke stand ein Apfelbaum, der nicht uns gehörte, doch die meisten Äste ragten in unseren Garten hinein, so daß die Früchte Ende August in unseren blaßlila und weißen Phlox fielen.

Wenn ich mich auf die Zehenspitzen stellte, kam ich gerade an die Äpfel an den unteren Ästen heran, Äpfel, die oben flach waren, hellgrün und zartrosa wie Turkish Delight, mit schneeweißem Fleisch, durch das sich feine rosa Linien schlangen. Sie schmeckten nach Erdbeeren, rochen jedoch nach dem duftenden Phlox unter dem Obstbaum. An diese Äpfel kam ich heran, im Gegensatz zu den Früchten der drei Bäume in unserem eigenen Garten, deren Äste für mich auch auf Zehenspitzen unerreichbar waren. Doch an die Leimringe, die mein Vater an den Stämmen befestigte, reichte ich heran, und ich schälte immer die Fliegen und Wespen ab, die daran hängenblieben, und zog an ihren Flügeln, bis der Körper zerriß.

Einmal die Woche kam Onkel Reg vorbei, immer am Donnerstagabend, und brachte eine weiße Papiertüte voll Cadbury's Flakes, Rolos, Munchies und Refreshers mit. Ein großer, gutaussehender Mann mit hohlen Wangen, leichter Hakennase, zitternden Händen und Augäpfeln, die von roten Äderchen durchzogen waren. Er trug einen langen, grauen Regenmantel und roch nach etwas, das sowohl sauer als auch süß war.

Im Laufe des Sommers kam Onkel Reg immer seltener, und die Tüte mit den Süßigkeiten wurde immer größer. Manchmal brachte er meiner Mutter Blumen mit. Dann kam er plötzlich überhaupt nicht mehr. Ich hörte, wie meine Mutter irgendwem am Telefon erzählte, daß er gestorben sei. Ich sah den wunderbaren Onkel Reg und seine Süßigkeiten nie wieder.

Von den Äpfeln von nebenan durfte ich so viele essen, wie

ich wollte. Ich aß sie also den ganzen Sommer lang. Der größte fiel immer zuerst vom Baum, senkrecht zwischen den rosaäugigen Blumen auf den hohen Stielen hindurch. Anfangs bückte ich mich immer und griff in die Blumen, um die Äpfel aufzuheben, bis mich einmal eine Wespe stach, die sich in der nach unten gedrehten, angefressenen Seite verbarg. Ein anderes Mal bohrte sich eine Made durch das Fleisch, die ich wohl übersehen und mitgegessen hätte, wäre mir nicht der kleine schwarze Punkt ihres Kopfes aufgefallen. Von da an stieg ich immer mit dem Fuß voran ins Beet, drehte jeden Apfel mit der Schuhspitze um und untersuchte ihn auf irgend etwas, das stach oder kroch.

Cream Soda

Niemand sagt mir, was los ist. Sie flüstern über meinen Kopf hinweg, reden mit gedämpfter Stimme, wenn ich dasitze und meine üblichen Bilder von schottischen Hügeln male oder ein Modellflugzeug bastle. (Das Heidekraut kriege ich besonders gut hin, und das ist, ehrlich gesagt, auch das einzige, was ich male, zweifellos inspiriert von unserer letzten Urlaubsreise – auf der Rückfahrt vom Loch Lomond hatten wir einen Zweig davon im Kühler stecken.)

Freitagnachmittag kommt der Limomann. In den Sommerferien warte ich immer auf ihn, damit ich vor meinen Brüdern an den Kasten Dandelion & Burdock herankomme. Die Flaschen haben eine aufwendige Prägung und einen Schraubverschluß, den man fast nicht aufbekommt. Dandelion & Burdock mag ich am liebsten, am zweitliebsten Cream Soda und am wenigsten schlichte Limonade, die ich gern den anderen lasse. Ich glaube, mein Vater trinkt sie.

Dandelion & Burdock mag ich, weil ich danach richtig laut rülpsen kann, aber vom Geschmack her ist Cream Soda eigentlich am besten. Ich weiß nicht, wie sie es schaffen, daß etwas, das klar und hellgrün ist, so sahnig schmeckt, aber irgendwie schaffen sie es.

»Ich versteh nicht, wie du das Zeug trinken kannst«, sagt Mrs. Poole, unsere Haushaltshilfe, wobei sie ein Gesicht macht wie ein Dorsch, der Senf frißt. Mrs. Poole hat lange graue Haare, die sie zu einem Kranz geflochten trägt. Aus dem Zopf ragen in alle Windrichtungen trockene, widerspenstige Strähnen hervor, so daß er aussieht wie eine Viper in einem Nest. Mrs. P. ist dick und hat einen großen Hintern, ein riesiges, plattes Hinterteil, das hin und her schwabbt, wenn sie das Wohnzimmer saugt, und ein Eigenleben zu führen scheint. Man wußte immer, wenn sie dagewesen war, denn dann roch das Haus nach Lavendelpolitur und alten Staubsaugerbeuteln und ein ganz klein wenig auch nach Achselschweiß. Ich weiß nicht,

was meine Mutter ohne sie tun würde, auch wenn sie nach Tomatensuppe aus der Dose riecht.

»Davon kriegst du sicher Blähungen«, schnaubt Mrs. P.

»Ich krieg eigentlich von allem Blähungen.«

»Als ob ich das nich weiß. Ich hör dich doch dauernd rülpsen und pupsen. Wenn dein Vater hören tät, was du für Geräusche machst, dann würd er dir das ganze Sprudelzeugs verbieten. Manchmal wunder ich mich, daß du nicht platzt.«

»Tja, wenn ich platz, müssen Sie mich eben aufwischen.«

Cream Soda kommt einem nie so kalt vor wie andere Getränke. Die Blasen sind weicher und stechen nicht so in der Nase wie bei Dandelion & Burdock oder Orangenlimo. Cream Soda sieht aus, als würde es nach Limone schmecken, aber es schmeckt viel schwächer, nach Vanille vielleicht. Was für Aromastoffe sie auch immer hineintun, jedenfalls ist es ein bißchen so, als würde man ein Stück Sponge Cake trinken.

Setlers

Kein Ort war so verboten wie die Nachttischschublade meines Vaters. Man hatte mir nie gesagt, daß ich dort nichts zu suchen hätte – ich wußte einfach, die Schublade war tabu. Ein geheimer Ort. Eine elfenbeinfarbene Lade mit Goldgriff in einem glänzenden schwarzen Nachttisch, dessen perfekte Patina nur durch den eingebrannten Ring von einer heißen Henkeltasse gestört wurde. Die Schublade von meiner Mutter dagegen war ein offenes Buch. Außer einem Wirrwarr von Papiertaschentüchern und Haarnadeln, Puderdosen und Veilchenpastillen gegen Mundgeruch beherbergte sie einen der vielen Ventolin-Inhalatoren, die diskret im ganzen Haus verteilt waren.

Die Schublade meines Vaters war aufgeräumt und roch nach der Kortisonsalbe, die er sich auf die Hände tat, wenn er im Herbst seinen seltsamen alljährlichen Ausschlag bekam. Sie enthielt mehrere angebrochene Röhren Setlers, ein kleines blaues Freimaurerbuch, in dem statt Wörter manchmal Gedankenstriche standen, und ein fettes, grau-braunes Päckchen Kondome. Außerdem mehrere Menükarten von Abendessen, an denen er teilgenommen hatte, oft mit der Unterschrift der anderen Gäste, sowie ein paar merkwürdige Abzeichen, von denen ich annahm, sie hätten mit seiner Freimaureruniform zu tun.

Die Setlers waren ebensosehr im Erbgut meines Vaters verankert wie seine Pfeife und der *Daily Telegraph*. Ohne die kreidigen weißen Tabletten ging er nirgendwohin. Halbe und Dreiviertelpackungen steckten in jeder Jackentasche, einschließlich der seiner Wildlederweste, und lagen im Handschuhfach unseres Autos. X-mal am Tag rieb er sich das Brust-

bein und riß ein Stück Stanniolpapier von seinen Magentabletten. Er knabberte sie beim Fahren und beim Fernsehen. Manchmal nahm er sogar eine nach dem Abendessen, »nur für den Fall«. Setlers waren Dads Sorgenperlen.

Die Übersäuerung seines Magens stellte sich zwar als Nebenwirkung von Sorgen dar, doch man könnte sie auch als Symptom von Kälte, Jähzorn, Ungeduld und Falschheit deuten. Er litt an all diesen Dingen, und wir litten auch.

Das ekelhafteste von Dads Magenmitteln war eine Mischung aus Kaolin und Morphium. Er nannte es »K et Morph«. Es bestand aus einer dünnen, durchsichtigen Flüssigkeit, auf der eine dicke, cremige Kruste schwamm. Er schüttelte die Flasche gut zwei Minuten, wobei er den Daumen auf den Korken hielt, zog ihn dann heraus und nahm einen kräftigen Schluck oder auch zwei. Es schauderte ihn, wenn er das Zeug hinunterschluckte, bei diesem alltäglich gewordenen Ritual. Immer hatte er irgend etwas Scheußliches im Mund, eine Setler, einen Schluck Kaolin und Morphium, seine Pfeife. Und wenn nicht eins von den dreien, dann eine Senior-Service-Zigarette oder eine kleine Zigarre. Ich zuckte immer zurück, wenn er mir ausnahmsweise einmal einen Kuß gab, obwohl ich mir das so sehr wünschte.

Sonntagsbraten

In der Küche des York House herrscht das übliche sonntägliche Chaos. Durch das Pfannengeklapper hindurch höre ich, wie das Roastbeef im Ofen brutzelt und zischt. Mein Vater ist im Gewächshaus und tut, was immer Männer mittleren Alters in Gewächshäusern tun. Hinter der Durchreiche dampft es, was bedeutet, daß Mutter die Bohnen abgießt. Die Bleifenster sind mit Kondenswasserperlen überzogen. Wo sie herunterlaufen, bilden sich auf dem Fensterbrett Pfützen.

Das York House ist ein massives Fachwerkhaus, für Neureiche gebaut, mit allen Extras wie Abstellraum, Spülküche, Gewächshaus und Gäste-WC. Die Mode schreibt vor, daß an den Bleifenstern jetzt bunte Jalousien hängen. Der Garten ist mehr oder weniger typisch für die Zeit. Auf dem gepflegten Rasen stehen drei Apfelbäume, um deren Stämme Narzissen wachsen. Eine majestätische Weide neigt sich über den Teich, und durch den hinteren Teil des Gartens führt ein langer, gewundener Pfad. Er wird gesäumt von Glockenblumen und ein paar eingesprengten Wolken von Porzellanblümchen.

Braten werden im Aga-Herd in der Hauptküche gemacht, Gemüse (Bohnen, Erbsen, Karotten) auf dem cremeweißen

Belling-Herd in der Spülküche. Bei der heißeren der beiden Platten des Aga-Herds läßt die Heizwirkung oft im entscheidenden Moment nach. Sonntagmittags findet mit fast hundertprozentiger Sicherheit ein Temperatursturz statt. Mein Vater sagt, das hätte mit der Heißwasserversorgung zu tun.

Im Moment ist es in der Spülküche so heiß, das man darin Blei schmelzen könnte. Die Hitze geht allerdings vor allem von meiner Mutter aus, die auf das sonntägliche Mittagessen gern verzichten könnte. Sie haßt es bedingungslos und unverhüllt. Schon am Samstagnachmittag wird sie nervös. Das Fleisch, die Kartoffeln, die Bohnen, die Karotten, die Sauce, mein Gott, die Sauce. Mal gibt es noch Meerrettichsauce dazu und mal nicht. Um den Schnickschnack kümmert sich mein Vater: den Senf, den »Mehreteuch« und den Yorkshire Pudding, den er in einem alten Bräter macht – ein einziger großer Auflauf, den er in bauchige Vierecke zerteilt. Die Bratensauce macht er nicht, aber wahrscheinlich wünschten wohl alle, er täte es.

Den Braten aufzuschneiden läßt er sich nicht nehmen. Es ist, als bilde er sich ein, er hätte das Tier mit der Keule erschlagen und durch den Schnee nach Hause geschleift wie ein Höhlenmensch ein Mammut. Den Sonntagsbraten nicht zu tranchieren hieße zuzugeben, daß man kein ganzer Mann ist.

Wie das mit seiner Schwäche für lachsfarbene Begonien zusammengeht, ist eine andere Frage.

Heinz Sponge Pudding

Zu unserem Sonntagsessen gehörte unweigerlich auch Heinz Sponge Pudding aus der Dose. Ich genoß jeden Löffel davon, egal, welche Sorte es war – Himbeermarmelade, Ingwer, Sultaninen oder Schokolade. Doch die letzten beiden waren die, auf die ich hoffte, wenn ich in die dampfige Küche kam und die Dose im Wasserbad klappern hörte. Dabei löste sich immer das Etikett ab und schwamm im Topf herum. Ich lernte, die einzelnen Sorten am Geruch zu erkennen. Süße Pappe mit einem Hauch von Schokolade, Trockenobst oder Ingwer. Himbeermarmelade roch für mein Empfinden nur nach süßer Pappe. Manchmal ließ meine Mutter das Wasser verkochen, und mein geliebter Sultaninen-Pudding brannte in der Dose an. Mein Vater spielte immer den Gelassenen, womit er seine Verzweiflung darüber verbarg, eine Frau geheiratet zu haben, die nicht einmal Wasser kochen konnte.

Ein Heinz Sponge Pudding reicht für vier Personen. Wenn wir mittags zu sechst waren, kauften wir zwei Dosen, was bedeutete, daß es noch Nachschlag gab. Wenn wir zu fünft waren, sagte meine Mutter: »Ach, eine reicht, ich esse keinen.« Aber jedesmal tat sie es doch.

Zum Sponge Pudding gab es bei uns immer Sahne. Von Nestlé aus der Dose, was uns den schmerzlichen Anblick ersparte, wie Mutter versuchte, Custard zu machen. Die Sahne, die so dick war, daß ein Löffel darin stand, wurde aus der flachen, weiß-blauen Büchse in die Sauciere geschöpft und am Tisch herumgereicht. Dabei kämpften wir immer darum, wenn auch nicht offen, sie vor Tante Fanny zu bekommen. Tante Fanny war in einer Familie aufgewachsen, in der es keine Sahne gab, und nahm dafür jetzt fast das halbe Kännchen, so daß ihr Sponge Pudding beinahe darunter verschwand. »Bist du sicher, daß du genug Sahne hast, Tante?« fragte mein Bruder dann, woraufhin ihn mein Vater zornig anfunkelte. Dabei richtete er seinen Blick zwar auf Adrian, doch er galt ebensosehr Tante Fanny.

Noch aus einem anderen Grund war es wichtig, die Sahne vor Tante Fanny zu bekommen. Sie hatte eine richtige Adlernase, eine Nase wie Edith Sitwell. Und an der Spitze dieses Zinkens hing immer ein feiner Tautropfen von klarem Rotz. Ich kann mich nicht erinnern, sie jemals ohne so einen Tropfen gesehen zu haben, außer in den ersten Sekunden, nachdem sie ihn mit ihrem geblümten Taschentuch abgewischt und es in den Ärmel ihrer babyblauen oder zitronengelben Strickjacke gesteckt hatte.

Bekam sie die Sahne zuerst, starrten fünf Augenpaare angespannt auf die schimmernde Perle an ihrer Nasenspitze, wobei jeder versuchte, sie mit purer Willenskraft davon abzuhalten zu fallen, bis Tante Fanny das Sahnekännchen weitergab. Alle außer mir. Ich betete, daß es irgendwann passieren würde, und fragte mich, was die anderen dann wohl täten. Würden wir noch eine Dose aufmachen müssen? Würde mein Vater Tante Fannys Beschämung überspielen, indem er die Sahne einfach umrührte und über seinen Sponge Pudding kippte? Ich saß da, ballte im Schoß die Fäuste und wünschte mir, ja betete, daß es passieren würde. Ich hätte es genossen. Und erst recht, wenn es niemand außer mir gemerkt hätte.

Kartoffelchips, Ketchup und andere Tabus

Ich bin nicht sicher, daß in Dads Fabrik alles so läuft, wie es soll. Er ist so still in letzter Zeit, nachdenklich, verschlossen, kommt müde und spät nach Hause. Neulich abend habe ich gehört, wie er leise und böse ins Telefon sprach. Ein andermal, als ich abends in die Küche kam, um ihn zu begrüßen, sah er ganz niedergeschlagen aus. Als wäre ich ihm eine Last. Seit

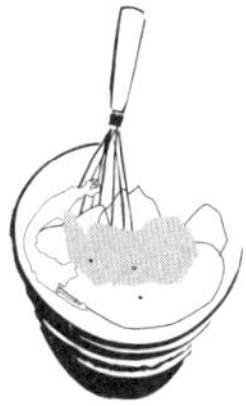

Wochen hat er mich nicht mehr auf seinem Schoß sitzen lassen. »Nicht jetzt«, sagt er jedesmal.

Oft ist er mit meiner Mutter in Diskussionen vertieft, und wenn er lacht, scheint er gar nicht mehr aufhören zu können, bis ihm Tränen über die Wangen laufen. Dann schlägt seine Stimmung um, und er läßt mich auf seinen Schoß steigen.

Mein Vater und sein Partner Joe Ward hatten die Firma aus dem Nichts aufgebaut. Sie hatten eine riesige, stillgelegte Munitionsfabrik übernommen und eine Art Goldmine daraus gemacht. Er beschäftigte in der Fabrik zwanzig Leute, einen Sekretär und einen Mann, der sich um »die Bücher« kümmerte. Er war stets von einer positiven Aufregung erfüllt gewesen, einem kaum verhohlenen Stolz darauf, wie gut die Firma lief. Jetzt schien er erschöpft nach Hause zu kommen, als hätte er das Ganze satt. Zwei Jahre zuvor hatte das Finanzamt eine Untersuchung bei ihm durchgeführt, weil er Metallstücke, größtenteils Fabrikreste, gegen Bargeld verkauft hatte. Danach war die Buchhaltung sehr viel aufwendiger geworden, so viel, daß er und meine Mutter stundenlang in der Küche saßen und der Tisch unter Stapeln von Quittungen auf Holzspießen und schmalen, gebundenen Büchern mit endlosen Zahlenreihen und buntgemusterten Vorsatzblättern verschwand. Oft saßen die beiden den ganzen Abend lang da, meine Mutter auf der einen Seite des Tisches und er auf der anderen. Manchmal kam er und holte die Whiskyflasche und zwei Gläser aus der Bar hinterm Bücherregal.

Ich weiß noch, wie ich eines Abends – kurz nachdem sie angefangen hatten, sich zu Hause um »die Bücher« zu kümmern – im Fernsehen sah, daß Präsident Kennedy erschossen worden war. Ich lief in die Küche, um ihnen zu sagen, daß er tot war, und sie meinten, ich solle nicht so ein Zeug erfinden. »Aber es stimmt, es kommt im Fernsehen«, verteidigte ich mich. Mein Vater drohte mir mit einer ordentlichen Tracht Prügel, wenn ich weiter solche Märchen erzählte.

»Es tut mir leid, Schatz«, sagte Mum, als sie ins Wohnzimmer kam und selbst im Fernsehen sah, was passiert war. Sie stand bloß da, die Hand vor dem Mund, und keuchte: »Ich kann es einfach nicht glauben.«

»Ich hab es euch doch gesagt«, erwiderte ich, wütend und frustriert, weil sie mir nicht geglaubt hatten.

Eine halbe Stunde darauf kam mein Vater mit einer Tüte Kartoffelchips herein. »Hier, nimm«, sagte er. Das war eine Art Entschuldigung, die einzige, die ich bekommen würde. Kartoffelchips waren bei uns nicht gern gesehen, ähnlich wie Baked Beans, Pommes frites und Love Hearts. Gelegentlich brachte er beim Einkaufen welche mit, und dann riß ich die knisternde Tüte auf, steckte die Finger tief hinein und zog das leuchtendblaue Wachspapierröllchen mit dem Salz heraus. Wenn ich es aufgerollt und in die Tüte geleert hatte, kam es

darauf an, daß auf den Chips sowenig Salz wie möglich war. Dann würde ich, wenn ich die Chips vertilgt hatte, unten in der Tüte noch eine dicke Spur Salz finden, in das ich den angefeuchteten Finger würde stippen können. Das Salz und die paar kleinen Chipskrümel darin waren ein unvergleichlicher Genuß, besser noch als die Chips selbst. Diese Art von Eßwaren war bei uns nicht verboten, aber meine Eltern lehnten sie einfach ab. Das reichte. Kartoffelchips – hauchfein, salzig, golden – waren aus demselben Grund geächtet wie Baked Beans, Fish and Chips in Zeitungspapier, Erbsenmus, Kondensmilch und Scheibenbrot in der Plastiktüte. Sie glaubten nicht etwa, diese Dinge wären schlecht für mich, enthielten zuviel Zucker oder Zusatzstoffe. Der Grund war auch nicht, daß es all diese Dinge bei unserem Kaufmann nicht gab, sondern nur, daß meine Eltern sie für »ein bißchen gewöhnlich« hielten. Genauso wie Petunien und Tagetes. Oder Flipflops und Mädchen mit offenen Haaren. Oder wenn man die oberste Lage eines Bourbon Biscuit zuerst aß und dann die Schokolade abschleckte. Wie sie ihre Vorliebe für Dosenmandarinen und Kraft-Scheibletten rechtfertigten, ist mir noch immer ein Rätsel.

Die positive Seite ihres Snobismus war, daß bei uns meist guter Schinken auf den Tisch kam, frisch aufgeschnitten bei Percy Salt, und Kaffee von Maxwell House. Wir kauften unser Brot bei einem richtigen Bäcker, wenn auch Kastenweißbrot, weil meine Mutter fand, daß es leichter zu schneiden war als die hübschen Cottage Loaves mit ihrem widerspenstigen Dutt. Wir aßen Fisch vom Fischhändler und keine panierten Stäbchen (mein erstes Fischstäbchen probierte ich mit neunzehn), und wir kauften eher die Cadbury's MiniRolls als eine schlichte Biskuitrolle. Manchmal gab es auch Battenberg Cake und samstags frische Sahne und Sponge Pudding oder hin und wieder ein Trifle im Wachskarton.

Manche Dinge durfte man nicht einmal mit gedämpfter Stimme erwähnen. Babycham, fertige Brotaufstriche, Tomatenketchup, HP Sauce und Branston Pickle standen nie zur Diskussion, geschweige denn auf dem Speiseplan. Die Schokoladen-Marshmallows mit Keksen und Marmelade innendrin in der rot-silbernen Folie (ich selbst wäre für sie über Leichen gegangen) wären meinen Eltern unter keinen Umständen ins Haus gekommen.

Senior Service

Onkel Geoff trägt sein übliches Tweedjackett, das Lederflicken an den Ellbogen hat und nach Senior-Service-Zigaretten riecht. Er hat einen dichten kleinen Schnurrbart, ein bißchen wie Adolf Hitler, glänzende gelbe Zähne und lange, dicke Finger.

Meine Mutter und mein Vater sind ausgegangen. Onkel Geoff spielt den Babysitter. Er sitzt im Wohnzimmer auf dem Sofa, und ich kuschle mich an ihn, atme den warmen Geruch von Tabak und Wolle ein.

»Hast du Lust, ein Spiel zu spielen?« fragt er mich. »Es heißt ›Such das Sechs-Pence-Stück‹.«

Ich mache die Augen zu, während Onkel Geoff eine silberne Münze versteckt. Als erstes sehe ich unter dem Sofa nach, das wir Couch nennen, dann hebe ich eins nach dem anderen die Polster hoch. »Kalt.« Ich hebe den gelb-schwarzen chinesischen Blumentopf hoch, dann den Royal-Worcester-Aschenbecher und das schwarze Porzellanmädchen mit dem Korb voll Wäsche. »Kalt.« Auf dem Fensterbrett steht eine alte Dame mit einem grünen Kleid und einem Bund Luftballons in der Hand. »Ist es da drunter, Onkel Geoff? Die darf ich nicht anfassen.«

Ich hebe die Glasvase mit der einzelnen Hyazinthe hoch, die Ledermappe, in der die *Radio* und die *TV Times* sind. Kalt. »Ist es irgendwo an dir dran?« »Wärmer.« Onkel Geoffs Jackett hat vorn enge, kleine Taschen, in die gerade eine Kinderhand hineinpaßt. Kalt. Ich sehe unter seinem Kragen nach und fahre mit den Fingern unter der karierten Wollkrawatte nach unten. Onkel Geoff trägt immer eine Krawatte.

Die Hosenaufschläge, leer. Die Falten seines braunen V-Ausschnitt-Pullovers, leer. Sein Hosenbund, seine Schuhe, leer. Ich fahre mit der Hand an der Stelle, wo er sitzt, übers Polster. »Wieder wärmer.« Onkel Geoffs Hosentaschen stehen weit genug auf, daß man hineingreifen kann, aber dann spannen sie über den Oberschenkeln. Ich stecke die Hand tief in seine Tasche und fühle den Ansatz seines Schenkels. Ich bewege die Hand quer über sein Bein und schiebe sie dort nach unten, wo seine Oberschenkel aneinanderstoßen. Ich fühle den Rand einer Münze, komme aber noch nicht ganz heran. Meine Handkante streift etwas, das lang und hart ist, wie der Griff eines Kricketschlägers. Ich fahre mit der Hand daran entlang. An einem Ende ist es dicker und weicher. Auf einmal, als meine Finger an der Spitze ankommen, fühle ich das Sechs-Pence-Stück. Onkel Geoff lächelt. »Wärmer, wärmer, heiß, heiß, heiß, heiß …«

Wackelpudding 1

Für einen achtjährigen Jungen muß Wackelpudding nur eine Bedingung erfüllen: Er muß ein schmatzendes Geräusch machen, wenn man den Löffel in seine orangegelben Tiefen versenkt. Eine Art Wackelpuddingfurz. Je lauter er schmatzt, um so besser ist er. Ob Himbeer, Orange, Limone oder Erdbeer, ist völlig egal. Das einzige, was zählt, ist das Geräusch.

Wenn man sichergehen will, daß es obszön klingt, gibt es nur eines: Man muß ihn fester machen als normal. Das heißt, man muß doppelt soviel Puddingmischung nehmen. Zwei Packungen auf die einfache Menge kochendes Wasser. Auf die Art bekommt man einen Wackelpudding, der furzt. Daß man dann etwas essen muß, womit man Fußball spielen kann, ist nicht so wichtig.

Wackelpudding 2

Ich war selten krank, obwohl ich aussah, als könnte mich ein kräftiger Windstoß davonwehen. Natürlich bekam ich die üblichen Kinderkrankheiten: Masern (»Hör auf zu kratzen, du machst es nur schlimmer!«), Mumps (»Lieber jetzt als später.«) und Windpocken (»Nicht abpulen, sonst bleiben Narben!«). Aber ich hatte selten Erkältungen und noch seltener die Grippe. Allerdings bekam ich regelmäßig etwas, das meine Mutter »Gallenkoliken« taufte. Diese mysteriösen, kurzen Anfälle bestanden in Mattigkeit, Schüttelfrost und extremer Übelkeit. Außerdem wurde ich käsebleich, und mir brach kalter Schweiß aus. Mein Vater tat fast, als gäbe es diese Anfälle nicht. Wahrscheinlich fand er, sie paßten eher zu Damen im Reifrock mit zu engem Korsett. Aber sie waren durchaus real.

Die Attacken fielen immer mit Mathearbeiten, Fußballtraining oder dem ersten Tag nach den Ferien zusammen. Ich kann nicht wirklich sagen, daß ich sie vorgetäuscht hätte – selbst der beste Laienschauspieler kann nicht bewirken, daß die Haut grau, klebrig und kalt wird –, aber es stimmte, daß sie mich gewöhnlich von irgend etwas befreiten, das ich nicht tun wollte. Unweigerlich wurde jedesmal entschieden, daß ich für den Rest des Tages das Bett hüten mußte.

Krank zu sein bedeutete vier Dinge: heißer Ribena-Saft, Dosensuppe, Marmite Soldiers und Wackelpudding. Es war schon ein paar Masern wert, zu jeder Mahlzeit eine Schüssel mit Johannisbeerpudding von Rowntree serviert zu bekommen. Manchmal nahm Mum auch Limone oder Zitrone. Sie machte ihn so schwach, daß er nur gerade eben fest wurde, so daß ich ihn durch die Zähne schlürfen konnte und die wirklich wabbeligen Stücke vom Löffel rutschten und mir auf den Schlafanzug fielen. Wackelpudding war mein Allheilmittel. Er heilte mich sogar von einem der schlimmsten Fälle von Mumps, die der Arzt je erlebt hatte. Mein Vater sagte, ich sähe aus wie Frankenstein.

Ich kann nicht behaupten, daß ich es nicht genossen hätte, krank zu sein. Der Spuckeimer mit der dünnen Schicht übelriechenden Desinfektionsmittels darin stand immer an meinem Bett, aber das war kein sehr hoher Preis für all die Aufmerksamkeit und die Tatsache, daß ich nicht in die Schule

mußte und den ganzen Tag im Bett sitzen und lesen durfte. Krank zu sein erlaubte mir, die *Narnia*-Bücher wieder zu lesen, den *Kampf um die Insel* von Arthur Ransome und all meine Malcolm-Saville-Bände. Die kleine Unannehmlichkeit, jede Stunde ein Thermometer unter die Zunge gesteckt zu bekommen, war nichts im Vergleich zu der Wollust, mit der ich mich unter die gelbe Tagesdecke kuschelte und in das Zauberland Narnia eintauchte.

Das Schlimmste am Kranksein war, daß man von mir erwartete, Dosensuppe zu essen. Jede vernünftige Mutter hätte ihrem Kind eine leuchtendrote Tomatensuppe gekocht. Schon die Farbe hätte einen kranken Jungen wieder munter gemacht. Meine dagegen versuchte, mich mit etwas aus dem Bett zu locken, das eine mysteriöse Ähnlichkeit mit dem aufwies, was die ganze Zeit an beiden Enden aus mir herauskam: Hühnercreme-, Gemüsecreme- oder, in einem Anfall besonderer Gedankenlosigkeit, Ochsenschwanzsuppe.

Zitronendrops

Die Mutter meiner Mutter landete schließlich in Shifnal. Auf einer netten hellblauen Station in einer Klinik für Leute, deren Verwandte es einfach nicht mehr schafften, sie zu pflegen. Die Klinik hatte nichts Finsteres – in meiner Erinnerung war es sogar ziemlich hübsch dort, es gab einen Rosengarten mit eingesprengtem Rittersporn, der so wasserblau war wie die Augen meiner Großmutter, und alte Damen, die friedlich in ihren Rollstühlen saßen, mit weichen, rosa oder babyblauen Strickjacken. Meine Mutter fuhr einmal in der Woche mit mir dorthin. Dann saß Großmutter immer lächelnd da, mit ihrem schütteren weißen Haar, durch das man die Sommersprossen auf ihrer Kopfhaut sah, und nickte zu allem, was wir sagten.

Großmutter hatte stets eine runde Dose Zitronendrops neben dem Bett stehen. Die Sorte mit dem fest sitzenden Deckel, auf dem Obst abgebildet ist. Nichts wünschte ich mir sehnlicher als einen von diesen Bonbons. Ich wünschte mir, daß sie die Dose öffnete und mir einen ihrer goldenen Drops anbot. Ich hätte gern lange abgewägt, welchen der rechteckigen Drops ich nehmen sollte. Ich träumte davon, den feinen Puderzucker abzuschlecken und mit der Zunge über die erhabenen Linien an der Seite zu fahren. Ich sehnte mich danach, den angefeuchteten Finger in den losen Puderzucker auf dem Grund zu stippen, und starrte die goldene Dose stundenlang an, wobei ich versuchte, nicht auf den daneben stehenden Plastikbecher zu blicken. Den, in dem ihre Zähne waren.

Irgendwann wurden unsere Ausflüge nach Shifnal, wo wir ein, zwei Stunden mit dieser Frau zusammensaßen, die stets

nur lächelte und nickte, immer häufiger. Zwei- oder dreimal die Woche holte meine Mutter mich von der Schule ab, so daß ich, während all meine Klassenkameraden Fußball spielten, in einer Klinik saß und die zerbrechliche, knorrige Hand einer alten Frau hielt, die ihre Zähne in einem Glas aufbewahrte.

Schließlich verschwand meine Mutter jedesmal für eine halbe Ewigkeit, um mit der Stationsschwester zu reden. Ich wußte, Großmutter würde bald sterben. Sie saß einfach nur da und lächelte und nickte, summte vor sich hin und starrte auf die Narzissen vor dem Fenster, tat so, als sähe sie nicht, wie der kleine Junge mit aller Kraft den Deckel der Zitronendropsdose einer Frau öffnete, die bald sterben würde.

Milch

Mein erstes Glas Milch – ja es waren eigentlich nur zwei Schlucke – hatte zur Folge gehabt, daß ich mich in einem Schwall über meine neuen Sandalen erbrach. Danach hatte man mich hin und wieder ermuntert, es noch einmal zu probieren, aber niemand hatte mich dazu bringen können, mehr zu tun, als den Finger hineinzustecken und mich zu schütteln. Wenn es so aussah, als könnte man mich drängen, einen Schritt weiter zu gehen, setzte ein gespieltes Würgen dem Ganzen gewöhnlich ein Ende. In den Pausen gestattete uns Miss Poole, unsere sanftmütige, grauhäutige, graugekleidete Klassenlehrerin, ungeöffnete Flaschen mit der obligatorischen Schulmilch denen zu geben, die ihre eigene als erste geleert hatten.

An einem kalten, öden Septembermorgen stieg ich eine Klasse auf. Meine Lehrerin würde von nun an Mrs. Walker sein, eine Frau, die so streng aussah und so unbeugsam war, daß die anderen Lehrer sie als Druckmittel benutzten. Sie war stämmig, eine wahre Bulldogge von einer Frau, trug ihr ungewaschenes Haar eng an den Kopf gepreßt und war stets mit einem kniebedeckenden schwarzen Rock und einem grauen Twinset bekleidet. Als ich meine Sachen einpackte, um zu Mrs. Walkers Klasse zu gehen – mein Federmäppchen, die flache Dose mit den zwanzig Caran-d'Ache-Buntstiften, meine Englischbücher mit den Rechtschreibtests und Aufsatzthemen wie »Ein Herbsttag« und »Die zehn Dinge, die ich am liebsten mag« –, tuschelte jemand: »Bei ihr müssen alle ihre Milch trinken.«

Eine Woche darauf hatte ich immer noch keine Milch angerührt. Ich begann, meine kleine Milchflasche jedem Mädchen anzubieten, das mir seine Unterhose zeigte. Nachdem ich von ein paar Mädchen geprellt worden war, die ihren Teil des Abkommens nicht erfüllten, bekam ich Angst, ich würde bald Leute dafür bezahlen müssen, daß sie mir das weiße Zeug abnahmen.

»Kann ich deine Milch haben, wenn du sie nicht willst?« fragte Peter Marshall mich eines Vormittags in der Pause. Also sagte ich: »Zeig mir zuerst deinen Schwanz«, womit ich einen Präzedenzfall für den ganzen Winter schuf. Keinem der Mädchen war so sehr an einer zweiten Milch gelegen, daß es mir einen kurzen Blick gönnte, aber die Jungs standen Schlange dafür und fanden, daß es ein gutes Geschäft war. Wohl zum ersten Mal stellte ich fest, daß Essen ein gutes Tauschobjekt war.

Nichts dagegen bereitete mich darauf vor, wie schlecht einem Jungen von einer Flasche Milch werden konnte. Mrs. Walker erwischte mich dabei, wie ich so tat, als tränke ich meine Ration, während ich bloß darauf wartete, daß irgend jemandes Flasche leer wurde. »Komm mal nach vorn.« Ich stellte die Milch auf meinen Tisch und wollte vorgehen. »Nein, nimm die Milch mit. Ich beobachte dich schon seit Tagen, und jetzt wirst du sie vor allen anderen trinken.« Da ich nicht genau wußte, wieviel sie von dem Milchspiel mitbekommen hatte, dachte ich halb, die Mädchen würden vielleicht der ganzen Klasse ihre Unterhosen zeigen müssen.

Ich stand mit gesenktem Kopf vor der Klasse, während sich mir der Magen umdrehte. Die Schande, daß ich erwischt worden war, machte mir keine Sorgen, nur daß ich diese scheußliche, gräßliche Milch würde trinken müssen. Bitte, lieber Gott, mach, daß ich das nicht trinken muß. Er gab keine Antwort. »Trink sie aus«, sagte Mrs. Walker, wobei sie die Augen zusammenkniff wie eine Eidechse in der grellen Sonne. Ich führte den Strohhalm zum Mund und sog daran, hielt ihn jedoch mit der Zunge zu. »Wir bleiben so lange hier sitzen, bis du den letzten Tropfen getrunken hast.«

Es war ein warmer Tag, Mitte September. Der Milchkasten hatte eine gute Stunde in der Sonne gestanden, bevor Robin Matthews hinausgeschickt wurde, um ihn in die Klasse zu schleifen. Das Klirren der Flaschen und das Schaben des Metallkastens auf dem Boden erfüllten mich immer mit Angst. Ich sog am Strohhalm. Ein Schwall dicke, warme Milch traf auf meine Zunge und füllte dann meinen Mund. Es war, wie rückwärts zu kotzen. Ich versuchte, sie langsam zu schlucken, aber es schnürte mir die Kehle zu, und dann wallte aus meinem Magen etwas Saures, Mandelartiges auf.

Es brach so schnell hervor, daß ich keine Zeit hatte, die Milchflasche vom Mund zu nehmen. Der Strohhalm schoß über den Boden, die Flasche schlug klirrend auf, und ich schloß die Augen. Zum einen, um sie vor diesem Grauen zu verschließen, zum anderen, weil ich sie immer zumache, wenn ich mich übergebe. Die Kotze sprudelte über meinen grünen Schulpullover und auf den Boden, sie spritzte über den unteren Teil des Regals mit den Büchern von Conan Doyle und Kipling, über Sylvia Mountseys Schulranzen und einen Kürbis unter den Gaben zum Erntedankfest. Wenigstens traf sie nicht

meine nackten Beine. Als ich die Augen öffnete, war der Boden voll Milch, die unter die Heizung rann und unter Mrs. Walkers Pult. Dünne, milchiggelbe Kotze bedeckte meine Schuhe, und die Flasche, die noch ganz war, war unter Peter Marshalls Tisch gerollt. »Setz dich hin«, brüllte Mrs. Walker ohne Rücksicht darauf, daß einer ihrer Schüler sich gerade heftig auf seine eigene Kleidung erbrochen hatte. Offensichtlich wollte sie mich im eigenen Saft schmoren lassen.

Ich schlich zu meinem Stuhl, durch ein Meer von schüchtern grinsenden Gesichtern und gesenkten Köpfen. Auf halbem Wege bückte ich mich, um die verirrte Flasche aufzuheben. Ich ließ mich auf alle viere nieder und kroch unter den Tisch. Als ich den Arm nach der Flasche ausstreckte, sah ich im Augenwinkel etwas zucken: Drei grüne Unterhosen blitzten auf, und Peter Marshalls Schwanz stand aufrecht da und winkte wie das Fähnchen eines kleinen Kindes bei einer öffentlichen Ausfahrt der Königin.

PS: Nesquik war der letzte verzweifelte Versuch meiner Eltern, mich zum Milchtrinken zu bewegen. Orange, Erdbeer, Schokolade. Doch das einzige, was sich dadurch änderte, war die Farbe meiner Kotze.

Erbsen

»Daß ihr mir ja nicht weiter geht als bis zum Komposthaufen«, warnte uns Mrs. Saunders, deren Haus am oberen Ende der Straße stand. Wir taten es natürlich trotzdem. Nicht immer, nur wenn sie weg war. »Los, da sind Erbsen.« Wir gingen die Reihen entlang, pflückten Schoten und ließen sie platzen, bis wir genug hatten. Die Hülsen versteckten wir in unseren Hosentaschen. Wenn diese voll waren, schoben wir die leeren Hülsen unter die Pflanzen, in der Hoffnung, daß Mrs. Saunders sie nicht sah.

Wir schnippten die Erbsen in die Luft und fingen sie mit offenem Mund auf. Eine Erbse nicht zu erwischen war eine Schande. Es war schlimmer, als wenn man beim Kricket den Ball nicht fing. Wir aßen soviel wie gerade noch ging. Nicht wie in unseren Bauch hineinging – einen Kinderbauch kann man mit Erbsen nicht füllen –, sondern gerade so viel, daß es nicht auffiel.

Bei uns zu Hause gab es getrocknete Erbsen, die sich Surprise nannten. Sie wurden in rechteckigen weißen Schachteln verkauft, die so dünn und leicht waren, daß man hätte meinen können, sie wären leer. Meine Mutter stürzte sich auf diese

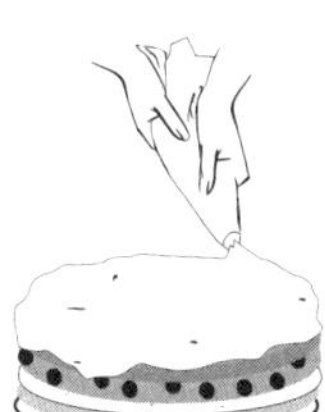

Erbsen, als hätte sie ihr Leben lang auf sie gewartet. Nach zwanzig Minuten in kochendem Wasser war eine Surprise-Erbse nur noch der Schatten einer Erbse. Genau wie die Kochkünste meiner Mutter immer nur ein Schatten dessen waren, was sie hätten sein sollen. Man bekam nur die äußere Schale. Irgend jemand hatte den Kern gestohlen. Mein Vater sagte, daß sei die Überraschung.

Für meine Mutter erfüllten schnellkochende getrocknete Erbsen und Karotten alles, was sie sich je von Gemüse erhofft hatte. Schnell und mühelos zuzubereiten und leicht nach Hause zu tragen. Laut Mrs. Saunders waren sie »lächerlich überteuert«. Ich begriff nicht, warum meine Mutter so auf Dinge fixiert war, die leicht zu tragen waren, die ihre Einkaufstasche nicht zu schwer machten.

Mrs. Saunders zog natürlich ihre eigenen Erbsen. Sie pflanzte sie gegen Ende des Winters an, sammelte Stöcke, um sie zu stützen, verwöhnte sie mit selbstgemachtem Kompost und schützte sie mit Netzen und breiten Streifen grünen und silbernen Stanniolpapiers vor den Vögeln. Sie pflückte ihre Erbsen selbst und hülste sie aus, in ein Abtropfsieb in ihrem Schoß, und kochte sie dann mit Zweigen zarter Minze aus ihrem eigenen Garten und einem dicken Stück langsam zerlaufender Butter.

Meine Mutter dagegen kippte getrocknete Erbsen aus einer Zellophantüte in einen großen Topf mit Wasser. Von Minze oder Butter keine Spur. Manchmal vergaß sie sogar, Salz ins Wasser zu tun.

Eiscreme

»*Oh I do like to be beside the seaside, oh I do like to be beside the sea*«, singt mein Vater, nicht ganz unerwartet, als wir über den Hügel fahren, auf einmal salzige Luft durch das Schiebedach weht und die Möwen wie auf ein Zeichen hin kreischen. Vor uns breitet sich, wie letztes Jahr und das Jahr zuvor (und das Jahr vor jenem), der lange Sandstrand aus, hübsch eingefaßt von gepflegten Blumenbeeten. Wir fahren an den hohen, stuckverzierten Häusern vorbei, die die Straße zur Strandpromenade säumen – sie haben allesamt Farben wie Mandeldragees und im Vorgarten nickende Hortensien. »Belegt« verkünden sie mit kaum verhohlener Selbstgefälligkeit.

Meine Mutter hält fieberhaft nach einem Parkplatz Ausschau. »Da ist einer, da, da! Ach, jetzt sind wir vorbei«, brabbelt sie. Ich weise meinen Vater darauf hin, daß wir gerade an dreien auf der anderen Straßenseite vorbeigefahren sind, aber ich rede mit einem Mann, der einen Rover fährt und Autohandschuhe aus Leder mit gehäkelter Oberhand trägt. Ein Mann, der genausowenig feige umkehren würde wie splitter-

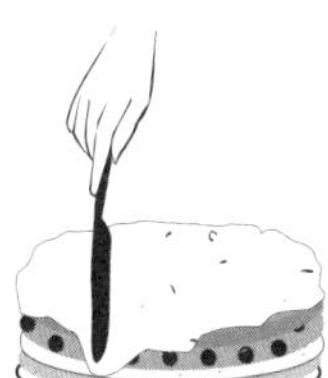

nackt durch die penibel gepflegten »Wintergärten« dieses Seebads laufen.

Schließlich zwängen wir uns in eine Parkbucht hundert Meter vom Hotel entfernt. Von dessen Außenwänden blättert die Farbe dieses Jahr mehr ab denn je. Wir packen die unveränderlichen Utensilien eines Slater-Urlaubs aus: den gestreiften Windschutz, den aufblasbaren Wasserball, den Picknickkorb, den wir noch nie benutzt haben, meinen Eimer und den Spaten und das Sortiment von Fähnchen, mit denen ich meine verwinkelten Sandburgen krönen kann. Die Heilsalbe. Das Mittel gegen Insektenstiche. Heftpflaster. Wattebäusche. Das Desinfektionsmittel, dessen Geruch mich manchmal in eine tiefe Ohnmacht fallen läßt. Mums Reserve-Inhalator. Durchfalltabletten. Die Badehandtücher, die ein diskretes Ausziehen der Badesachen erlauben. Das einzige, was wir jedes Jahr neu kaufen, sind mehrere Flaschen Ambre Solaire – die mein Dad hartnäckig Amber Solaire nennt – und die pastellfarbenen Plastikwindmühlen, die sich wie wild im Wind drehen und nach denen ich geradezu süchtig bin.

Wir haben dieselben Zimmer wie letztes Jahr. Sie sind so pieksauber wie immer, aber die Flure sind diesmal so unverkennbar von einer unausgesprochenen Traurigkeit erfüllt, wie wenn über der Tür eine tote Möwe hinge. Später erfahren wir, daß es für die Besitzer das letzte Jahr ist. Neuerdings kommt eine andere Sorte Gäste zu ihnen – solche, die morgens Kaffee bestellen anstatt Tee und ihr Bett nicht selbst machen wollen –, und darum haben sie beschlossen aufzuhören. Mein Vater spricht mit gedämpfter Stimme davon, in eines der Hotels näher am Strand zu ziehen. Dort ist es zwar lauter, aber man bekommt Halbpension, und abends wird einem ein bißchen etwas geboten. Ich zucke bei der Vorstellung zusammen, meine Eltern zu den Klängen der Ray Miller Combo tanzen zu sehen.

Mutter besteht darauf, daß ich mit Plastiksandalen ins Wasser gehe. Alle anderen Jungen am Strand haben bloße, nußbraune Füße. Ich habe rote Sandalen aus so hartem Kunststoff an, daß ich an den Fersen und an den Zehenknöcheln Blasen davon kriege. Dann versucht mein Vater wie jedes Jahr, mich für Ballspiele zu begeistern. Ich muß den doofen Wasserball fangen, während ich versuche, den Sand loszuwerden, der in meine Sandalen gekommen ist und an der hellroten Haut unter den frisch aufgeplatzten Blasen hängenbleibt. Der Ball trifft mich immer ins Gesicht oder bringt eine Sanddusche mit. Mein Vater stößt einen jener fast lautlosen Seufzer aus, die nur für zarte Jungen zu hören sind, die ihren Vater regelmäßig enttäuschen.

Mittags essen wir immer draußen in einem der Cafés am Strand – Mutter sehnt sich immer nach dem Schatten eines Sonnenschirms. Ich sehe, wie Kellnerinnen in engen pastellfarbenen Kleidern und weißen Schürzen tiefgefrorenen Fisch

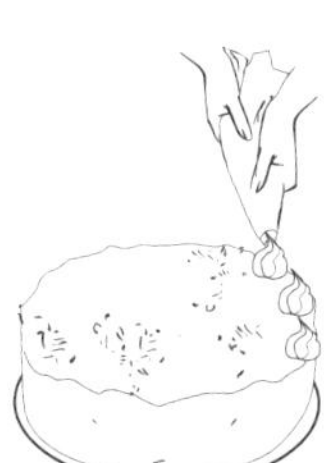

mit Pommes frites servieren – panierte Schollen so groß wie ein Tablett. Wir essen Schinkensalat. »Könnten wir vielleicht etwas Brot und Butter haben?« fragt Mutter, obwohl keiner von uns welches essen will.

Mir dauert das Ganze viel zu lang. Ich sitze da und dränge die anderen aufzuessen, damit wir endlich zum Eis kommen. Warum sollte man sich mit einem Schinkensalat soviel Zeit lassen, wenn es anschließend Eis gibt? Die Vorgabe lautet: Vanille, Erdbeer oder Schokolade. Aber selbst die scharfzüngigste alte Schlampe von Kellnerin wird einen süßen, blondhaarigen Jungen eine Kugel von jeder Sorte bestellen lassen. Und dann ist da natürlich die Waffel: Wenn wir Glück haben, ein dicker, glatter Fächer, wenn nicht, zwei dünne, rechteckige Wabenwaffeln. Ich esse sie nicht etwa deshalb, weil sie gut schmecken – sie haben ungefähr soviel Geschmack wie eine Postkarte –, sondern weil sie so schön an der Unterlippe kleben. Meine Mutter mag die Waffeln lieber als das Eis, was mir ein völliges Rätsel ist.

In dem Moment, wenn die Kellnerin den zerbeulten Silberbecher auf den Tisch gestellt hat, kommt mir das Leben ganz wunderbar vor. Ich weiß nicht, ob man noch glücklicher sein kann, als ich es in diesem Augenblick bin. Ich esse alle drei Sorten getrennt, versuche zu verhindern, daß sie auf dem Löffel ineinanderlaufen. Bei Vanille und Schokolade geht das ja noch, aber Erdbeer und Schokolade passen einfach nicht zusammen.

Wenn die kalten, milchigen Eiskugeln verschwunden sind, kratze ich noch den letzten Tropfen heraus, so daß der Löffel über den silbernen Becher schabt. Ich versuche, nicht zu laut zu kratzen. Wenn man Daddys Aufmerksamkeit auf sich zieht, fängt man sich immer ein »Mach keinen Unsinn« ein. Ist dann die letzte kleine Pfütze geschmolzenes Eis vertilgt, sammle ich mit dem Finger die Tröpfchen Vanilleeis und die Kondenswasserperlen auf, die außen an dem Gefäß heruntergelaufen sind. Das kalte Eis in der heißen Sonne ist zuviel für meine Mutter, und sie wendet sich diskret ab, um ihren Inhalator zu benutzen.

Abends machen wir einen Spaziergang auf der Promenade. Ich darf mit meinen besten Sandalen nicht in den Sand, und so schlendern wir den Gehweg entlang und bewundern die Schmuckbeete. »Wie machen die das nur, das muß doch ewig dauern?« fragt sich Mum und bleibt stehen, um eine Uhr aus Lobelien und kleinen Begonien zu bestaunen. Mein Vater ist fasziniert von einer getreuen Nachbildung des Hoflieferanten-Zeichens – mit dem Wappen der Königin aus weißem Alyssum und violetten Petunien und den Worten *Dieu et mon droit* aus Tagetes. Nirgends findet sich eine Spur von Unkraut, wie jedermann ungläubig bemerkt. Es war fast zu hören, wie die staunende Menge die Luft anhielt, als ein widerspenstiges Kleinkind sich losriß und quer über den Rasen auf die Queen Mother zuschoß, die hier in korallenroten Zwergrosen und lila

Schleifenblumen so geschmackvoll abgebildet war. Seine Mutter konnte es gerade noch wieder einfangen. Aber natürlich, hätte der Junge sein Ziel erreicht, wäre das für alle der Höhepunkt ihres Urlaubs gewesen, und man hätte noch jahrelang davon gesprochen.

Genug Aufregung für diesen Abend. Wir kehren um und gehen zurück, und meine Mutter hängt sich die Strickjacke um die Schultern, um sich vor dem auffrischenden Wind vom Meer zu schützen. Am Trinkbrunnen zieht sich ein junger Kerl mit nassen Haaren um. Er läßt seine Badehose fallen und schlüpft in seine Jeans. »Ent*schul*digung!« sagt mein Vater, als wir alle einen Blick auf seine nackte Vorderfront erhaschen.

»Du liebe Güte«, sagt meine Mutter und greift unauffällig nach ihrem Inhalator. »Und das in Bournemouth.«

Kaltes Lammkotelett mit Saucenhaut

Meine Sammlung von Spielzeugautos füllte eine ganze Holzkiste, die drei Borde über meinem Bett und mein Fensterbrett – einmal abgesehen von dem Morris Minor, den ich mit Absicht in den Gartenteich rasen ließ, und den Wagen, die schnittig genug waren, um beständig an der Mini-Monte-Carlo-Rallye teilzunehmen, deren Route durch das ganze Haus verlief. Flotte kleine Chevrolets und Corgi MGs, die Stoßstange an Stoßstange sämtliche Fußleisten säumten. Manchmal war einer umgekippt, Zeichen eines verheerenden Unfalls. Doch auf der Treppe durften keine Autos stehen. »Sonst rutscht noch jemand aus und tut sich weh.« Ich nahm das zum Vorwand, die Autos, die mir am wenigsten wert waren, kopfüber das Geländer hinuntersausen zu lassen.

Meine Sammlung war ziemlich stark. Ich hatte den heißbegehrten rosa Chevrolet Impala, den Corgi Mini Countryman in Minzgrün (den, bei dem beide hinteren Türen aufgingen) und sogar den Buick in Metalliclila. Was ich nicht hatte, war der Royal Rolls-Royce. Mit dem Glasdach und der winkenden Queen, der Plastikfahne auf dem Kühler und der handbemalten königlichen Familie war er mit dem üblichen Taschengeld nicht zu bezahlen. Aber ich mußte ihn einfach haben. Nichts würde meinen besten Freund Warrel Blubb schwerer treffen.

Quengeln, wenn es nicht nur ein verwöhntes Gejaule war, sondern regelmäßig genug und mit geistreichen Argumenten geschah, war eine Taktik, die bei meinen Eltern Erfolg hatte … früher oder später. Es konnte Wochen dauern, ja Monate, aber irgendwann brachten sie die Sachen dann mit. Meistens, wenn sie mich gerade nicht mehr interessierten und schon das Nächste dran war. Meine Mutter willigte ein, mir den Rolls-Royce

zu kaufen, wenn ich ihr sechs Pence die Woche zurückzahlte. Ich wußte, sie würde das Geld niemals einfordern, sondern es, wie Eltern es gerne tun, absichtlich vergessen. An einem Samstagvormittag klapperten wir ganz Wolverhampton danach ab, bekamen jedoch überall gesagt, daß er nicht mehr vorrätig sei. Dann, in einem Viertel, das zu betreten meine Mutter noch nie gewagt hatte, fanden wir einen Laden, dessen Besitzer, ein stiller Mann mit Eulenaugen und einer Nickelbrille, sich als Bekannter von Onkel Geoff erwies und bereit war, uns das Modell zu bestellen. »Für so einen süßen Jungen tu ich doch alles«, sagte er.

Ich wurde nur selten gezwungen, alles aufzuessen. Das hätte bei den Kochkünsten meiner Mutter auch als Kindesmißhandlung gelten können. Mein wählerisches Gehabe wurde geduldet, als wäre ich ein Einzelkind. Aber gelegentlich ging ich zu weit. An einem kalten Montag hatte ich mehr vom Mittagessen übriggelassen als üblich. Es war eher ein Fall von Langeweile als von schlechter Küche. Ich stand vom Tisch auf und dachte nicht weiter darüber nach.

An jenem Nachmittag kam ich nach Hause, und es war niemand da. Mitten auf dem Eßtisch stand mein Royal Rolls-Royce samt Schiebedach und den lebensechten Hunden der Queen. Ich nahm ihn in die Hand und drehte ihn hin und her. Ich streichelte die lange braune Motorhaube. Ja, ich war enttäuscht, daß er nicht so tiefschwarz war wie auf den Bildern, aber das war nicht so schlimm. Ich konnte es kaum erwarten, ihn Warrel Blubb zu zeigen.

Es trieb mich, ihm die Ankunft des Rolls zu melden. Am liebsten wäre ich damit auf der Stelle zu ihm gerannt. Aber ich konnte das Vergnügen noch erhöhen. Warrel hatte kürzlich eine Standpauke gehalten bekommen – weil er mit nassen Schuhen ins Haus gelaufen war. Als ich ihn das letzte Mal gesehen hatte, sah er schmollend aus seinem Fenster. Verwundbar. Ich beschloß, den Wagen im Eßzimmer aufs Fensterbrett zu stellen. Dort konnte ihn Warrel, wenn er zur Schule ging, nicht übersehen. Ich würde den Wagen gar nicht erwähnen, ihn nur dort hinstellen und mir durchs Fenster Warrels Gesicht ansehen.

Aber da, auf der einen Ecke des Kamins, einen halben Meter vom elektrischen Feuer entfernt, stand ein Teller. Mein Teller. Genau wie ich ihn auf dem Tisch hatte stehenlassen, nur daß die Sauce jetzt zu einer dünnen, braunen Gummihaut rund um die Reste des Lammkoteletts eingeschrumpft war. Die gekochten Kartoffeln waren jetzt am Rand grau und die Erbsen eingetrocknet und verschrumpelt.

Das war also die Bedingung: Ich sollte meinen Teller leer essen, dann würde ich dafür das Auto bekommen. Offenbar war Warrel Blubb nicht der einzige, der eine bittere Pille schlucken mußte.

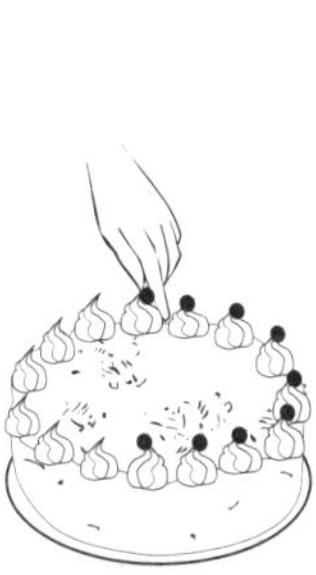

Apple Crumble

Auf den tiefen Schnee ist frischer Schnee gefallen. Der schwere, lavendelfarbene, graue und scharlachrote Himmel verheißt noch mehr. Jede halbe Stunde kommt ein Auto vorbei, kämpft sich mit auf dem gefrierenden Schnee knirschenden Reifen langsam nach Hause durch. Der weiße Block, den ich gestern gerollt und am Rand des Rasens habe liegen lassen, schimmert bernsteinfarben unter der gelben Straßenlampe. Meine Handschuhe sind steif. Mein Gesicht ist taub. Alles funkelt.

Man hört die Schreie der Jungen, die weiter oben in der Straße eine Schneeballschlacht machen. Ich spiele allein, etwa hundert Meter von ihnen entfernt. Meine Mutter sieht mir durchs Eßzimmerfenster zu. Sie macht einen besorgten Eindruck. Ich bin der Inhaber einer imaginären Käserei, schneide Cheddar-Scheiben von dem riesigen Schneeblock, den die Straßenlampe bescheint. Als ich den nächsten Kunden frage, was er möchte, fällt mein Blick auf meine Mutter. Ich lächle und winke ihr zu, und sie senkt beschämt die Augen. Die Haustür geht auf, und Mum ruft nach mir.

»Es ist Zeit reinzukommen.«

»Ach, kann ich nicht noch ein bißchen draußen bleiben? Es stehen noch so viele an.«

»Dir muß doch eiskalt sein, du bist ja schon Stunden draußen. Außerdem wird es schon dunkel.«

»Guckst du, ob Daddy kommt?«

»Nein, ich hab dir zugesehen. Was hast du gerade gespielt?«

»Kaufmann. Ich hab Käse verkauft, wie Percy Salt in seinem Laden.«

Sie kommt heraus und sieht ängstlich die Straße hinauf zu den Jungen, die sich dort vergnügen, schreien, herumrennen und über den gefrorenen Schnee rutschen. Fünf insgesamt, vier davon aus meiner Klasse. Sie wirkt enttäuscht. Ein kaltes kleines Lächeln. Sie legt den Arm um mich und zuckt wegen der gefrorenen Haare auf meinem Dufflecoat zusammen.

»Komm rein, ich hab ein Crumble gemacht.«

Selbst ein schlechtes Crumble ist gut. Perfekt ist es, wenn der Saft durch die helle, schotterartige Kruste hochkocht und sie weinrot oder golden färbt. Am allerbesten ist es mit Pflaumen oder Reineclauden, mit einer Kanne gelber Sahne serviert.

Wir hacken auf das trockene, körnige Pulver ein, das das obere Drittel der Glasform füllt. Süßes Sägemehl. Die Äpfel sind zu einem wäßrigen Mus zerfallen. Es sind Bramleys von einem der drei Bäume in unserem Garten. Sie lagern, in Seiten des *Telegraph* gewickelt, seit September in einem Sack in der

Garage. Wenn Mutter einen Apfel schält, wirft sie immer die Hälfte weg. Sie schneidet kurze, dicke Streifen ab, als würde sie Pommes frites machen, anstatt die feine Haut von einem Stück Obst zu schälen. Sie kocht die Äpfel vor, mit einem gehäuften Löffel weißem Zucker und einem Löffel Wasser, bis sie zu schäumen beginnen. Dann kommen sie in die Auflaufform. Sie holt die gelbe Lion-Dose mit den Nelken aus der Speisekammer, zieht mit Mühe den rostigen Deckel ab und nimmt zwei kleine Stiele heraus. Die steckt sie tief in die Äpfel. Dann reibt sie die Butter ins Mehl, bis es trockenen Brotkrumen gleicht, und rührt den Zucker hinein. Das alles wird auf die Äpfel gekippt, und das Ganze kommt in den kühleren Ofen des Aga-Herds.

Bei Mutters Crumble kocht der Saft nie durch die Kruste hoch. Die groben, ungleichmäßigen Klümpchen, die für ein perfektes Crumble so wichtig sind, sind in ihrer Version fein wie Sand. Sie sind dunkelbeige, fast wie ein Digestive Biscuit. Der untere Zentimeter der Streusel ist vom Apfelsaft aufgeweicht. Es gibt keine Sahne, keinen Custard.

Selbst ein schlechtes Crumble ist gut.

Sherbet Fountains

Ich kaufte nie Süßigkeiten in Tüten. Sie schienen zu implizieren, daß man sie teilen sollte. Ein Mars-Riegel oder ein Milky Way waren nicht mit solchen Auflagen verbunden, und darum kaufte ich mit meinem Taschengeld lieber solche Sachen.

Eine gute Methode, um das Teilen herumzukommen, war, Sherbet Fountains zu kaufen – diese rot-gelben Papierröhren voll saurem weißem Pulver mit einem Lakritzstab in der Mitte. Man stippte die Lakritze in das Brausepulver und lutschte daran. Nicht nur daß die erstaunlich saure Süße einem die Tränen in die Augen trieb, man hatte das Ganze auch noch völlig für sich allein. So war es zumindest bei mir. Niemand hat mich je gebeten, an meiner Lakritze lutschen zu dürfen.

Aus irgendeinem Grund galten Sherbet Fountains als Mädchenkram. Wie Refreshers und Love Hearts. Niemand sagte es mir, bis ich wohl einen Monat lang meinen kleinen schwarzen Stab täglich vor jedermanns Augen tief im Brausepulver versenkt hatte. Richtige Jungen aßen keine Sherbet Fountains.

Die einzigen Süßigkeiten, die ich herumreichte, waren Love Hearts. Love Hearts waren wirklich etwas für Mädchen. Das wußte jeder. Aber sie konnten sehr nützlich sein. Ich war

bestimmt nicht der einzige, der die Herzen in der Packung schlauerweise so sortierte, daß, wenn ich sie herumreichte, die Botschaft – Du bist süß, Küß mich, Großer Junge usw. – auch die Person erreichte, die gemeint war. Doch mein ausgetüftelter Plan schlug jedesmal fehl. Es gab immer jemanden, der das Ganze vermasselte, indem er zwei nahm.

Radieschen

Josh zeigt mir in der Ecke des Gartens, die laut meinem Vater die meine ist, wie man Radieschen anbaut. Letztes Jahr habe ich Cosmea gepflanzt, rosafarbene, weiße und tiefrote Margeriten, die auf dünnen Stengeln tanzten, und Ringelblumen von der Sorte »Indian Prince« mit einfachen, ungefüllten Blüten und schlaff herabhängenden Blättern. Josh hat das Gewirr aus vertrockneten Stengeln und Samenkapseln zusammengerecht, auf den Kompost geworfen und die Erde geharkt. Er reißt den Beutel mit den Samen auf und gibt ihn mir. Ich schütte sie mir in die Hand und streue sie in langen Linien auf die Erde, aber die Samen sind so klein, daß sie in Häuflein herunterfallen.

»Das sind zu viele Samen, und sie liegen ein bißchen zu dicht, aber wir können sie ausdünnen, wenn sie rauskommen«, sagt Josh.

Zwei Wochen später hat ein Teil der Samen gekeimt. Ich liege auf dem Bauch und sehe mir die jungen Blätter an, die aus der Erde gesprossen sind: eine Mischung aus Lücken und kleinen Büscheln. Ich höre Joshs Motorrad in der Einfahrt und dann das Klappern der Garagentür. Ich setze mich noch kurz hin und starre auf die Blätter, dann gehe ich zur Garage. Josh ist dabei, sich umzuziehen. Seine Jeansjacke liegt auf dem Sitz der Triumph, und er schnallt gerade seinen Gürtel auf. Joshs weißes T-Shirt hat die Form verloren und ist so kurz, daß es kaum bis zum Bauchnabel reicht. Es sieht aus, als hätte er es schon seit Jahren. Mum hätte das bei mir längst aussortiert. Er zieht seine Jeans aus und legt sie über das Motorrad. Er steht nackt bis auf das T-Shirt da. Josh scheint niemals Unterwäsche zu tragen. Er geht zu dem glänzenden schwarzen Kasten hinten auf dem Motorrad, holt seine dünnen, ausgeblichenen Shorts heraus und schlüpft hinein, dann, immer noch ohne Schuhe, nimmt er mich auf den Arm und wir traben hinaus in den Garten.

»Komm, guck dir meine Radieschen an, sie sind riesig«, sage ich, leicht übertreibend.

Mit Daumen und Zeigefinger zieht Josh sanft ein Blätterbüschel heraus. Am Ende des dünnen Stengels ist ein winziges rosa Radieschen, gerade groß genug, daß man es als solches erkennen kann. »Hier, iß, na los«, drängt er mich. Die kleine Wurzel ist knackig, scharf, senfig, aufregend, als hätte ich Feuer im Mund. Ich weiß nicht genau, ob ich das mag. Josh

lacht und reißt noch mehr Sämlinge aus. Er umschließt sie mit der Hand und bringt sie zu seinem Motorrad, wo er sie in eine Plastiktüte steckt und behutsam in den schwarzen Kasten legt. »Für meinen Salat«, sagt er, während er sie schützend in der Hand hält wie ein frisch geschlüpftes Vögelchen.

Diese Woche haben wir etwa zwanzig Radieschen herausgeholt, längliche, dünne mit weißen Spitzen, fuchsienfarbener Haut und knackigem Fleisch, das so weiß ist wie die Zähne eines Babys. Ich bin immer noch nicht sicher, ob ich sie mag, aber Dad scheint sie zu mögen. Irgend etwas lebt in ihm auf, als ich sie ihm gebe. »Na los, dann iß sie«, bitte ich ihn.

»Später.«

Ich weiß nicht, wer von uns beiden mehr enttäuscht war – Josh oder ich –, als wir die Radieschen eine Woche darauf verschrumpelt, schlaff und mit gelben Blättern im Kühlschrank fanden. Dad war nicht viel zu Hause gewesen, und ich hatte vergessen, Mum etwas von ihnen zu sagen. Danach habe ich kaum noch welche geerntet. Ich habe Josh gesagt, er könne sie alle haben, aber er schien sie auch nicht zu wollen.

Jemanden für den Garten und für den Haushalt zu haben war in unserer Gegend etwas Besonderes. Die meisten unserer Nachbarn mähten ihren hinteren Rasen selbst und gruben eigenhändig ihre Gemüsebeete um, wenn sie nicht gerade einen verwilderten Garten mit einem struppigen Rasen und dahinter wuchernde Brombeeren und Blutweiderich hatten. Die Vorgärten waren allerdings immer schmuck und gepflegt. Eine wohlgeordnete Mischung aus Heide, Koniferen und Ligusterhecken. Ein Garten wie ein grauer Anzug von Marks & Spencer. Im Sommer wurde das weiße Alyssum stets in kecken Bällen gehalten, und an makellosen, bettuchgroßen Rasenflächen zogen sich sanft enzianblaue Lobelien dahin. Blaukissen wallten, zu ordentlichen Nestern gestutzt, über Steingartenmauern herab. Ein Hundehaufen wäre entfernt worden, bevor er Zeit gehabt hätte, ganz abzukühlen.

Niemand in unserer Straße war arbeitslos, bis auf den ruppigen alten Mr. Manley, der so alt wie Gott war und beinahe aussah wie Monet, und Mr. Saunders, der sich bei der Arbeit am Bein verletzt hatte und jetzt seine Tage damit verbrachte, Klarinette zu üben. Von den Frauen arbeiteten wenige bis keine. Alle hatten Kinder, die ungefähr im selben Alter waren, aber die Eltern schienen alle ziemlich alt zu sein, über vierzig oder fünfzig. Es gab keine kleinen Kinder, keine alleinstehenden Mütter, keine jungen, kinderlosen Paare. Keine Schwarzen, keine Homosexuellen, keine Ausländer. Die einzigen Haustiere waren unser Labrador, Mr. Manleys schwarzer Scotch-Terrier und ein paar Meerschweinchen und Hamster. Ich glaube, die Butlers hatten eine getigerte Katze. Ordentlich, ruhig, höflich, distanziert. Nur die Kinder setzten jemals einen Fuß in das Haus der anderen.

Eines Tages kam ich frierend und durchnäßt nach Hause. Meine kurzen Hosen klebten mir an den Beinen, und die Strümpfe waren mir bis zu den Knöcheln heruntergerutscht. Meine Füße quatschten beim Gehen in den Sandalen. Josh griff nach seinem Handtuch. »Du bist ja völlig durchgeweicht«, sagte er lachend. »Los, ziehen wir dir was Trockenes an.« Er ging mit mir nach oben, zog mir mein T-Shirt über den Kopf und dann die Shorts und den kleinen weißen Knabenschlüpfer herunter. Er rubbelte mich von Kopf bis Fuß mit dem Handtuch ab, wobei er wie ein Tiger fauchte und mich kitzelte, bis ich vor Lachen nicht mehr konnte. Josh trocknete mir erst die Arme ab, die er mich hochheben ließ, und dann die Beine, die zitterten und von weißen Pickelchen überzogen waren. Er trocknete mir die Schenkel und hielt dann meinen kalten, nassen Schwanz in der Rechten, während er ihn sanft mit dem Handtuch trockenrieb, zärtlich und beschützend, als hielte er eine verängstigte Maus.

Dosenobst

Wir lebten in einer Welt, in der es eine Fülle von Dosenobst gab. Dosenpfirsiche für besondere Tage und Feiertage, Früchtecocktail für jeden Tag und Dosenbirnen für meinen

Vater, der behauptete, sie wären besser als frische. Aprikosen und Mandarinenschnitze, die in den orangegelben Wackelpudding kamen, und ein einziges Mal Feigen, die keinem so richtig schmeckten. Einmal probierten wir auch Mangos, aber mein Vater sagte, die schmeckten nach Fisch. Ich durfte sie nicht einmal probieren. »Die magst du sicher nicht.«

Der Höhepunkt waren nicht etwa die Pfirsiche, die wir aßen, wenn abends jemand Besonderes vorbeikam, sondern die gewürfelten Wonnen des Früchtecocktails. Graue, körnige Birnenwürfel, halbrunde Pfirsich- und geriffelte Ananasstücke und, das Beste von allem, lippenstiftrote Cocktailkirschen – und das alles schwamm in einem herrlich süßen Saft. Wir aßen es aus roten Pyrexglasschalen, in denen das Obst wie ein bunter Steingarten aus einem Teich von Kondenssahne emporragte. »Wenn du unbedingt willst, Schatz«, war die übliche Antwort meiner Mutter, wenn ich etwas tun wollte, was ich nach ihrer Ansicht lieber bleibenließ. Es war ihre Standardantwort auf meine Frage: Kann ich mir einen Eisbecher mit Früchten machen? Mit »machen« meinte ich zusammenstellen. Mein Eisbecher mit Früchten bestand in einer grandios überladenen Schale voll Erdbeereis, Früchtecocktail aus der Dose, Cocktailkirschen und allem, was ich an Nüssen fand. Eine von den Kirschen bewahrte ich mir immer zur Verzierung auf. Und Sie können mir glauben: Alle, die meinen Eisbecher sahen, beneideten mich darum.

Lammkotelett

Manchmal kam ich mittags nach Hause, und meine Mutter lag bei geschlossenen Vorhängen in ihrem Zimmer. Wenn ich am Türspalt lauschte, konnte ich sie atmen hören, langsam und friedlich, mit einem leichten Kratzen irgendwo tief in der Brust. An solchen Tagen stellte mir Mum, Mrs. Poole oder wer weiß wer etwas zum Essen hin: Schinkensalat; kalten Schweinebraten mit sauer eingelegten Walnüssen und knuspriger Schwarte; eine gekaufte, ofenfertige Chicken Pie; kaltes Roastbeef mit Salat. Ich fragte nie, woher diese Mahlzeiten kamen. Sie standen einfach da, und ich aß sie.

Eines Tages kam ich mittags nach Hause, und meine Mutter hatte Lammkoteletts und Erbsen gemacht. Das war ihr Standardgericht. Wenn sie spät vom Einkaufen heimgekommen war und ihr grüner Käfer mit dem verbeulten Kotflügel noch warm in der Einfahrt stand, dann waren die Koteletts saftig und in der Mitte von einer feinen rosa Linie durchzogen. Hatte sie früh angefangen, hätte ich ebensogut die Sohle der schweren braunen Schuhe meines Vaters essen können.

An jenem Tag waren die Koteletts feucht und frisch, hatten eine dünne Kruste am Rand, und das Fett war bernsteinfarben.

Es gab einen verführerisch braunen Knochen zum Abnagen. Vor allem hatte sie extra für mich kleine Kartoffeln im Ofen gemacht. Na gut, sie hatten nicht den gewaltigen Vorzug, um den Braten herum gegart worden zu sein, aber sie waren außen noch kroß, innen locker und weich und außerdem so heiß, daß ich sie im Mund hin und her bewegen mußte.

»Es tut mir leid, Schatz«, sagte sie, wobei sie sanft an einem eingebildeten Fleck auf dem Tisch herumrieb, »aber ich glaube, du mußt zum Essen in der Schule bleiben. Im Moment ist es mir einfach ein bißchen zuviel. Sobald es mir besser geht, kannst du auch wieder nach Hause kommen. Es tut mir leid, mein Lämmchen.«

Es war, als hätte sie gerade ein Gewehr genommen und mich erschossen.

Tapioka

»Nein, danke«, sage ich zu der schmallippigen Aufsichtsschülerin, die große Kleckse von elfenbeingrauem Tapiokabrei in flache Schüsseln löffelt und sie am Tisch weiterreicht, »ich bin satt.« Sie kneift die Augen zusammen und zieht einen Mundwinkel hoch. »Tut mir leid, das mußt du essen, es ist Vorschrift.« Der Junge mir gegenüber, der nach Digestive

Biscuits riecht und, soweit ich weiß, in dem Sozialwohnungsblock wohnt, wo ich nicht hingehen darf, verschlingt seinen Brei, als wäre es warmer Treacle Sponge Pudding oder ein Trifle. Aber das ist es nicht. Das hier ist das Abscheulichste, was ich je im Mund gehabt habe: Es schmeckt, als hätte jemand Froschlaich in Tapetenkleister gerührt. Wie Porridge mit Popel drin. Wie etwas, das ein alter Mann in sein Taschentuch gehustet hat.

Wenn ich nach Hause komme, werde ich Mum bitten, mir einen Brief zu schreiben, daß ich dieses Zeug nicht essen muß. Der Schmortopf war gar nicht so schlecht, abgesehen von den Petersilienwurzeln, die bitter waren, und etwas Schlabberigem, das möglicherweise Fett war, sich aber eher anfühlte wie eine große, dicke Schnecke. Ich schmiere den spuckefarbenen Kleister rundherum an die Schüsselwand, in der Hoffnung, dadurch weniger essen zu müssen. »Ihr müßt mir eure Schüsseln vorzeigen, bevor ihr aufsteht«, sagt Miss Schmale Lippen. »Sie müssen sauber sein, sonst bleibt ihr den ganzen Nachmittag hier.«

Angesichts der Tatsache, daß wir heute nachmittag Sport im Freien haben, scheint mir hier im Warmen zu bleiben und mit einer Schüssel Brei zu spielen keine so schlechte Alternative zu sein. Zu Hause ist es eine Strafe, wenn man ohne Nachspeise aufstehen muß, in der Schule ist es eine, wenn man sie essen muß. Der Sponge Cake gestern mit leuchtendroter Marmelade und Kokosflocken war gar nicht so schlecht und der Schokoladenpudding mit falscher Sahne (aus Hüttenkäse und Kondensmilch) und Liebesperlen auch nicht. Aber das hier ist ekelhaft. Alle sind fertig und warten auf mich, starren mich wütend an, wollen nach draußen und spielen. »Na los, beeil dich, ich hab gleich Korbball«, sagt Miss Schmale Lippen. Und so schiebe ich meine Schüssel mitsamt Löffel dem Digestive-Biscuit-Jungen hin und sage: »Iß du ihn.« Verstohlen blickt er zu der kleinen Miss Korbball hinüber, die es mit einem schnöden kleinen Nicken genehmigt, und das fiese Zeug ist in Null Komma nichts verschwunden.

Damit war die Sache erledigt. In den nächsten Wochen vertilgte der Digestive-Biscuit-Junge Quiche Lorraine, Tomatenquiche, Leber mit Kohl, Leber mit Petersilienwurzelbrei, Hackfleisch mit Karotten, Hackfleisch mit gekochtem Kürbis, irgend etwas Undefinierbares in weißer Sauce, rosa Pudding mit einer sehr dicken Haut, Sauce mit einer sehr dicken Haut und Schokoladengrießbrei, von dem sogar er sagte, er sähe aus, als käme er aus dem Arsch eines Babys.

Treacle Tart

Nicht alles landete auf dem Teller des Digestive-Biscuit-Jungen. Um nichts in der Welt hätte ich mein Jam Tart mit dem dicken, bröseligen Teig und der dünnen Schicht Himbeermarmelade hergegeben oder den Sponge Pudding mit Rhabarber oder die Shepherd's, Fish, Cheese und Cottage Pies, die Frikadellen, die Portion Fish and Chips, den Eintopf mit Würsten, das Irish Stew oder irgend etwas, das auch nur entfernt mit Kartoffeln zu tun hatte. Aber das wahre Juwel war die Treacle Tart in der flachen Aluminiumform, deren goldene Füllung aus Semmelbröseln und hellem Sirup von einem Netz aus gedrehten Teigstreifen überzogen war und zu der es eine Kanne Custard gab.

Trotz des Sirups war die Treacle Tart in der Schule nicht sehr süß. Sie war ein wenig trocken und klebte so fest am Löffel, daß man sie mit den Zähnen abnagen mußte. Das Ansprechende daran war der Teig – weniger der Geschmack als wie er sich anfühlte. Ein heller Teig, der im Mund zerbröselte und ihn innen mit Krümeln und Fett überzog. Zusammen mit den Semmelbröseln und dem Sirup war dies von der Beschaffenheit her das Wunderbarste, was ich je im Mund gehabt hatte.

Noch besser als Mutters Flapjacks und Vaters Trifle. Fast so wunderbar wie Toast.

Crumpets

»Los, zieh deine Schuhe an, wir gehen spazieren.«

Wir gehen nie spazieren.

Penn Common ist eine hügelige Wiese mit hohem Farn, Moos und hier und da einem Birkengestrüpp. Im Frühjahr gibt es dort Primeln und im Herbst Pilze. Im Moment gibt es nur einen kalten Ostwind und einen feinen, stechenden Regen. Meine Ohren sind knallrot. Meine Mutter hält sich immer wieder die Hände über die ihren. So etwas wie das hier tun wir nie.

Ich bummele fünf Meter hinter ihnen her, schnappe das eine oder andere Wort auf. »Nicht in der Klinik, zu Hause...« »Bitte, laß mich zu Hause...« »... irgendwie damit fertig werden...« »Wenn er nur nicht so zart wär...«

Mein Vater senkt den Kopf. »Wenn es ganz schlimm kommt...« »... in Pflege geben, es ist heute anders als früher.«

Ich nehme an, Mutter ist schwanger, daß sie das Kind nicht in der Klinik bekommen will und daß sie es aus irgendeinem Grund vielleicht in Pflege geben müssen. Die Vorstellung,

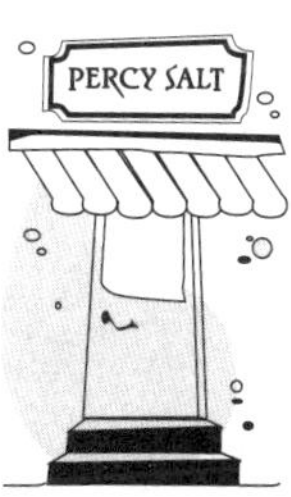

einen kleinen Bruder oder auch eine Schwester zu haben, gefällt mir.

Wir gehen weiter, und mein Gesicht wird so kalt und taub, daß ich meine Zunge fast nicht mehr spüren kann. Wir gehen immer weiter, und jetzt haben die beiden den Kopf gesenkt gegen den beißenden Regen. Mein Vater legt meiner Mutter den Arm um die Taille. Das hat er noch nie getan. Vielleicht ist ihr kalt. Ich glaube, sie weinen. Sie drehen sich nicht ein einziges Mal nach mir um.

Zu Hause reißt mein Vater eine Packung Crumpets auf und toastet sie auf dem Aga-Herd. Er streicht so viel Butter darauf, daß sie durch die Löcher und uns an den Armen herabläuft, als wir mit den Zähnen an dem weichen, warmen Teig ziehen. Wir fahren mit dem Finger über unseren Teller und schlecken die zerlaufene Butter ab. Wir sind alle so still. Die beiden haben rote Augen wie weiße Kaninchen. Ich dachte, wenn man ein Kind bekommt, würden sich alle freuen.

Kaugummi

Das Mittagessen war ein Drehkreuz, durch das man ging, um sein Taschengeld zu bekommen. An die Frage »Kann ich jetzt aufstehen?« schloß sich ein schüchternes Lächeln an, mit nach links geneigtem Kopf, wobei ich mit dem rechten Fuß sanft auf dem schwarzen Linoleumboden scharrte. Wenn dieser Vorstoß mißlang, dann reichte ein »Daddy« – lange Pause – »hast du nicht etwas vergessen?« meist aus, um ihm das Sechs-Pence-Stück aus der Hosentasche zu ziehen.

Ein Sechs-Pence-Stück bedeutete Kaugummi. Oder genauer gesagt, drei Packungen Beatles-Karten oder zwei Pakkungen Beatles-Karten und ein Sherbet Fountain. Ich kann nicht sagen, ob die Karten mit den Fotos von John, Paul, George und Ringo nach Kaugummi rochen oder ob der Kaugummi nach Pappe roch. Ich war nie ein eifriger Sammler und benutzte sie in der Schule als Bargeld. Worauf es ankam, war der flache, rosarote Kaugummi mit der glatten Oberfläche, die Kunst, ihn von dem dünnen Papier zu befreien, und daß ich den ganzen Kaugummistreifen auf einmal in den Mund stecken konnte.

Meiner Meisterschaft im Furzen kam nur meine Fähigkeit gleich, »Beatles-Kaugummi« zu tennisballgroßen rosa Blasen aufzublähen. Blasen, die nur dazu da waren, zu platzen und an der Oberlippe und rechten Wange klebenzubleiben. An dem Tag, an dem ich den Trick bei den Blasen herausbekam, raste ich, mit drei Kaugummistreifen bewaffnet, nach Hause. Meine Mutter saß auf einem Stuhl, hielt sich mit der rechten Hand die Brust und starrte auf ihren Schoß. Ich stürmte hinein und kniete mich vor sie hin, atmete ganz tief ein und blies keine

fünfzehn Zentimeter vor ihrem Gesicht meinen Kaugummi zu einer durchsichtigen rosa Kugel auf. Sie hatte die Augen geschlossen und hielt ein weißes Spitzentaschentuch in der linken Hand.

Genau in dem Moment, in dem die Blase platzte, kam mein Vater herein. »Du kannst manchmal so gedankenlos sein. Jetzt laß sie endlich in Frieden«, fuhr er mich an, während meine Mutter nur dasaß, reglos bis auf ihre wogende Brust, nach Atem ringend.

Porridge

Es gab nur zwei Sorten Frühstücksflocken, die ich aß: Sugar Puffs und Cap'n Crunch. Die großen Weetabix-Weizenblocks, Müsli, die Shredded-Wheat-Kekse aus ganzen Weizenkörnern, Rice Krispies, Corn Flakes und Coco Pops aus Reis mit Kakao fielen von vornherein weg, weil man sie mit Milch essen mußte. Einen trockenen Shredded-Wheat-Keks zu essen ist wie eines von diesen Spielen, die man auf Partys spielt, wenn man betrunken ist. Sugar Puffs und Cap'n Crunch waren auch ohne Milch genießbar, und so wurde dies mein Frühstück. Tag für Tag. Mir kam nie in den Sinn, daß man diese Frühstücksflocken nur deshalb trocken hinunterbekam, weil sie so süß waren. Man kann so ziemlich alles schlucken, wenn es nur mit genug Zucker serviert wird.

Heute macht Dad mir mein Frühstück. Heißen Ribena-Saft und Porridge mit Zucker.

»Wo ist Mum?«

»Sie ist oben, sie bleibt heute länger im Bett.«

Mum bleibt nie länger im Bett. Muß wohl damit zu tun haben, daß sie schwanger ist. Weiß nicht, warum mir noch keiner was davon gesagt hat. Ich meine, das ist doch eine große Veränderung in meinem Leben. Einen Bruder oder eine Schwester zu haben könnte meine Welt auf den Kopf stellen. Vor allem, wenn ich ihn oder sie nicht mag.

Ich will keinen Porridge. Erst kann man ihn nicht essen, weil er so heiß ist. Dann kann man ihn nicht essen, weil er so kalt ist. Zwischen beidem liegen keine drei Minuten. Wenn man ihn im richtigen Moment erwischt, dann ist das, wie in eine Kaschmirdecke gewickelt zu werden. So tröstlich und herzerwärmend, daß man das Gefühl hat, es gibt kein Problem auf der Welt, das er nicht lösen kann. Und dann, wenn die Schüssel halb leer ist, wird er kalt. Bei den letzten zwei, drei Löffeln würgt es mich. Wenn ich genug Zucker drauftue, krieg ich ihn gerade noch runter, aber eines Tages – das schwöre ich – kommt mir das Ganze durch die Nasenlöcher wieder raus.

Mein Vater mischt sich bei dem, was ich esse, mehr ein als irgend jemand sonst. Die Regel ist einfach: Zum Frühstück

esse ich trockene Frühstücksflocken und trinke Tri-Top-Orangensaft. Trotzdem setzt er mir dieses Zeug vor, das sich Porridge nennt, und will, daß ich ein Glas Ribena trinke. Dann versucht er, mich zum Teetrinken zu kriegen. Nichts, aber auch gar nichts wird mich je dazu bringen, Tee zu trinken. Selbst mit Zucker drin.

Immer, wenn mir mein Dad etwas zu essen gibt, wird er still, nachdenklich, ja reserviert. Dieser große Mann beißt sich auf die Unterlippe und starrt auf meine Streichholzarme und meine Storchenbeine. Er sieht mir schweigend zu, wie ich im Essen stochere, es auf meinem Teller herumschiebe, wenn ich es nicht mag. Das Gesicht verziehe. Die Enttäuschung meines Vaters über seinen jüngsten Sohn ist so offensichtlich, daß man sie auf einen Teller tun und essen könnte.

Der Tag, an dem der Gärtner kam

Der einzige Mann, den ich nie enttäuschte, war Josh. Ich genoß jeden Moment, den er da war, und stand neben ihm, wenn er die grüne Entengrütze aus dem Teich fischte, Löwenzahn aus dem Rasen zupfte und die verblühten Köpfe von den heißgeliebten Dahlien meines Vaters schnitt. Für den Rasen war er nicht zuständig. Den Rasen zu mähen, in breiten, grünen Streifen, die lange Strecke auf und ab zu marschieren und den Geruch von Öl und geschnittenem Gras hinter sich herzuziehen war Dads Job. Es war die Entsprechung zum Truthahnschneiden. Es bedeutete soviel wie: »Ich bin hier der Chef.«

Wo mein Vater kaltblieb, reagierte Josh voll Wärme. An dem Punkt, an dem mein Vater mich von seinem Schoß steigen hieß, hob Josh mich hoch. Er nahm mich auf die Knie, schwang mich auf seine Schultern oder saß mit mir in der Garage und redete mit mir, noch lange nachdem er das Geißblatt hochgebunden oder das Laub vom Rasen gerecht hatte. Manchmal malte ich ihm ein Bild, eines meiner geübten Wischiwaschi-Aquarelle von heidebedeckten Hügeln und Fensterbrettern mit Blumentöpfen. Er steckte sie immer behutsam in seine leere Lunch-Box, als handle es sich um empfindliche alte Pergamente, und nahm sie mit nach Hause.

Wenn ich hereinkam, während Josh sich umzog, hielt er sofort inne und redete mit mir, manchmal völlig nackt. Er fing an, Zeitschriften mitzubringen, und wir saßen beide rittlings auf seinem Motorrad – er saß hinter mir, hielt mich in den Armen und blätterte für mich langsam die Seiten um. Er sagte, wir sollten lieber niemandem von den Zeitschriften erzählen.

Eines Tages lief ich in Mums und Dads Schlafzimmer, um Dad zu fragen, ob ich rausgehen dürfe und spielen. Dad hatte nichts an und wurde böse und sagte, ich solle nächstes Mal anklopfen. Ich erklärte ihm, Josh würde es nicht stören, wenn ich ihn nackt sähe. Mum und Dad sahen einander an, dann blickte Dad wieder zu Boden.

In der Woche darauf rannte ich von der Schule nach Hause, um dort wie üblich Josh anzutreffen. Sein Motorrad war nicht da, und im Garten stand ein drahtiger alter Mann und beugte sich neben einem Schubkarren voll Unkraut über die Rosenbeete. »Wer sind Sie?« fragte ich mit bedrohlich funkelnden Augen, während meine Unterlippe zu zittern begann.

»Verzieh dich«, raunzte er mich an. »Siehst du nicht, daß ich zu tun hab?«

Heiße Schokolade 1

Ich bin jetzt neun und kann immer noch nicht ohne Schwimmring schwimmen. Vier von uns, alles Jungen, müssen jeden Mittwochnachmittag im Nichtschwimmerteil des Beckens bleiben. Und als wäre das noch nicht erniedrigend genug, sind die Schwimmringe auch noch rosa und gelb.

Die Umkleideräume sind eine Tortur. Mr. Staley gibt uns keine fünf Minuten dafür, uns abzutrocknen und unsere weißen Schlüpfer, grauen Hemden und schwarzen Hosen anzuziehen. Die Krawatten dürfen wir im Bus umbinden. In den Umkleidekabinen ist es eiskalt und so voll, daß man sich unmöglich richtig abtrocknen kann. Wir trocknen uns gegenseitig den Rücken. Obwohl eigentlich nicht genug Platz ist, um ein Handtuch zu spannen, wappne ich mich dagegen, ein nasses Tuch an meine Streichholzbeine geklatscht zu bekommen. Manchmal schmeißen sie einem die Unterhose hinaus auf den nassen Boden, so daß man sie sich mit einem verzweifelten, nackten Hechtsprung wieder holen muß. Wir schnippen einander die kalten, nassen Ohren nach vorn, wringen unsere Badehosen in die Schuhe der anderen aus, greifen einander an den Schwanz. Auf der Rückfahrt im Bus tropfen uns die Haare in den Kragen, und der Velours der Sitze juckt uns auf der Haut.

Bevor wir in den Bus steigen, treffen wir uns in der Halle mit den Mädchen. In dem hohen, widerhallenden Raum riecht es nach Chlor und heißer Schokolade. Keiner holt sich Tee oder Kaffee aus dem Automaten, alle nehmen den Kakao, der dünn ist und heiß und auf dem ein rosa-brauner Schaumwirbel schwimmt. Wir wärmen uns die Hände an den Plastiktassen. Selbst im Sommer klappern mir die Zähne.

Vielleicht ist das hier nur Farbstoff und Zucker, vielleicht hat es nie eine Kakaobohne gesehen, aber es ist das Getränk, auf das ich die ganze Woche lang warte. Ein vorsichtiger erster

Schluck – zu heiß. Meine Oberlippe brennt, und in der Mitte schwillt sofort ein rosa Bläschen an. Ich stecke die Zunge in die dünnwandige Plastiktasse und schöpfe ein wenig Schaum heraus. Nach einer Minute oder, wenn es im Raum eiskalt ist, noch schneller, ist der Kakao zum Trinken zwar noch zu heiß, aber kalt genug, daß man daran nippen kann. Jeder Schluck schmerzt in der Kehle. Als würde ich einen Gobstopper verschlucken.

Heiße Schokolade 2

Kurz bevor die Milch kocht, stellt meine Tante die Herdplatte aus. Sie erwischt immer genau den Punkt, an dem die Milch noch zum Kochen kommt, aber nicht mehr so weit hochsteigt, daß sie überläuft. Nach dreißig Jahren in demselben Haus beherrscht meine Tante diese Kunst aus dem Effeff. Ich dagegen schaffe es jedesmal, entweder lauwarmen Kakao zu machen oder zehn Minuten lang die übergekochte Milch vom Boden wischen zu müssen. Das würde mich ja noch nicht einmal stören, wären da nicht der durchdringende Geruch und die Tatsache, daß Milch an einer elektrischen Herdplatte ähnlich fest klebt wie Flugzeugkleber an Balsaholz.

Das Schlimmste daran, für meine Tante Kakao machen zu müssen, ist, daß man ihre eklige sterilisierte Milch nehmen muß. Mein Vater nennt sie immer gestörte Milch. Wie fies das Zeug ist, kann man schon daran sehen, daß man sie nicht in den Kühlschrank tun muß – ist das nicht krank? Sie wurde bei der Herstellung gekocht, das heißt, wenn man damit Kakao macht, ist sie praktisch zweimal gekocht. Kein Wunder, daß sie so schmeckt, wie alte Leute riechen.

Milchhaut

Haut. Schon bei dem Wort läuft es mir kalt über den Rücken. Das ist das Zeug, das man von seiner Brust schält, wenn man einen Sonnenbrand hat; das ist der kleine Lappen, der vorsteht, wenn man sich geschnitten hat, und mit dem man überall hängenbleibt; das ist die durchscheinende Hülle, die eine Schlange hinterläßt. Haut, das ist ein Wort, das mich automatisch an aufgeschürfte Schienbeine oder Mumien denken läßt. Also was hat das auf meinem Kakao zu suchen?

Entweder man mag die dünne Schicht gerunzelte Haut, die sich auf heißer Milch bildet, oder nicht. Unmöglich, daß sie einen einfach nicht stört. Es ist entweder Liebe oder bitterer Haß. Ich hasse Milchhaut vor allem dann, wenn sie sich erst halb gebildet hat, so daß man sie fast nicht sieht und sie aus Versehen mittrinkt.

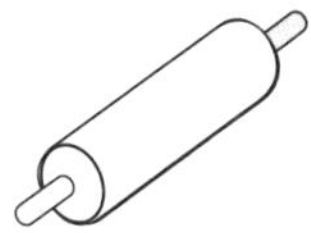

Am allerschlimmsten ist es, wenn jemand sie »hineinrührt«, so daß es lauter kleine Flocken gibt, die an der Zunge kleben und die man mit Daumen und Zeigefinger entfernen muß. Wenn ich schnell bin, erwische ich diese Schicht, die sich auf Kakao und Milchkaffee bildet, genau in dem Moment, in dem sie dick genug ist, daß man sie in einem Stück entfernen kann. Dann legt sie sich um den Löffel wie geschmolzene Frischhaltefolie.

Jammie Dodgers

Minnie Blubb hielt ihr Haus sehr sauber. Man zog an der Tür die Schuhe aus und trat nicht *auf* die flauschige knallrosa Fußmatte, sondern stieg darüber hinweg. Man betete zu Gott, daß man mit seinen bestrumpften Füßen auf den polierten PVC-Fliesen keine Schweißflecken hinterließ. Bei den Blubbs lernte man, auf Wolken zu gehen. Ich war jeden Tag dort, wenn ich mit Warrel, dem Sohn und Augenstern von Minnie und Arthur Blubb, von der Schule heimkam.

Warrel wuchs auf Rosen gebettet auf. Bei den Blubbs war es immer warm, und seine Hausschuhe warteten an der Tür geduldig darauf, daß er heimkam. Sein Blazer war immer frisch gebürstet. Seine Mutter kämmte ihm sogar das Haar. Dafür mußte er sich vor dem Essen die Hände waschen. Er war selbstgefällig, arrogant, stur, ein Angeber, ungeduldig und häßlich. Er war mein bester Freund. Wir gingen morgens zusammen zur Schule, saßen nebeneinander, gingen mittags zusammen nach Hause, gingen wieder zur Schule, saßen nebeneinander und gingen wieder zusammen heim. Wir spielten zusammen, machten zusammen unsere Hausaufgaben, gingen gemeinsam zur Sonntagsschule. Ich ertrug es nicht einmal, von ihm getrennt zu sein, während er zu Abend aß. Ich saß mit ihm am Tisch und sah zu, wie er einen Bissen nach dem anderen hinunterschlang.

Minnie Blubb saß auf der einen Seite von Warrel und ich auf der anderen. Sie lauschte auf jedes Wort, das ihr Goldkind äußerte, ich starrte auf jeden Bissen. Mrs. Blubb bot mir nie auch nur einen Keks an. Warrels Abendessen war der Traum eines jeden Schulkindes. Dieser Junge bekam keine Koteletts mit gestockter Sauce, sondern immer nur Spaghetti mit Tomatensauce, Fischstäbchen oder Bratwurst mit Pommes Frites.

Warrels Abendessen endete jedesmal mit einem Teller voller Kekse und Kuchen. Er bekam Chocolate Chip Cookies und die langen Cadbury's Fingers, Jammie Dodgers, Bourbon Biscuits und die kleinen Jaffa Cakes mit Orangengelee, selbstgebackenen Victoria Sandwich Cake und Digestive Biscuits mit Schokolade. Zu Weihnachten gab es Mince Pies. Er nahm

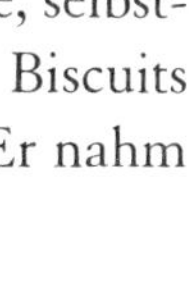

jeden Keks in die Hand und drehte ihn hin und her, studierte ihn, vertiefte sich in seine süße Symmetrie. Manchmal war auch eine Caramel Wafer dabei oder (das Schwein) einer von den Schokoladen-Marshmallow-»Kuchen« in der rot-silbernen Folie. Oft bekam er auch noch einen Milchshake mit Erdbeergeschmack und einem Strohhalm. Einem Strohhalm!

Seine großen gelben Bockszähne nibbelten sich durch den Teller voll Kekse wie ein Eichhörnchen durch eine Tüte Nüsse. Er ließ sich jeden Krümel auf der Zunge zergehen. Bei einem Bourbon Biscuit knabberte er zuerst den einen Keks ab und schleckte dann gemächlich die weiche Schokolade darunter. Manchmal spielte er mit einem Jammie Dodger Flugzeug, flog damit einen Fingerbreit vor meiner Nase vorbei und machte dazu »Uuuuuooommmm«, bevor er sich den Keks als Ganzes in den Mund schob. »Okay, ich bin fertig, jetzt können wir rausgehen und spielen.«

Pfirsichtorte

Mrs. Muggeridge war eine kleine, stämmige, nachtschwarze Frau. Nicht ihre Haut war schwarz, sondern ihre Seele. In den sechs Wochen, die sie als Putzfrau bei uns war, lächelte sie kein einziges Mal. Sie verscheuchte mich immer wie eine lästige

Fliege. Eine Frau, die in Essig eingelegt war. Ein behaartes Muttermal auf ihrem Kinn machte die Sache nicht besser.

Mrs. Muggeridge war mehr als eine Putzfrau. Wenn meine Mutter, zu schwach zum Kochen, im Bett lag, machte sie mir etwas zu essen. Falls jemals etwas mit Haß gekocht wurde, so war es dieses Essen. Haß auf ein Leben, in dem sie anderer Leute Toiletten schrubben mußte; Haß darauf, einen mäkligen kleinen Jungen bekochen zu müssen, während sie keinen eigenen haben konnte; Haß auf das Lendensteak, das sie mir montags grillte, während sie selbst daheim ein Stück fetten, gekochten Lammhals mit Möhren essen würde.

Wir fanden nie heraus, wie sie mit Vornamen hieß. Vielleicht hatte sie gar keinen. Es würde mich nicht wundern, wenn sie auf den Namen Mrs. Muggeridge getauft worden war. Bei alledem waren ihre Kochkünste jedoch nicht zu verachten. Ihre Erbsen waren grün und nicht grau, ihre Schweinekoteletts waren nicht braun und trocken wie die von Mutter, sondern außen salzig und innen saftig. Ihre Flapjacks waren weich und bröselig und nicht spröde. Freitags machte sie immer eine Obsttorte – Dosenpfirsiche und eine Cocktailkirsche auf einem gelben Biskuitboden.

Eines Vormittags, als ich wegen einer meiner Gallenkoliken zu Hause war, zeigte sie mir, wie man eine Pfirsichtorte macht. Der Tortenboden kam aus der Packung und das Obst aus der Dose. Aber sie ließ mich die Scheiben auf den Boden legen,

immer hübsch überlappend. Die Kirsche zauberte sie aus einem Papiertaschentuch aus ihrer Schürze hervor. Ich legte sie genau in die Mitte. Wir rissen eine Tüte Tortengußpulver auf und schütteten es in heißes Wasser. Sobald die klebrige rote Masse abzukühlen begann, löffelte ich sie über das Obst. Sie stockte innerhalb von Sekunden. Fertig war die Torte: ein großes rot-orangegelbes Rad. Am liebsten hätte ich sie hochgetragen und meiner Mutter gezeigt, aber Mrs. Muggeridge war dagegen. Das Warten darauf, daß mein Vater nach Hause kam, schien kein Ende zu nehmen. Ich wollte sein Gesicht sehen, wenn er mein Werk erblickte.

»Sei nicht so neugierig«, sagte sie, als ich, um unser Schweigen zu brechen, fragte, was ihr Mann von Beruf sei. »Er ist nicht mehr da. Ich muß jetzt schon ein Jahr ohne ihn auskommen. So wie du bald ohne deine Mutter.«

Als mein Vater mich an jenem Abend ins Bett brachte, fragte ich ihn, was sie damit meinte.

Danach sah ich Mrs. Muggeridge und ihre Obsttorten nie wieder.

Mince Pies 1

»Ist das nicht ein bißchen früh?« frage ich Mum skeptisch, die zehn Tage vor Weihnachten schon Mince Pies backen will.

»Nein, ich leg sie in die Gefriertruhe, dann könnt ihr sie in den Ofen tun, wann immer ihr eine wollt.« Es ist an der Zeit, daß wir etwas in der Gefriertruhe haben.

Mum wird immer kleiner, ihr Rücken ist jetzt gebeugt, als würde sie Kohlen tragen, und ihre Augen wirken müde, erloschen. Vor zwei Jahren war sie noch groß, gertenschlank und aufrecht. Jetzt scheint ihr das Stehen schwerzufallen. »Hol das Nudelholz raus, packen wir's an.«

Die Pastetenförmchen sind rostig, und unten in jeder Vertiefung ist noch ein Hauch von Fett. Ich wische sie mit Küchenpapier aus. Ich backe für mein Leben gern, hebe die Hände fast über den Kopf, während ich die winzigen, kalten Butterwürfel und das weiche Schmalz in das Mehl reibe. Es ist ein wenig übertrieben, aber so kommt Luft in den Teig, und er wird schön locker. Wir geben Wasser hinzu, aber keinen Zucker, kein Ei, und verarbeiten das Ganze zu einem kleinen Block. »Ich dachte, man soll ihn ruhen lassen, Mum«, zirpe ich – ein Trick, den ich in einer ihrer Zeitschriften gelesen habe.

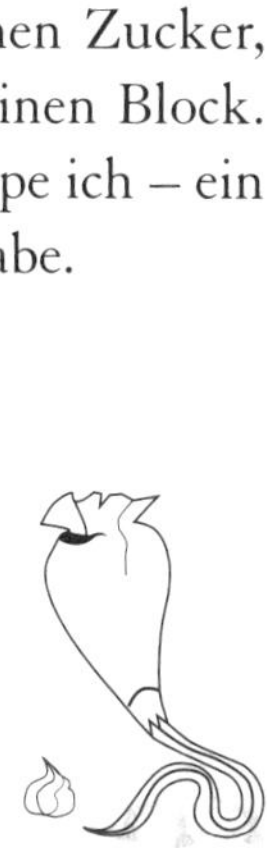

Mum fängt an, den Teig auszurollen, so konzentriert, als wäre jede Bewegung eine Rechenaufgabe. »Hier, Schatz, mach du mal.« Sie reicht mir das Nudelholz mit den roten Griffen und geht zu der obersten Schublade, in der einer ihrer Inhalatoren liegt. Es scheint davon mehr denn je zu geben. Gestern fand ich einen in dem Landkartenfach im Auto. Sie setzt sich auf einen Hocker, auf den mit dem wackligen Bein, und hält den Inhalator an den Mund. Sie schließt die Augen und drückt obendrauf. Sie nennt ihn ihren »Blaser«. Jedesmal wenn sie draufdrückt, zuckt sie zusammen, als hätte sie einen Schlag auf die Brust bekommen.

Ich rolle weiter den Teig aus, ein Rechteck mit geschlängelten Rändern, das aussieht wie eine Karte von Australien. Ein Stück fällt ab. Neuseeland wahrscheinlich. Wir haben einen ganzen Satz rote Plastikausstecher mit gewelltem Rand, benutzen aber immer nur einen. In den nächsten zehn Minuten steche ich fast zwei Dutzend Scheiben aus, rolle, wenn nötig, über den Teig und strecke ihn, flicke ein Loch, einen Riß, einen Spalt. Ich drücke den Teig locker in die Förmchen. Er soll nicht klebenbleiben. Mum geht in die Speisekammer, und eine Weile höre ich es scheppern und klappern, höre, wie sie Dosen herumschiebt, ja sogar den Christmas Pudding.

»Tut mir leid, Mäuschen, ich hätte schwören können, ich hab noch Trockenfrüchte da, wir müssen das Ganze bis morgen in den Kühlschrank tun.«

Mince Pies 2

»Aber Mummy, du hast es *versprochen*!«

»Schatz, es tut mir leid, ich hab beim Einkaufen vergessen, es mitzubringen.«

»Du schaffst es *nie*, ich wünschte, du wärst *tot*.« Ich laufe die Treppe hinauf in mein Zimmer, knalle die Tür zu und werfe mich bäuchlings aufs Bett. Ich wußte, daß sie es vergessen würde. Ich *wußte* es.

Dreimal werden wir noch wach ...

Es ist ein paar Tage vor Weihnachten, etwa halb sechs Uhr morgens, und ich liege eingekuschelt im Bett. Mir ist schön warm in meinem gestreiften Flanellschlafanzug zwischen den weichen Biberlaken, und ich habe die Decke bis über die Ohren gezogen. Mollig warm. Draußen funkelt der dicke Rauhreif noch im Licht der Straßenlampen. Tiefe Stille. Die

Fensterscheibe ist von Reif umrahmt. Ich spüre meinen warmen Atem an der Hand.

Wenn ich die Beine bis ans Ende des Bettes ausstrecke, kann ich mit den Zehenspitzen etwas Schweres auf der Decke spüren. Irgendwie habe ich geahnt, daß der Weihnachtsmann dieses Jahr früher kommen würde. Wo es Mummy so furchtbar schlecht geht – gestern abend habe ich den Arzt von Sauerstofftanks reden hören, und mein Vater hielt sich andauernd die Hand vor die Stirn und drückte den Daumen an seine rechte Schläfe – und wo wir alle so elend aussehen, da hat er sicher gewußt, daß wir ein bißchen Aufmunterung brauchen. Das bedeutet, ich bekomme meine Geschenke vor allen anderen, und die, die unter dem Baum liegen, können ruhig bis zum ersten Weihnachtstag warten.

Mein Weihnachtsstrumpf ist eigentlich ein Kopfkissenbezug. Der Weihnachtsmann legt ihn immer unten auf mein Bett. Letztes Jahr enthielt er eine Kuckucksuhr und eine Art Globus aus Glas mit Metallflügeln drin, die sich in der Sonne drehten, aber stehenblieben, sobald es dunkel wurde. Außerdem einen Spirographen, ein grünes MG-Cabrio für meine Scalextrics-Rennbahn, Legosteine und Teile für meinen Meccano-Metallbaukasten, eine Frosch-Marionette, eine Schachtel mit kurzen bunten Kreiden, die ich toll fand, und Fußballschuhe, die ich blöd fand. Die Schuhe hatten blaue Kunststoffstollen. Niemand in der Schule hatte Schuhe mit blauen

Kunststoffstollen. Nur ich. Wenn man damit herumlief, klang es, als hätte man Stöckelschuhe an. David Woodford hat sich kaputtgelacht. Maxwell Mallin auch. Dieses Jahr hoffe ich, meine eigene *A Hard Day's Night* zu bekommen und Hush Puppies. Die aus braunem Wildleder mit dem schwarzen Elastikeinsatz, wie Adrian sie hat.

Ich schiebe die Decke und meinen warmen Kokon aus Biberbettwäsche zurück. Dort liegen kein ausgebeulter Sack und keine verstreuten Schachteln mit Schleifenband. Kein Kopfkissenbezug mit der runden Beule einer Clementine in der Ecke, keine strumpfförmige Tüte mit Süßigkeiten. Es ist nur Daddy, der dort kniet, mit den Ellbogen auf dem Bett und den Kopf in den Händen. Er schluchzt. Er legt sich weiter aufs Bett und nimmt mich fest in die Arme. Ich vergrabe mein Gesicht in seinem weichen, karierten Viyella-Hemd.

Marshmallows

Ich ging nicht zur Beerdigung. Ich wußte nicht einmal, daß sie stattfand. Mein Bruder brachte mich mit seinem Kleinbus nach Birmingham zu meiner Tante und meinem Onkel – mehr bekam ich nicht gesagt.

Bei meiner Tante war alles sehr ordentlich, förmlich, es war

immer sehr still, und jetzt, hinter den geschlossenen Vorhängen, war es noch stiller. Alle – mein Onkel, Nachbarn, die zu Besuch kamen, die Familie des Arztes von nebenan – schlichen herum und sprachen mit so gedämpfter Stimme, daß es fast ein Flüstern war. Die Mahlzeiten – Tomatensuppe aus der Dose, Lammkoteletts mit Minzsauce, Bratensauce aus der Packung und kleingeschnittene grüne Bohnen – wurden schweigend eingenommen. Niemand sagte ein Wort. Wenn ich in einem munteren Ton »Danke« sagte oder »Ja, bitte«, blickten alle zu Boden, als hätte ich einen schlimmen Fauxpas begangen.

Zwei Tage darauf holte mein Bruder mich wieder ab, und wir fuhren nach Hause. Als sie uns zum Abschied winkte, hielt sich meine Tante ein Spitzentaschentuch vor den Mund. Mein Vater brachte mich nach oben und sagte, ich solle mich fertigmachen zum Schlafen. »Ich komm gleich und sag dir gute Nacht.« Abgesehen von den letzten Nächten bevor sie starb, war dies das erste Mal, daß meine Mutter nicht kam und mir einen Gutenachtkuß gab.

Als ich mir die Decke über die Ohren zog, sah ich auf meinem Nachttisch zwei weiße Marshmallows liegen. Noch nie hatte ich im Bett essen dürfen, und als mein Vater heraufkam, fragte ich ihn, ob sie für mich seien. »Natürlich sind sie das, ich weiß doch, daß du die am liebsten magst.« Das stimmte nicht, und er wußte es, aber kurz vor Mums Tod hatte ich in einem Schulaufsatz geschrieben, sie seien in puncto Essen das, was einem Kuß am nächsten komme. Weich, süß, zart und rosa. Stimmt, ich hatte behauptet, die rosafarbenen nicht zu mögen, aber dem war nicht so. Sie schmeckten sowieso alle gleich.

In den nächsten zwei Jahren fand ich auf meinem Nachttisch jeden Abend zwei, manchmal auch drei flockige, zuckrige Marshmallows. Es war der Gutenachtkuß, den ich mehr als alles andere vermißte, mehr als ihre Umarmungen, ihr leises »Schlaf gut, mein Schatz«. Kein Walnut Whip, kein Cadbury's Flake, kein Mandeldragee konnte jenen Kuß ersetzen. Ich bin nicht einmal sicher, ob Marshmallows wirklich so nah herankamen.

Spiegeleier

Mein Vater hatte nie Proust gelesen, doch besaß er eine Sammlung von in Kunstleder gebundenen Klassikern, die er über eine Anzeige im *Daily Telegraph* erworben hatte. Seine Pfeife und die Tatsache, daß er Abonnent von *Reader's Digest* und *National Geographic* war, umgaben ihn mit der Aura eines belesenen Mannes. Er kannte sich aus. Als ihm daher irgendwann auffiel, daß er einen kräftigen Sohn hatte, der Eier aß, und einen schmächtigen, der keine aß, wußte er sofort, was los war.

Es war klar: Um aus einem neunjährigen weibischen Mut-

tersöhnchen (wie er es nannte) einen strammen Sohn zu machen, auf den man stolz sein konnte, brauchte man nur ein Ei hinzuzufügen. Ob gekocht, als Spiegelei, Rührei oder verlorenes, war völlig unwichtig. Ebenso unwichtig war, daß dem Muttersöhnchen bisher jedes Ei, das es zu schlucken versucht hatte, wieder hochgekommen war. Laut meinem Vater machten die Eier den Mann.

Wenn er an seiner Diagnose noch irgendwelche Zweifel hatte, so räumte die staatliche Werbekampagne für Eier sie aus. In der Fernsehwerbung sah man einen süßen blonden Frechdachs sein Frühstücksei aufklopfen, ganz zur Freude seiner pausbäckigen Tante. Genau die Art von Junge, die sich mein Vater vorstellte.

Jahrelang hatte meine Mutter für mich gelogen. Kein Problem, da ich ja zu Abend aß, bevor ihr Mann nach Hause kam. Nach ihren Angaben hatte ich zwei gekochte Eier verschlungen oder zwei verlorene auf Toast. Ich hatte bei den Rühreiern Nachschlag verlangt und sogar noch ein Spiegelei in Angriff genommen, wenn auch nicht ganz geschafft. Er zweifelte nicht eine Sekunde an ihren Worten. Wahrscheinlich hielt er sie gar nicht für fähig, ihn anzulügen.

Es stand schwabbelnd da – das Essen, das aus der Hölle kam. Bei dem Eiweiß schnürte es einem die Kehle zusammen. Bei dem Eigelb kam einem das Kotzen. Während die Minuten verstrichen, wurde die Haut auf dem Eigelb erst dicker, dann schrumpfte sie zusammen. Wenn man den Speck und die Wurst gegessen hatte (ganz langsam, um das Unvermeidliche hinauszuzögern), hatte sich in der Mitte des Eigelbs bereits ein Grübchen gebildet. Drückte man die Gabel hinein, blieb das stockende Eigelb daran kleben wie weiche Bonbonmasse.

Indem man das Ei bis zuletzt liegenließ, hielt man sich verschiedene Möglichkeiten offen. Daß das Ende der Welt kam; daß mir der Hund auf den Schoß sprang und den Gegenstand des Anstoßes von meinem Teller fraß; oder daß mein Vater weich wurde, sich seines armen, gequälten Sohnes erbarmte und ihm erlaubte aufzustehen. Möglich war auch, daß meine Gebete erhört wurden – meist betete ich, mein Vater möge tot umfallen.

Doch in Wirklichkeit passierte nichts, außer daß das Ei stockte und noch schwerer hinunterzukriegen war. Ich hing über dem Tisch, als bräche ich gleich zusammen, schob das Spiegelei mit der Gabel herum, drückte mit den Zinken langsam auf die gelbe Kuppel, bis kurz vor dem Punkt, an dem die Haut geplatzt und der immer dicker werdende Dotter sichtbar geworden wäre.

Der Horror des Frühstückeis begann schon eine gute Stunde, bevor ich mich an den Tisch setzte. Er begann in der Sekunde, in der ich Sonntag morgens erwachte und den feuchten Speck roch, der in der verkohlten schwarzen Pfanne zischte, und das scharfe Aroma gegrillter Tomaten, das von unten heraufzog.

Indem ich liegenblieb, bis ich seine Schritte auf der Treppe hörte, konnte ich mich so richtig hineinsteigern, und wenn er dann sagte: »Zieh deinen Bademantel an, ich hab dir dein Frühstück gemacht«, fühlte ich mich krank, seltsam, wütend, frustriert, und mir war flau im Magen. Wenn ich dann Stufe für Stufe hinuntergestiegen war, hatte ich mich in eine meiner berüchtigten Gallenkoliken hineingesteigert.

»Du kannst nicht gar nichts zum Frühstück essen, dann kippst du um.« Ich versuchte – zum hundertstenmal –, ihm zu erklären, daß ich keine Eier mochte, daß mir davon übel wurde. »Natürlich magst du Eier, jeder mag Eier. Früher hast du sie doch auch gegessen.« Mit »früher« meinte er nicht so sehr die Zeit, als meine Mutter noch lebte, sondern bevor er kochen, abwaschen und auf mich aufpassen mußte. »Und wenn du sie nicht von alleine ißt, dann werde ich dafür sorgen«, drohte er mir. Kalt, trocken, eisern.

Es zu riechen und in der Pfanne brutzeln zu hören war schon schlimm genug. Wenn man das einäugige gelb-weiße Monster dann vor sich sah, war das zutiefst beklemmend, wie wenn ein zermatschter Igel auf der Straße lag. Außer daß ich in diesem Fall keine Sekunde lang hinsehen wollte.

Irgend etwas an dem sonntäglichen Ritual, seinem Eier hassenden Sohn Eier vorzusetzen, bereitete meinem Vater Unbehagen. Er runzelte die Stirn und kniff die Augen zusammen, als täte es ihm wirklich weh, seinem Sohn das anzutun.

Meine Mutter hatte mich nie gezwungen, etwas Bestimmtes zu essen. Er schnitt das Ei in kleine Stücke, die jetzt so hart wie Toffees waren. Er hielt mich an der Schulter. Er befahl mir, den Mund aufzumachen, oder er würde mich schlagen. Er zitterte fast so wie ich. Von dem Schwefelgeruch des Eis würgte es mich in der Kehle. Ich erschauderte und schüttelte langsam den Kopf. Als das Ei auf der Gabel sich meinen verschlossenen Lippen näherte, warf ich den Kopf schnell von links nach rechts. Die Gabel flog durch die Luft. Das Stück Ei fiel erst auf den Tisch, dann auf den Boden. Ich weinte. Rotz tropfte auf meine Oberlippe. Ich spürte, wie mir etwas aus dem Magen in den Mund stieg. Etwas Brennendes, Ekliges. Ich stieß den Stuhl zurück und rannte mit von Tränen, Ei, Rotz und Kotze verschmiertem Gesicht hinauf ins Badezimmer.

Käsetoast

Ich bin nicht sicher, daß das Essen bei uns seit Mums Tod schlechter geworden ist. Aber es ist auch nicht viel besser. Wenigstens macht Dad mir Käsetoast, wenn auch auf eine seltsame Art: Er reibt den Käse in einen kleinen Topf mit zerlassener Butter, rührt darin, bis der Käse schmilzt, und gießt ihn dann auf den heißen Toast. Das schmeckt ziemlich gut, außer

wenn er den Käse zu lange drinläßt und er so zäh wird wie Kaugummi. Einmal habe ich zu ihm gesagt, damit könnte ich die Reifen meines Fahrrads flicken. Da ist er ganz still geworden. Ich wünschte, ich hätte das nicht gesagt.

Was ich daran mag, ist, daß es saftiger ist, als wenn Mum den Käse in Scheiben schnitt und den Toast unter den Grill legte. Sie hat aber auch nicht den eingeschweißten Käse genommen. Mum hat ihren Käse bei Percy Salt gekauft und ihn immer erst probiert, bevor Mr. Salt ihr ein großes Stück von dem riesigen Käselaib hinter ihm abgeschnitten hat. Er wickelte es immer in Butterbrotpapier und gab mir ein Eckchen zum Probieren. Manchmal war der Käse sehr würzig, und an meinem Gaumen traten sämtliche Adern hervor. Ich glaube, mein Dad mag es nicht, wenn er im Laden etwas verlangen muß, denn er kauft alles fertig abgepackt, sogar den Speck und den Tee. Und er kauft jetzt auch immer Dosenschinken, anstatt Mr. Salt Scheiben von der großen Keule abschneiden zu lassen, die er im Kühlschrank aufbewahrt. Aber Dads Käsetoast ist besser. Manchmal denke ich, es ist das beste Abendessen der Welt.

Kartoffelchips mit Käse und Zwiebeln

Früher kaufte Dad am Samstag immer einen Taschenkrebs, und wir brachten den halben Nachmittag damit zu, ihn zu zerlegen. Wir breiteten die Zeitung von gestern auf dem Tisch aus und drehten dann die Scheren und die Beine ab. Die dicken orange-schwarzen Scheren schlug Dad mit dem Hammer auf, während ich das Fleisch aus den dürren Beinen herauspulen durfte. Er bekam immer mehr heraus als ich, oft ganze, fette Stücke. Etwa um vier machte er uns allen dann Sandwiches mit Krebsfleisch und Brunnenkresse, wobei er das weiße und das braune Krebsfleisch sorgfältig durch Kresseblätter trennte. Wir brauchten Stunden, um das Krebsfleisch vorzubereiten, zwanzig Minuten, um die Küche zu putzen und alle Splitter aufzusammeln, die quer durch die Küche geschossen waren, und keine fünf Minuten, um die Sandwiches zu verschlingen.

Nach Mums Tod gab es nie wieder Taschenkrebs und auch keines von Dads Lieblingsgerichten wie Kutteln mit Zwiebeln oder Leber mit Speck oder überbackenen Blumenkohl. Er grillte sich nie einen Kipper und machte auch keinen Schweinebraten mit Kruste. Ich glaube, er briet sich nicht einmal ein Steak, und schon gar nicht aß er es mit Mushroom Ketchup und gewellten Pommes frites, die er doch so liebte. Es war, als ertrüge er es nicht mehr, an diese Sachen zu denken.

Manche Dinge änderten sich nicht. So schälte er Samstag morgens weiterhin mit seinem Taschenmesser vier große Pilze, schnitt die Stiele ab und tat sie dann mit etwas Butter, Salz und ein Paar Spritzern Mushroom Ketchup in eine Pyrexglasform. Zugedeckt kochten sie in dem weniger heißen Ofen des Aga-Herds langsam vor sich hin, bis sie so weich wie ein geschmortes Steak waren. Dann legte er sie auf mehrere Scheiben heißen Toast pro Person und tröpfelte den Saft aus der Form darüber.

Er wirkte soviel kleiner, wenn er jetzt allein an dem riesigen, leeren Küchentisch saß und sich seinen Pilztoast schmekken ließ – als trüge er einen Mantel, der ihm zu groß wäre.

In der Schule aß ich fast nichts. In dem ersten halben Jahr nach Mums Tod ernährte ich mich von Kartoffelchips mit Käse und Zwiebeln und den Marshmallow-»Kuchen« in der rot-silbernen Folie, die ich mir von meinem Essensgeld kaufte. Der Käsetoast und die Nudeln aus der Dose, die Dad abends machte, wenn er nach Hause kam, waren meine einzige »richtige Mahlzeit«. Gott weiß, was Dad aß.

Fray Bentos Steak & Kidney Pie

Neuerdings gibt es abends Chicken Pies. Ein Stück Pie zu essen ist, als wäre man verliebt. Nichts, was Dad zum Abendessen macht – Käsetoast, Nudeln aus der Dose, Ofenkartoffeln –, wirkt so tröstlich, wie eine eigene kleine Pie für mich zu haben. Der Teig ist weich und krümelig, die Füllung üppig, mit dunkelbrauner Sauce. Eine zarte, zerbrechliche Angelegenheit. Manchmal gibt es auch Steak-and-Kidney Pie mit tiefgefrorenen Erbsen und einem Stück Butter. Dad macht die Pies natürlich nicht selbst, sie sind von Birds Eye, aber trotzdem sind sie mein liebstes Abendessen.

Zur Zeit scheint alle Welt von einer anderen Pie zu reden, einer größeren aus der Dose, die man darin noch mit dem Deckel drauf kocht. Dad scheint sie irgendwie nicht kaufen zu wollen, obwohl wir die Fernsehreklame gesehen haben. Er sagt, ich würde sie sicher nicht mögen. Pie aus der Dose scheint mir eine sehr gute Idee zu sein, aber ich merke, daß er nicht sehr wild darauf ist. Er hat wohl Angst, daß es schiefgeht, wie als er versucht hat, Flapjacks zu backen, und wir sie nicht aus

der Form bekamen, oder als er den Heinz Sponge Pudding so lange kochen ließ, bis er ganz trocken war.

»Ich glaube, wir haben was falsch gemacht«, murmelt Dad und blickt auf die eingefallene Pie mit dem aufgeweichten, schleimigen Teig. »Du brauchst sie nicht zu essen, wenn du nicht willst.«

Ich muß sie essen. Seit Wochen quengle ich, daß er sie kauft. Die Füllung riecht wie das, was wir dem Hund hinstellen, obwohl man zugeben muß, daß sie entschieden besser schmeckt. Der Teig hat Ähnlichkeit mit einem nassen Geschirrtuch und riecht auch so. Im Fernsehen ist der Teig locker und knusprig. Ich weiß nicht, was er dieses Mal falsch gemacht hat.

Geräucherter Dorsch

Ich hatte wohl schon einmal den Teig für die Mince Pies ausgerollt oder mit den Fingern Butter, Mehl und Zucker für ein Crumble vermischt, aber ein ganzes Essen hatte ich mit meinen neun Jahren noch nicht gekocht. Meine Kochkünste beschränkten sich auf Dinge, die man mich unbeaufsichtigt hatte tun lassen können, ungefährliche Sachen. Ja, meine Mutter war um die kostbaren Finger ihres Sohnes so besorgt gewesen, daß ich noch nicht einmal den Ofen angemacht oder das Gas angezündet hatte.

Neben der Küche war eine kleine Spülküche, ein zweiter Raum mit einer Spüle, einem einfachen cremeweißen Belling-Herd mit Grill und einem Kühlschrank, dessen Tür quietschte. Dieser Raum war ziemlich unwohnlich, unbeheizt und eng, aber dank seiner Existenz blieb die Hauptküche frei von Kartoffelschalen, dem Gestank gegrillter Kippers am Sonntagmorgen und dem tropfenden Chaos, das der Abwasch bei meiner Mutter war. An die Knöpfe für den Ofen kam ich heran, aber um den Grill anzuzünden, mußte ich auf einen Hocker steigen oder auf den blauen Stahlrohrtritt mit dem wackligen Bein.

Seit meine Mutter nicht mehr da war, hatte das Abendessen meines Vaters in einer fast ununterbrochenen Folge von Käsetoast und Cadbury's MiniRolls bestanden. Er hatte natürlich noch seine Pfeife, aber ich war nicht sicher, ob das eine Mahlzeit war oder nicht. Er kam immer müde und nach Öl riechend nach Hause und fuhrwerkte dann in der Küche herum, um mir etwas zu essen zu machen. Jede Mahlzeit war gewürzt mit Schuldgefühlen. Seinen. Meinen. »Du könntest wenigstens die Teller abspülen.« Er sagte es nur ein einziges Mal. Von da an spülte ich nach jedem Essen das Geschirr, wobei ich auf einem Hocker stand, um in die tiefe Edelstahlspüle hineingreifen zu können.

Ich wußte nie genau, ob er auch erwartete, daß ich mir mein Abendessen selbst machte. Es sagte nichts dergleichen. Doch

seine Enttäuschung hing in der Luft wie ein zusammengefallener Yorkshire Pudding. Das Rezept seines Lieblingsessens – Kutteln mit Zwiebeln – kannte niemand außer ihm selbst. Was er mit dieser geäderten, schwabbelnden Masse anstellte, war ein Geheimnis, von dem ich lieber die Finger ließ. Bei geräuchertem Dorsch, seinem zweitliebsten Essen, gab es kein solches Gebibber. Es schien so leicht zu sein, wie eine Tasse Tee zu kochen.

Wenn ein Junge sein Taschengeld drei Tage lang spart, bekommt er dafür genug geräucherten Dorsch, um einen müden, hungrigen Mann satt zu kriegen. Meine Ersparnisse reichten nicht ganz, es fehlten noch ein paar Pennies, aber der Mann bei MacFisheries gab ihn mir trotzdem. »Den legt man doch unter den Grill, oder?« Er kam um den Ladentisch herum und legte mir den Arm um die Schultern. Er sagte mir, ich solle den Grill vorheizen, den Fisch mit etwas Butter einreiben und ihn etwa zehn Minuten grillen. Dann warnte er mich, nicht irgend etwas anderes auszuprobieren. Noch mit dem Arm auf meinen Schultern brachte er mich zur Tür. »Das wird deinem Dad sicher schmecken.«

Der Belling-Herd war einer von denen, bei denen man den Knopf hineindrücken muß, während man die Flamme ans Gas hält. Kein Problem, wenn man nicht gerade auf einem Küchentritt steht. Bei jedem Klick, jedem Funken stockt einem das Herz. Man hält die Luft an und wartet darauf, daß einem das Ding um die Ohren fliegt.

Ein geräuchertes Dorschfilet braucht unter dem Grill eines Herds ungefähr fünf Minuten. Man reibt es mit Butter ein und tut ein wenig schwarzen Pfeffer darauf, aber kein Salz – den Rest überläßt man den Flammen.

Der Fisch liegt safrangelb unter dem Grill. Die Butter glitzert auf den dicken Filets. Alles ist prall, frisch und saftig. So sah er, wenn Mum ihn gegrillt hat, nie aus.

Wo bleibt Dad? Um sechs ist er sonst immer schon zu Hause. Jetzt ist es zehn nach. Ich schneide zwei Scheiben Brot ab und streiche Butter darauf. Mehr hat er noch nie gegessen. Zwanzig nach, halb sieben. Wo bleibt er nur? Der Dorsch fängt an, sich an den Rändern einzurollen. Die Butter ist zu einem körnigen Schleim geronnen, der Fisch glänzt nicht mehr, und ein milchiges Zeug ist in das Auffangblech getropft.

Allmählich nimmt der Fisch die Farbe von alten Nylonstrümpfen an, und die Ränder sind eingeschrumpft wie ein toter Frosch in der Sonne. Der geliebte geräucherte Dorsch meines Vaters ist inzwischen eiskalt.

Ich höre den neuen Humber meines Vaters in der Einfahrt schnurren. Sein Fisch sieht eher wie ein überfahrenes Tier als wie ein Abendessen aus. Vielleicht sollte ich ihn einfach in den Müll kippen und Dad gar nichts davon erzählen. Dann würde er kein schlechtes Gewissen haben, daß er so spät kommt. Aber der Gestank in der Küche würde mich verraten. Blöde Tante

Fanny, wenn sie nicht kürzlich gestorben wäre, hätte ich das Ganze auf sie schieben können.

Mein Vater kommt herein, mit leicht gerötetem Gesicht und frisch geschnittenen Haaren. Aftershave. Sein Fischfilet steht auf dem Tisch, zwischen zwei Glastellern. »Wo warst du denn so lange? Jetzt ist er hin, der Fisch.«

»Nein, ist er nicht, so mag ich ihn am liebsten.«

Als er sich hinsetzt und anfängt zu essen, verlasse ich den Raum. Es sollte doch so ein Festmahl sein. Warum mußte er gerade heute so spät kommen? Er hat keinen geräucherten Dorsch mehr gekriegt, seit Mummy tot ist. Unversehens, aus dem Nichts, treten mir die Tränen in die Augen, sprudeln einfach hervor. Eine große, heiße Welle. Später gehe ich in die Küche, um nachzusehen, ob er fertig ist. Da sitzt er, den Kopf in den Händen. Er weint.

Die Geburtstagstorte

Heute ist mein zehnter Geburtstag, und niemand hat bis jetzt auch nur ein Wort von einer Feier gesagt. Wahrscheinlich soll es eine Überraschung werden. Mein letzter war einer der schönsten Tage meines Lebens. Mum sagte, sie würde das mit so vielen Leuten nicht mehr schaffen, darum haben wir ihn in einem großen Haus in der Coleway Road gefeiert, das »Die Pinien« heißt. Im Garten blühten die Krokusse, und weil es kurz vor Ostern war, bekam ich von allen Schokoladeneier. Irgendwann hatte ich dreißig Stück, dann hat Mum geschimpft, weil ich beim letzten Gast sagte: »O nein, nicht noch ein Ei« – er sah wirklich enttäuscht aus. Mum meinte, ich sei undankbar.

Es war jemand von den »Pinien« da, der die Feier leitete. Alle rannten herum und schrien. Viel mehr, als wir auf den Feiern von anderen Kindern gedurft hatten. Das Beste war die Geburtstagstorte, auch wenn Mum sie nicht selbst gebacken hatte. Sie sagte, das sei ihr zuviel. Es war eine große Torte mit Smarties und Kerzen darauf. Wir nahmen alle noch ein Stück in Papierservietten mit nach Hause, wobei meins allerdings an der Serviette klebenblieb und die Smarties ganz fahl wurden. Hinterher hatte ich ein schlechtes Gewissen, weil der Vater von Paul Griffith ein paar von den Jungs nach Hause fuhr und David Brooks sich auf seinem Rücksitz erbrach. Was mit all den Schokoladeneiern geschah, weiß ich nicht mehr.

Ich werde das Gefühl nicht los, daß ich meinem Dad mehr helfen sollte, aber ich weiß nicht, wie. Ich habe ihm angeboten, mir mein Abendessen selbst zu machen, aber er sagt, er will nicht, daß ich soviel am Aga-Herd herummache. Er hat mir von einem Unfall erzählt, der vor einiger Zeit passiert ist: Die

Abdeckung der einen Kochplatte ist heruntergefallen und hat der Putzfrau die Hand eingeklemmt. Ich habe gemeint, ich würde auch ganz, ganz vorsichtig sein, aber er sagt, ich soll die Finger davon lassen.

Neulich hat er zum erstenmal Bratwürste gekauft, aber sie waren abscheulich, wie kleine rosa Nagetiere. So etwas Rosarotes habe ich noch nie gesehen. Mum hat immer große fette Dinger gekauft mit schwarzen und grünen Stückchen drin. Die, die Dad besorgt hat, lagen auf einem Styroportablett und hatten keine Haut. Er sagte, die macht er nicht noch einmal. Mein Dad haßt es, etwas zum Essen einzukaufen.

Wenn ich morgens aufstehe, ist er schon zur Arbeit gegangen. Ich wasche mich, ziehe mich an und gehe mit Warrel zur Schule, der seit Mums Tod sehr lieb und nett zu mir ist. Ich glaube, seine Mum hat ihm gesagt, er soll nett zu mir sein. Die Erwachsenen reden anders mit dir, wenn deine Mutter gestorben ist. Ein bißchen so, als ob du blöd wärst oder aus Glas. Wenn deine Mutter gestorben ist, erinnerst du dich an alles, was die Leute sagen. Du nimmst jedes Wort unter die Lupe. Es ist, als würden sie jedes Wort betonen. Wenn deine Mutter stirbt, nimmst du Kleinigkeiten viel intensiver wahr, als wären deine Sinne alle eine Stufe hochgeschraubt.

Offenbar gibt es dieses Jahr keine Geburtstagsfeier. Dad sagt, nur Mädchen feiern, wenn sie zehn werden.

Das Bett

Mein Zimmer war klein, kaum breit genug für das Bett, den schmalen Schrank und die Kommode, aber zumindest brauchte ich es nicht zu teilen, wie Adrian und John. Mein Bett ist der Gegenstand, der mir aus unserem Haus am deutlichsten in Erinnerung ist, die fedrigweichen Kissen, die groben Nähte auf der Wolldecke, die fehlenden Quasten an der gelben Tagesdecke. Dennoch fühlte ich mich in ihm nie so richtig sicher und geborgen.

Das Zubettgehen hatte immer einen bitteren Beigeschmack gehabt. Ich wäre gern ein bißchen länger aufgeblieben, eine Bitte, die man mir jedesmal abschlug – Mum freundlich, aber bestimmt, mein Vater ungehalten und mit funkelnden Augen. Wenn ich Ärger bekam, meist weil ich frech oder gedankenlos gewesen war, schickte mein Vater mich hoch ins Bett mit der finsteren Warnung: »Ich komm dann noch und verpaß dir eine ordentliche Tracht Prügel.« Ich kuschelte mich unter die Decke, betete zu Gott, daß Dad es vergessen würde, zuckte bei jedem Quietschen der Dielen im Flur zusammen, kniff, wenn seine Schritte die Treppe hochkamen, die Augen zu und vergrub das Gesicht im Laken. Eine Stunde oder länger lag

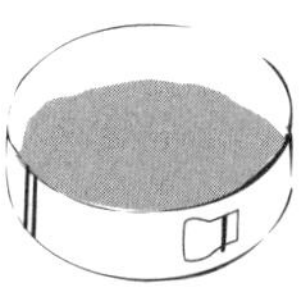

ich zusammengerollt unter der Decke, bis ich schließlich einschlief. Er vergaß es (fast) immer.

Als Mum gestorben war, barg das Zubettgehen andere Schrecken. Abend für Abend ging Dad zu einem seiner Freimaurertreffen oder arbeitete lange in der Fabrik. Manchmal wußte ich nicht einmal, wo er war. Da Adrian jetzt auf dem College war und John in London wohnte, mußte ich mich selbst ins Bett bringen. Jede Bodendiele im York House knarrte. Selbst wenn das Licht brannte, hatten der Flur und die Treppe etwas Feindseliges – durch die Eichentäfelung wirkte das Haus älter und finsterer, als es war. Die Tatsache, daß Tante Fanny erst vor einem halben Jahr im Nebenzimmer gestorben war, machte die Sache nicht besser. Man sollte nicht meinen, daß man eine alte Frau vermissen kann, die kein Wort mehr verstand und nach Urin roch.

Bis neun Uhr sah ich fern, dann rief ich meine Tante Elvie an. Ich bat sie, flehte sie an, am Apparat zu bleiben, während ich hochging und mich fürs Bett fertigmachte, dann würde ich wieder hinunterlaufen und ihr gute Nacht sagen. Wenn sie zuhörte, wie ich in meinen Schlafanzug schlüpfte, fühlte ich mich sicherer. Nachdem sie aufgelegt hatte, war ich binnen Sekunden wieder oben und rollte mich unter der Decke zusammen.

Ich habe meinem Vater nie gesagt, daß ich Angst hatte, abends allein zu sein. Ich weiß nicht, warum. Ich habe es ihm einfach nicht erzählt.

Fairy Drops

Ab und zu kam Dad früher nach Hause, vielleicht weil eine Sitzung abgesagt worden war, und ging mit mir zum Süßwarenladen.

Die Regale waren voll mit Gläsern, die so große Deckel hatten, daß die Hand der Inhaberin fast zu klein war, um sie aufzudrehen. Es gab Malzbonbons für alte Leute, harte Pfefferminzbonbons mit weichem Kern für Geduldige und mit Schokolade gefüllte Toffees für alle, die keine falschen Zähne hatten. Mein Vater kaufte immer Buttered Brazils, die mit körnigem Zucker überzogen waren, der zwischen den Zähnen knirschte. Oder Birnendrops, die so rochen wie der Nagellackentferner meiner Mutter. Ich sah Gummibärchen über die Theke wandern, bunte Lakritzstangen und die außen festen, innen weichen Clarnico Mint Creams. Meistens sah ich sie nie wieder.

»Was möchtest du? Na los, du hast die Wahl.« Ich lehnte alles ab außer Refreshers, Love Hearts und Fairy Drops. Mein Vater zuckte jedesmal zusammen, wenn ich um Fairy Drops bat (ist *fairy* im Englischen doch nicht nur die »Fee«, sondern auch ein »Schwuler«). »Bist du sicher, daß du nicht lieber

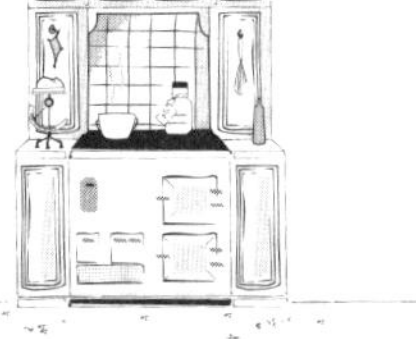

Paranuß-Toffees willst?« sagte er dann in dem verzweifelten Versuch, einen Mann aus mir zu machen.

Wahrscheinlich sollte man Fairy Drops wegen der knubbeligen bunten Zuckerkügelchen mögen, die die kleinen Schokoladenknöpfe krönen. Aber ich mochte sie aus demselben Grund, aus dem ich Cadbury's Flakes oder Munchies mochte, denn egal, wie frisch sie waren, ich fand, sie schmeckten immer ein klein wenig alt.

Himbeeren aus der Dose

Ein paar Wochen nachdem meine Mutter gestorben war, gab es zum Abendessen Himbeeren aus der Dose. »Kann ich mit meinen ins Wohnzimmer gehen, Daddy?«

»Wenn du ganz vorsichtig bist. Es ist viel Saft drin.«

Ich halte die Schale mit beiden Händen und frage mich, warum er überhaupt soviel Saft hineingetan hat. Aber der Saft ist phantastisch. So granatrot wie das Buntglasfenster hinter dem Altar in St. Stephen, und ein schwerer Geruch wie von Wein steigt davon auf. Vorsichtig stelle ich die Schale auf den rot-weißen Fußhocker und ziehe ihn über den hellen, taubengrauen Teppich. Himbeeren sind das wunderbarste Dosenobst, das es bei uns zu essen gibt. Besser als Pfirsiche, Aprikosen, Feigen, ja sogar als Erdbeeren. Und es ist soviel Saft drin. Mein Lieblingsobst.

Ich ziehe den Hocker über den Teppich und behalte den Pegel des Saftes im Auge, der am Rand der Schale hochschwappt. Eines der vorderen Beine stößt an den Teppich vor dem Kamin, und nun läuft alles in Zeitlupe ab. Der Hocker erbebt, und die Schale springt langsam hinunter auf den Teppich. Mit der Öffnung nach unten. Ich gehe ganz ruhig in die Küche und nehme das weiße Geschirrtuch, das hinter den Wasserhähnen hängt. »Du hast doch nicht …?« brüllt mein Vater, und noch einmal: »Du hast doch nicht …?«

Ich habe. Der Teppich saugt den Saft schneller auf, als ich ihn abtupfen kann. Der Fleck, der plötzlich eher wie Blut als wie Saft aussieht, wird immer größer, ist jetzt über einen halben Meter breit. Mein Vater stürzt herein, seine Augen glühen. »Gib her.« Er reißt mir Geschirrtuch und Schale aus der Hand und klatscht die feuchten Früchte dorthin zurück, wo sie hergekommen sind. Er tupft ohne jede Wirkung auf dem Saftfleck herum.

Mein Vater stellt die Schale auf den Boden, mitten auf den Fleck. Er reißt mich an dem blauen Kragen meines T-Shirts zurück. »Ich … hab … doch … gesagt … sei … vorsichtig.« Bei jedem Wort zuckt ein Schlag über mein Ohr. »Ich … hab … doch … gesagt … paß … auf.« Jetzt schlägt er fester zu, fährt einfach fort, mich zu schlagen. Aufs Ohr, auf den Kopf, auf

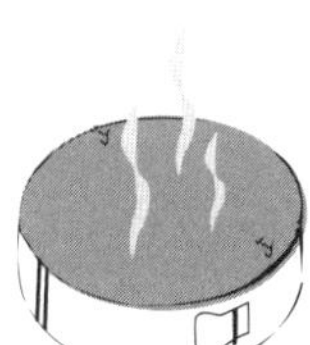

den Hals. Einmal erwischt er mein Ohrläppchen. Ich stehe jetzt in der Ecke neben der Tür, mit dem Rücken an der gelben Tapete. Ich rutsche an der Wand nach unten. Ich halte die Hände über meinen Kopf. Er schlägt einfach weiter. Es ist, als könnte er nicht mehr aufhören. Mein Ohr ist ganz taub, meine Wangen und mein Kopf brennen. Ich habe einen trockenen Mund. Es kommen keine Tränen. Ich muß aufs Klo.

Es hat aufgehört. Im Zimmer ist es still. Er ist weg. Ich stehe auf und ziehe meinen linken Strumpf hoch, der bis zum Knöchel heruntergerutscht ist. Ich gehe durch den Flur und dann durch die Küche. Hinter der Garage sehe ich ihn in seinem Gewächshaus. Er hat eine blaßrosa Begonie auf die Holzleisten gestellt und drückt zärtlich die Erde um den Stiel herum fest. Er stellt sie zurück und nimmt eine andere, diesmal eine rote. Mein Vater nimmt eine Knospe zwischen Daumen und Zeigefinger und dann eine Blüte, zieht ihre Blätter sanft zurück, als wolle er einen Spatz mit einem gebrochenen Flügel beruhigen. Sein Gesicht ist knallrot und aufgequollen. Tränen rinnen ihm über die Wangen.

Rührei

»Probier es wenigstens«, flehte mein Vater mich an, während er mir einen Teller mit besonders gelbem Rührei hinhielt. »Ich versprech dir, daß du die Eier nicht schmeckst.«

Er war in letzter Zeit gerissen geworden: Der versprochene Pfannkuchen entpuppte sich als Omelette, in einem Sandwich mit Salat verbargen sich ein paar Scheiben hartgekochtes Ei, und in einem besonders krassen Täuschungsmanöver hatte er versucht, das Gelbe eines Spiegeleis unter einem Haufen Baked Beans zu verstecken.

Das konnte er mit mir nicht machen. Jeder Bissen wurde erst auf dem Teller und dann auf der Gabel nach Anzeichen des gefürchteten *œuf* untersucht. Kein Salatblatt, kein Brötchen blieb ungeprüft, keine Salatsauce unbeschnüffelt, jedes Sandwich wurde aufgeklappt. Je listiger er wurde, desto mißtrauischer lernte ich zu sein. Eine Zeitlang setzte ich mich immer auf die Arbeitsplatte und plauderte mit ihm, während er das Essen machte, nur um sicherzugehen, daß sich kein frisch gelegtes Wunder auf meinen Teller stahl.

Ich versprach ihm, das Rührei zu probieren. Er ging nicht hinaus. Argwöhnisch beschnüffelte ich den goldenen Schlab-

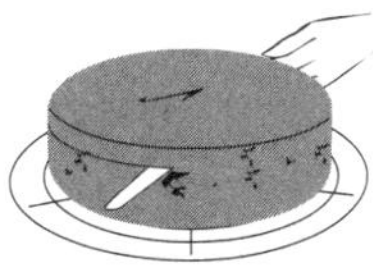

ber. Er roch ohne Zweifel nach Käse. Er hatte eine tiefe, satte Farbe, wie ein Krokus, und war von einem Graben aus klarem gelbem Fett umgeben, das genauso aussah wie das Fett, das aus Vaters weniger gelungenen Käsetoasts lief. Eine zaghafte Gabel voll erwies sich als eßbar. Die zweite rutschte ohne weiteres hinunter, und schon bald war der Teller leer. Ich weiß nicht, wer von uns beiden glücklicher war.

Im Laufe der nächsten Wochen wurde es schwerer, mein allabendliches Rührei zu bezwingen. In der vierten Woche schlug das Ei bereits durch, in der sechsten war der Käse kaum noch wahrnehmbar. Aber da hatte mein Vater bereits genug leere Teller gesehen, um darauf zu vertrauen, daß ich es aufessen würde, auch wenn er mir nicht über die Schulter sah. Leider konnte ich nicht darauf vertrauen, daß er den Käseanteil nicht immer weiter senken würde. Und leider fing ich dann an, das Ei an den Hund zu verfüttern.

Er kam jetzt immer früh nach Hause. Nur etwa eine Stunde nachdem ich aus der Schule kam, erschien er und machte mir etwas zu essen. Dann ging er in einer Duftwolke aus Aftershave und einem frisch gebügelten Hemd aus dem Haus, ließ mich wieder allein, während ich am Tisch saß und aß. Er wirkte in letzter Zeit nicht mehr so blaß. Sein Haar glänzte von der Pomade aus dem roten Plastiktopf, und sein Gesicht und sein Hals waren vor lauter Rasieren und Waschen hellrot wie ein Schweinekotelett.

American Hard Gums

Normalerweise wären mein Vater und Mrs. Potter einander nie begegnet. Die Welt, in der Frauen knitterfreie Kleider trugen, war nicht die seine. Er hatte noch nie eine Frau kennengelernt, die beim Putzen mit Lockenwicklern herumlief. Ja, er kannte noch nicht einmal eine Frau, die ihr Haus selbst putzte, geschweige denn das von anderen Leuten. Sie lernten einander durch die Tombolas und Whistrunden kennen, die sie für eine Gruppe von Behinderten organisierten. »Dieser Walzer mit Mr. Guthrie hat mir fast das Kreuz gebrochen«, erklärte Joan Potter eines Abends nach einem Rollstuhltanz im Veranstaltungssaal des Pubs Battle of Britain. »Ich dachte schon, ich krieg wieder 'nen Bandscheibenvorfall.«

Sie trug eine feste Dauerwellenfrisur, die aussah wie die eines Fußballers aus der Ersten Liga. Ihre Augen waren klein, schwarzbraun wie Espresso und blitzten. Ihre Lippen waren zusammengepreßt wie eine Walnuß und von einem hauchfeinen Schnurrbart überwölbt. Trotzdem war sie seltsam attraktiv, und für den Abend schöngemacht, mit weich fallenden Locken, war sie unleugbar sexy. Vor allem für einen Mann, der zwanzig Jahre älter und völlig ausgehungert war.

Es begann alles noch ganz normal: Die Sekretärin meines Vaters, ein hübsches, mondgesichtiges Mädchen namens Barbara, fragte ihn, ob er nicht etwas für eine ortsansässige Stiftung tun könne, für die sich ihre Mutter, Joan Potter, engagierte. Es dauerte nur ein paar Wochen, bis er vom gelegentlichen Kauf eines Tombolaloses dazu gekommen war, bei den vierzehntägigen Benefizveranstaltungen zu helfen. (Man mag über Joan Potter sagen, was man will, für die Behinderten brachte sie ein kleines Vermögen zusammen.) Immer wenn er an einem Würfelspielabend oder einem Kaffeestündchen teilnahm, war auch Joan dabei. Er fuhr sowieso an ihrer Straße vorbei, also warum sollte er sie nicht hinterher heimfahren. Die Gegend war ihm durchaus vertraut, wenn auch nur deshalb, weil sie in der Nähe seiner Fabrik lag. Er kannte niemanden, der in dem Gewirr aus Sozialwohnungsbauten und Hochhäusern wohnte. Niemanden, der im Battle of Britain ein Bier trinken gehen würde. Niemanden, der gern einen Nachmittag in der Bingohalle verbracht hätte. Aber wie gesagt, er fuhr sowieso an ihrer Straße vorbei.

Bei Joan um die Ecke war ein Süßwarengeschäft, in dem es Birnendrops gab, Parkinson's Fruit Thins und Weingummis, die sich American Hard Gums nannten. Wie der Name schon sagt, mußte man ordentlich darauf herumkauen. Sie waren in gedämpften Farben gehalten, Rot, Grün oder Weiß, und erinnerten mich an die Lichter, die wir Weihnachten auf den

Baum steckten. Mein Vater liebte sie mehr als alle anderen Süßigkeiten und wäre meilenweit gegangen, um sie zu kriegen. »Die habe ich seit Jahren nicht mehr gesehen«, erklärte er eines Tages strahlend, als er, nachdem wir Mrs. Potter abgesetzt hatten, mit einer kleinen weißen Papiertüte wieder zum Auto kam. »Probier mal, greif zu.«

Der körnige Zucker drum herum kratzte an meinem Zahnschmelz. Ich kaute und kaute. Man bekam kaum eine Delle hinein. Das einzige Hard Gum meines Lebens hielt die ganze Fahrt lang bis nach Hause.

Mir begann aufzufallen, wie oft eine neue weiße Tüte mit Weingummis auf dem Armaturenbrett des Humber lag. Die Süßigkeiten gehörten bald genauso zum festen Inventar des Wagen wie die Shell-Karte von Großbritannien im Kartenfach und die Autohandschuhe im Handschuhfach. Genauso wie Mrs. Joan Potter.

Spinat

Stevie, die neue Freundin meines Bruders, war in der Küche all das, was meine Mutter nicht war. Immer wenn sie abends vorbeikam, kochte sie für meinen Bruder. Sie kochte Blattgemüse, das auf dem Teller smaragdgrün leuchtete. Bei Mutter

hatte es immer die Farbe von Sachen aus dem Armeewarenladen gehabt. Stevie kochte Schweinehachsen und grillte Dorschfilets; Leber briet sie nur ganz kurz, so daß sie innen rosa war, und Kartoffeln röstete sie im Ofen, so daß sie außen kroß und innen weich und weiß waren. Sie machte Steaks und Schmortöpfe, Jam Tarts, bei denen der Teig, wenn man sie in die Hand nahm, zart zerkrümelte, und samtigen gelben Custard in so tiefen Schüsseln, daß darin ein kleines Haustier hätte ertrinken können.

Bei Stevie aß ich alles. Alles außer Eiern. Sie schaffte es gleich beim ersten Versuch, mir den Spinat schmackhaft zu machen, von dem ich geschworen hatte, ich würde ihn niemals anrühren. Die Art, wie sie ihr Lammkotelett schnitt – so, daß sie gleichzeitig rosa Fleisch und knuspriges Fett auf die Gabel bekam –, und die Geschwindigkeit, mit der sie es aß – solange das Fett noch heiß und wabbelig und das Fleisch saftig war –, ließ mich mein Kotelett in einem anderen Licht sehen. Von da an hätte ich es selbst dann nicht schneller essen können, wenn ihm der Name »Cadbury's« eingebrannt gewesen wäre.

Es ist fünf nach sechs an einem Dienstag, und mein Bruder muß gleich kommen. Stevie sitzt auf den Knien vor dem Kamin und bürstet sich die Haare. Sie bringt die Briefe in ihrer indianischen Schreibmappe aus Stachelschweinstacheln in eine chronologische Ordnung. Sie hat immer alle Briefe aufgehoben, sogar die von ihren Eltern, als sie noch im Internat war, mitsamt den Umschlägen, die säuberlich mit dem Brieföffner aufgeschlitzt sind. Ich möchte meine auch so aufbewahren, nur leider hat mir noch nie jemand geschrieben.

Sie hat ihre Haare fertig gebürstet und nimmt sich jetzt meine vor, die eigentlich geschnitten gehören. Sie fährt mit der Bürste durch meine Haare, die sich dadurch an den Spitzen eindrehen. Ich finde, so sehe ich aus wie Brian Jones von den Stones.

Rauch

Wir benutzen nur noch wenige Töpfe: den Antihaft-Milchtopf zum Warmmachen von Dosentomaten für den Toast und die alte Pfanne, um Sonntag morgens ein bißchen Speck zu braten. Wenn man die anderen Töpfe bewegt, schießen winzige Silberfischchen darunter hervor. Letztes Wochenende war im Bräter eine Kellerassel. Seit Mum nicht mehr da ist, riecht das Geschirrtuch immer muffig.

Früher war es, als würden wir uns von nichts anderem ernähren als von Lammkoteletts, Erbsen und Salzkartoffeln, aber jetzt sehne ich mich nach diesen Koteletts und auch nach Mums gekochtem Gammon und der klumpigen Sauce, in die

sie immer getrocknete Petersilie tat. Fisch – sie briet ihn immer und servierte ihn mit dem Zitronensaft aus den Plastikzitronen – hatten wir seit letztem Dezember überhaupt nicht mehr. An die Stelle ihrer Pfannkuchen und Bratäpfel sind Cadbury's MiniRolls getreten. Ich hätte nie gedacht, daß man Cadbury's MiniRolls leid werden kann.

Als ich gestern abend nach Hause kam, war die Küche voll Rauch. Unter dem Grill lag Speck, und er hatte Feuer gefangen. Ich weiß nicht, wo Dad war. Wir haben ihn trotzdem gegessen, verkohlt und zerbröselt, mit Dosentomaten, die Dad vergessen hatte, warm zu machen. Er sieht müde aus und als wolle er mir etwas Wichtiges sagen, aber er tut es nie. Wenn das Brot und die Butter nicht wären, dann wäre dies das Schlimmste, was ich seit Mums Tod gegessen habe. Und außerdem stinkt mein Schulpullover jetzt nach Fett und Rauch.

Heute hat Dad Mrs. Potter mit heimgebracht. Sie hat mich angelächelt und gesagt, wir sähen beide aus, als müßte man uns ein bißchen aufpäppeln.

Players No. 6 (mit Filter)

Ich weiß nicht mehr genau, wann Mrs. Potter bei uns als Putzfrau anfing. Ich weiß nur, daß sie es tat. Jeden Tag außer Mittwoch wurde ich mittags zu Hause von dem warmen Teiggeruch frisch gebügelter Wäsche und einer warmen Mahlzeit empfangen. Mrs. Potter hatte etwas Kaltes, Reserviertes, als würde sie mich nicht richtig mögen, aber ihr Essen war einfach ein Traum. Kleine Steaks mit gegrillten Tomaten und selbstgemachten Pommes frites, die so lang waren wie meine Finger; Schweinekoteletts, noch mit einem Stück Niere dran, mit gebratenen Apfelringen; Gammon Steaks mit Ananasringen und einmal sogar einer Kirsche wie in dem Kochbuch von Marguerite Patten.

Während ich aß, saß Mrs. Potter mit zusammengekniffenen Lippen da. Nie am Tisch, sondern immer auf einem Stuhl an der Wand, mit einer Players No. 6 zwischen den Fingern. Wenn sie den Wagen meines Vaters in die Einfahrt biegen hörte, drückte sie die Zigarette mit Daumen und Zeigefinger aus und steckte sie in ihre Schürzentasche, fächelte dann mit der Hand durch die Luft und zog ihren Rock hinunter.

Wenn ich nach dem Essen noch am Tisch herumtrödelte,

etwa vor der gefürchteten Sportstunde oder wenn ich wußte, daß ich auf dem Schulhof gepiesackt werden würde, sagte er immer: »Jetzt aber raus mit dir, geh spielen.« In meiner Gegenwart wirkte Mrs. Potter schüchtern, kühl und förmlich. Sie sprach leise und widerstrebend, dennoch blickten mein Vater und sie einander unverwandt an. Was sie sagten, war steif, scharf und sehr korrekt, ganz anders als das, was ihre Augen erzählten. Es war, als würden sie einander seit Jahren kennen und hätten eine eigene, private Sprache. Diese Sprache, von der Eltern fälschlich und voll gutmütiger Herablassung meinen, ihre Kinder verstünden sie nicht. Eine Sprache, die so laut ist, so schmerzlich und glasklar, daß es ist, als würden sie dir ein Küchenmesser in die Brust rammen.

Würstchen und Dosenbohnen

Mittwoch mittags schaffte es mein Vater nie nach Hause. Es war auch Mrs. Potters freier Tag. Mein Essen stand dann im Ofen: eine mit Wasserperlen überzogene Glasform, die immer, ohne Ausnahme, einen Schmortopf mit Wurst und Bohnen enthielt.

Das war kein rustikaler Tontopf voll selbstgekochter weißer Bohnen und mit Knoblauch gespickter *saucisse*, sondern eine umgedrehte Dose Baked Beans mit Chipolata-Würstchen, die zum Aufwärmen in den einen Ofen des Aga-Herds gestellt worden war, wo sie allmählich erstarrte. Es war kein Anblick, auf den man sich freute. Drei dünne Würstchen ohne Pelle in einem Haufen braune Bohnen, die eine dünne Haut bedeckte wie ein Leichentuch. Mit Liebe gemacht, hätte das Ganze aussehen können wie ein stilvolles Foto in einem Kochbuch: ein wärmendes, bäuerliches Mittagessen in einer geliebten, angeschlagenen Kasserolle, die seit Generationen im Besitz der Familie ist. Statt dessen sah es aus wie ein Klo, bei dem jemand vergessen hat zu spülen.

Dennoch war an alldem etwas, worauf ich mich freute. Die schwere Ofentür des Aga-Herds zu öffnen, der furchterregende heiße Luftschwall aus dem Ofen, die Form an den kleinen Glasgriffen herauszuholen, die durch die dicken Kochhandschuhe kaum zu spüren waren: so nahe war ich dem Kochen seit der Geschichte mit dem Dorsch nicht mehr gekommen.

Eines Tages kam ich nach Hause, und der Ofen war leer. Mein Vater hatte es vergessen. Der Hund, der nicht gern allein blieb, hatte auf den Küchenboden gepißt. Ich fand eine offene Packung Ritz Cracker, setzte mich hin und aß sie, während mir salzige Tränen über die Wangen rannen. Nicht daß ich die

Dosenbohnen mit den Würstchen gemocht hätte. Ich mochte einfach die Vorstellung, daß jemand daran gedacht hatte, mir etwas zu essen hinzustellen.

Custard mit Bananen

Einer der größten Vorzüge der neuen Freundin meines Bruders war, daß sie einen anständigen Custard mit Bananen machen konnte. Ja, er war nicht nur anständig, er war einfach phantastisch: warm, süß, cremig und tröstlich, und das Verhältnis von Bird's Custard und Bananen stimmte haargenau. Stevie verstand es nicht nur, die Sauce dick genug zu machen, daß die Bananen nicht nach unten sanken, sie wußte auch, wie dünn man die Früchte schneiden mußte. Waren sie zu dick, dann gaben die Bananen nicht genug Geschmack ab, waren sie zu dünn, dann zerfielen sie. Stevie traf immer exakt den richtigen Punkt.

Keiner von uns wußte genau, wann Adrian eigentlich nach Hause kam. Manchmal kam er um Punkt sechs, dann wieder erst gegen acht. Die Nachspeise wurde immer noch besser, wenn sie eine Stunde hinten auf dem Herd stand: Dann wurden die Bananen mit Sauce getränkt und gaben ihr Aroma an die cremigen gelben Tiefen ab. Etwa um sechs Uhr fing Stevie an, die Milch zu kochen und das Custard-Pulver mit dem Zucker zu vermengen. Sie goß die schäumende Milch über die trockene Mischung und rührte langsam um, während die Sauce mit jeder Sekunde dicker wurde. Sie schnitt die Bananen über der Sauce in Scheiben, ließ jedes Stück einzeln hineinplumpsen und tief in die Schüssel sinken, so daß sie keine Zeit hatten, braun zu werden. Dann bedeckte sie die Schüssel mit Alufolie und stellte sie hinten auf den Aga-Herd. Dort blieb sie stehen, bis mein Bruder nach Hause kam.

Es ist nahezu unmöglich, einen Löffel Custard zu klauen, ohne eine ganze Reihe von Spuren zu hinterlassen. Selbst wenn sich noch keine Haut gebildet hat, sind die verräterischen Zeichen des Diebstahls nicht zu übersehen. Die Ruhe der gelben Oberfläche ist gestört, unter dem tiefen Gelb tritt das hellere hervor, die Stelle ist allzu sorgsam geflickt. In den Monaten, bevor sie heirateten, übte ich mich in diesem schändlichen Benehmen, indem ich, während Stevie ein Bad nahm, immer wieder in das Dessert meines Bruders stach.

Erst als Adrian eines Abends ungewöhnlich spät nach Hause kam und ich mehrmals hingegangen war, um zu naschen, wurde ich erwischt. Ich hatte gar nicht gemerkt, daß ich alle Bananenscheiben bis auf eine vertilgt hatte. »Wenn du sie alle gegessen hättest, wär ihm das niemals aufgefallen«, sagte Stevie später, »dann hätte er gedacht, ich hätte einfach nur Custard gemacht.«

Erdbeeren mit Sahne

In den Wintermonaten fand fast alle vierzehn Tage irgendwo ein Freimaurerfest statt. Weder Schneeregen noch -sturm konnten meinen Vater davon abhalten, geschniegelt und gebügelt in seinem weißen Smoking und Old-Spice-Aftershave daran teilzunehmen. Sein kleiner, erst seit kurzem mutterloser Sohn wurde zu einer festen Einrichtung in den verschiedenen Freimaurerlogen, diesen finsteren, nur für Männer bestimmten, verdunkelten Sälen, die hastig für die weiblichen Gäste umgestaltet wurden. Eine ebenso feste Einrichtung wie die extravaganten Blumensträuße, hinter denen in den temporären Damentoiletten einmal im Jahr die Pissoirs versteckt wurden.

Ich hatte keine Ahnung, was für eine Ehre es war, daß ich diesen jährlichen Paraden der Gattinnen in ihren Ballroben beiwohnen durfte. Mrs. Wood in weinrotem Baumwollsamt, Eunice Everard in flaschengrünem Taft und Minnie Clarke in einem blauen Satinkleid von gebührender Schlichtheit, das sie offensichtlich eigens zu diesem Anlaß schnell noch genäht hatte. Ich wußte nichts von dem Unmut der konservativeren Mitglieder, die die Anwesenheit eines kleinen Jungen bei einer solchen Veranstaltung für unpassend hielten. Ich hätte es merken sollen. Schließlich war dies die Sorte Männer, die glaubten, ein paar blaßgelbe Nelken und ein Zierspargelzweig würden reichen, um einen zwei Meter langen Porzellantrog, der deftig nach Urin roch, zu verbergen.

Zu Anfang des Frühjahrs gab es bei einem dieser Dinners nach dem Hühnchen frische Erdbeeren mit Sahne. Die Schlagsahne, die auf die offenkundig unreifen Beeren getürmt war, fand an unserem Tisch wenig Abnehmer. »Mmmmpf. Ich wußte ja, daß sie nicht reif sind«, zirpte Eunice Everard mit einer Miene, die ebenso sauer war wie die Erdbeeren, die auf der handgeschriebenen Karte so vielversprechend gewirkt hatten. Schale um Schale wurde zu dem gierigen kleinen Jungen weitergereicht, der seine Aufregung angesichts solch eines Festmahls kaum verbergen konnte. Bald wurden Schalen voll oben noch grüner Früchte über Köpfe und Reihen gereicht. »Ich wette, daß du sie nicht alle schaffst«, sagte irgendein Witzbold.

Der Kaffee wurde serviert, und alle standen auf und verließen den Raum, nur der kleine Junge haute immer noch rein. Es waren nicht die Erdbeeren, die ich mir auf der Zunge zergehen ließ. Es waren der knirschende Zucker und die sich bauschende Sahne, mit denen der Koch jede Schale überhäuft hatte, bis auf die für Mr. Wood, den Diabetiker.

Die Kellner trugen die Kaffeetassen ab und entfernten die weißen Tischtücher. Die nackten Holzböcke, die darunter versteckt gewesen waren, wurden in einer Ecke gestapelt und die

Zuckertütchen zusammengefegt, dann war alles bereit für die Ankunft der Band und der tanzenden Damen. Ich blieb mitten im Raum sitzen, auf meiner privaten Insel der Völlerei, und stopfte grüne Erdbeeren in mich hinein, als ginge es um mein Leben.

In ein Handwaschbecken paßt ziemlich viel Kotze. Dennoch, als das tiefe weiße Waschbecken voll war, blieb mir, da beide Toiletten besetzt waren, nur noch das Urinal.

Auf dem langen Weg nach Hause schlief ich auf der Rückbank des Humber fast ein. Im Auto roch es durchdringend nach Erbrochenem, Erdbeeren und Ekelgefühlen. Nur einmal brach mein Vater das Schweigen. »Du hättest wenigstens so schlau sein können, vorher den Stöpsel zu ziehen. Denk doch nur an die arme Putzfrau, die da mit der Hand hineinlangen muß.«

Der tote Hund

»Oh, ich hab vergessen, dir zu sagen, daß Mrs. Potter angerufen hat. Sie kann ihren Hund nicht finden.«

Mein Vater sieht mich wütend an. »Wann, wann hat sie angerufen?« Ich gestehe ihm, daß es schon am Morgen war, und sage, daß es mir leid tut. »Du dämlicher kleiner Idiot«, sagt er, wobei er in der Küche auf und ab geht. Dann steigt er ins Auto und fährt weg.

Später hält er mir einen Vortrag, daß man wichtige Nachrichten immer gleich übermitteln muß, und erzählt mir, er habe ihren Hund vor einem Pub tot aufgefunden, umringt von einigen Männern, die sich gefragt hätten, wem er wohl gehöre. Der Hund sei überfahren worden und er selbst habe ihr die Nachricht überbringen müssen. Dann sagt er, das wäre vielleicht nicht passiert, wenn ich ihm eher Bescheid gesagt hätte. Mir ist ganz elend zumute, aber ich verstehe nicht, warum er darum so einen Wirbel macht. Sie ist doch nur unsere Putzfrau.

Bourbon Biscuits

Putzen war Mrs. Potters Lebensinhalt. Sie sagte, Dreck gehe ihr auf die »Nerven«. Freunde, Verwandte, Nachbarn – alle wurden danach beurteilt, wie oft sie ihr Messing polierten, die Stufen vor ihrer Haustür fegten und vor allem wie oft sie die Fenster putzten. Keine Spüle blieb ungescheuert, kein Tisch unpoliert, kein Hemd ungebügelt. Sogar in eine Wolke Topaz gehüllt – das Parfüm, das sie aus dem Avon-Katalog ihrer

Tochter bestellt hatte –, verströmte sie noch leicht den verbindlichen Geruch von Möbelpolitur.

Mrs. P. genoß das Putzen wie manche Leute die Gartenarbeit oder das Werkeln im eigenen Heim. Jedes Gespräch mit ihr drehte sich darum, was sie alles putzen würde. Die Zigarette in der einen, die Melamintasse mit Kaffee in der anderen Hand, zählte sie als erstes auf, was sie an dem Tag alles gescheuert, abgestaubt, aufgeräumt oder poliert hatte, und dann, was sie morgen alles scheuern, abstauben, aufräumen oder polieren würde. Einmal brachte sie einen halben Tag damit zu, die falsche Patina von unserem geliebten hölzernen Rokokospiegelrahmen zu putzen. »Oje«, sagte mein Vater, als er die leere Packung von den Brillo-Schwämmen sah, und erklärte ihr, daß der Rahmen so gehörte. »Aber ich fand, er sah dreckig aus.«

»Dreckig« war eines von Mrs. Potters Lieblingswörtern. Wie auch das Wort »widerlich«, mit dem sie die Art beschrieb, wie ich Bourbon Biscuits oder andere gefüllte Kekse mit zwei Lagen aß. Dabei zog sie das i immer besonders lang. Ich war bestimmt nicht das einzige Kind, das die obere Lage von einem Bourbon abnagte und dann mit langen, langsamen Zungenstrichen die Schokolade schleckte wie Eiscreme. Den Keks fand ich langweilig, er war eigentlich nur die Verpackung. Aber die Füllung galt es zu genießen, man mußte sie langsam auf der Zunge zergehen lassen. Mrs. Ran-an-den-Staub fand diese Angewohnheit »ekelhaft«, aber nur, weil man dabei unweigerlich klebrige Finger bekam, die sich, wenn ein zehnjähriger Junge es wollte, bestens dazu eigneten, ihre glänzende Arbeit zu sabotieren.

Garibaldi Biscuits

Ich habe keine Ahnung, warum ich in letzter Zeit soviel mit Mrs. Potters Familie zusammen bin. Letzte Woche war ich bei der Geburtstagsfeier ihrer Tochter, und am Samstag habe ich mit ihrer mittleren Tochter aus einer Backmischung Fairy Cakes gemacht (ich durfte die Glasur darauf löffeln und sie mit kleinen Weingummis und Liebesperlen verzieren). Gestern saß ich im Hinterzimmer des Friseursalons ihrer Jüngsten. Mindestens zwei von Mrs. Potters Töchtern haben einen sehr gut laufenden Friseursalon – kein Wunder, daß Mrs. Potters Haar immer aussieht, als käme sie frisch vom Friseur. Heute sitze ich wieder in dem kleinen Raum hinter dem Salon mit den Stores und lese Rupert-der-Bär-Bücher, wobei ich versuche, nicht das Wasserstoffperoxid einzuatmen, das von vorn hereinweht. Es riecht wie Stinkbomben. Ich weiß nicht, wo Dad und Mrs. Potter sind. Und schon gar nicht, warum ich hier sitze, anstatt mit meinen Freunden zu spielen. Wenn die

Keksdose auf dem Tisch nicht wäre, würde ich verlangen, daß man mich nach Hause bringt. Und um ehrlich zu sein: Inzwischen sind nur noch drei Garibaldis und eine rosa Waffel darin.

Durch den Schrank ins Zauberland

Geduldig warte ich darauf, daß Warrel mit dem Essen fertig ist. Minnie öffnet eine Dose mit einer Keksmischung und hält sie ihm hin. An die fünfzig Kekse liegen dort in hübschen roten Plastikfächern, und einen kurzen Moment lang denke ich, vielleicht hält sie die Dose auch mir hin, aber nein. Also sehe ich zu, wie Warrel sich durch zwei Jammie Dodgers, einen großen Ingwerkeks und eine Schokowaffel hindurchmampft. Als er gerade einen Schluck Creamola Foam trinkt (und ich hoffe, daß er daran erstickt), fragt mich Minnie, ob Mum eine Nähmaschine hatte, und wenn ja, ob mein Dad sie verkaufen will. Ich weiß es wirklich nicht, sage ihr also, ich würde ihn fragen.

Statt dessen frage ich Mrs. Potter, die sofort explodiert und Minnie Blubb herzlos nennt, daß sie mir so kurz nach Mums

Tod so eine Frage stellt. »Die kriegt überhaupt nichts«, geifert Mrs. P. so temperamentvoll wie nie, als wolle Minnie ihr ihren Ehering abknöpfen. Ich weiß beim besten Willen nicht, was Dad mit Mums Nähmaschine soll oder warum das unsere Putzfrau so wild macht. Es ist ja schließlich nicht ihre. Und im übrigen bin ich nicht einmal sicher, daß Mum überhaupt eine hatte.

Zwei, drei Tage darauf komme ich nach Hause und treffe Mrs. Potter in einer von Mums Schürzen an. Es gibt absolut keinen Grund, warum sie sie nicht tragen sollte, aber irgendwie habe ich ein ungutes Gefühl dabei. Vor allem seit ihrem Ausbruch von neulich.

Es ist halb fünf, und ich bin gerade erst aus der Schule heimgekommen. Ich gehe hinauf und sehe Dads Schlafzimmertür offenstehen. Letztes Mal, als ich versucht habe, sie aufzumachen, an dem Morgen, an dem Mum starb, knallte sie gegen einen Sauerstofftank, den irgend jemand davorgestellt hatte. Ich öffne ihren Schrank, lasse die vier Türen eine nach der anderen aufschwingen.

Der Schrank riecht nach Mum. Nicht nach ihrem Parfüm oder ihrem Lippenstift, ihren Kleidern oder ihrem Inhalator. Einfach nach ihr. Ich fahre mit den Händen über die festen Locken ihres Astrachanmantels, über das Sommerkleid mit den weißen Perlmuttknöpfen und dem zerzausten roten Mohn,

über ihr schimmerndes Ballkleid. Ich ziehe die tiefen Schubladen ihrer Kommode auf und schnüffele an ihren Strickjacken, ihren langen Abendhandschuhen, ihren Taschentüchern. Ich öffne Mums Schmuckkästchen und nehme ihre Perlenkette heraus, ihre Kameebrosche und eine goldene in der Form einer Feder. Die, die sie immer zu dem hellbraunen Twinset trug. Selbst der wattierte Stoff in der Schatulle riecht nach ihr.

In der Mitte der Kleiderstange hängt ihr raschelnder weißer Petticoat, der, den sie unter ihrem Ballkleid trug, wenn sie und Dad abends ausgingen. Wenn er seinen schwarzen Smoking mit dem Satinkragen trug und seinen blauen, seidenen Kummerbund. Wenn sie so spät nach Hause kamen. Ich schiebe die Aufhänger des Petticoats von dem Holzbügel, auf dem »Ventnor Hotel, Isle of Wight« steht, und fahre mit den Fingern über die riesigen Wirbel aus schwarzen Stichen. Es fühlt sich an wie flaumiger Filz. Ich halte ihn tiefer und steige hinein, ziehe mir die Aufhänger über die Schultern. Die Rüschen am Saum berühren den Boden und rascheln und knistern, als wären sie aus Kreppapier. Ich hole ihre Lieblingsschuhe heraus, die, nach denen wir ganz Wolverhampton abgeklappert haben. Sie haben dieselbe Farbe wie ein Fohlen. Ich schlüpfe hinein, aber sie sind zu groß. Sie fallen mir fast von den Füßen. Ich halte mir Mums Perlenkette um den Hals, aber ich glaube nicht, daß sie sie zu dem Petticoat getragen hat.

Ich betaste ein Stück nach dem anderen in ihrem Kleiderschrank, den Kamelhaarmantel, das rehbraune Jerseykleid, das schwarze Wollkostüm, in dem sie immer aussah, als ob sie böse wäre, und halte es mir ans Gesicht. Im Spiegel sehe ich so klein aus in Mums Sachen, und wenn ich durchs Zimmer gehe, rutschen meine Füße in ihren Schuhen herum.

Ich ziehe ihre Schuhe, ihren weißen Petticoat aus und tue alles zurück in den Schrank, dann schließe ich die Türen und schleiche wieder nach unten.

Salade Tiède

An den Tagen, an denen Mrs. Potter im York House putzte, stellte sie ihrem Mann das Mittagessen zwischen zwei Tellern hin, so daß er es nur noch auf einem Topf mit kochendem Wasser aufwärmen mußte. Irish Stew, Koteletts mit Erbsen, Gammon mit Petersiliensauce: alles wurde auf diese Weise erhitzt. Das funktionierte ganz gut, zumindest bei einem Mann, der Fleisch liebte, das gut durchgebraten war.

Mrs. Potter war wirklich eine gottbegnadete Putzfrau, die uns der Himmel gesandt hatte. Zum ersten Mal, seit Mrs. Muggeridge gefeuert worden war, blitzte jede Fläche im Haus. Die roten Fliesen in der Vorhalle und dem Gästeklo glänzten dank

Cardinal, jeder Tisch und jeder Stuhl wurde einmal pro Woche mit Lavendelwachs und täglich mit Pledge poliert. Sie putzte auch an Stellen, die noch nie eine Bürste oder einen Lappen gesehen hatten: die Ritze zwischen dem Aga-Herd und dem Hundekorb, die Rückseite des Plattenspielers, die einzelnen Lamellen der Jalousien. Den Wollmäusen machte sie das Leben zur Hölle.

Nach einigen Wochen begann sie zu klagen, es sei ihr einfach zuviel. »Dieses Haus ist zu groß für eine Person, ich krieg nicht alles so hin, wie ich's gern hätte. Kann ich nicht meine Schwester Ethel mitbringen, damit sie mir hilft?« So, wie sie's gern hätte, hieß: viel sauberer, als es irgendein Haus verdiente zu sein. Ließ man ein Bonbonpapier in den Papierkorb fallen, war er geleert, bevor man »Stop« sagen konnte. Hinterließ man eine Bremsspur im Toilettenbecken, wurde schneller nachgebürstet und gespült, als man hätte »Scheiße« sagen können.

Ethel trug Schwarz und roch nach Mottenkugeln. Ein Mäuschen, das völlig verstummte, wenn mein Vater in der Nähe war. Nicht daß er ihr Angst gemacht hätte, sie war nur so überwältigt von dem wohlhabenden Mann, für den sie arbeitete und für den ihre Schwester offenbar »etwas empfand«.

»Er ist wie ein Filmstar«, sagte Ethel einmal zu ihrer Schwester.

»Es ist besser, wenn sie mitkommt«, erklärte Mrs. P. meinem Vater. »Dann kann ich ›ihm‹, wenn er was sagt, erklären, er soll doch Ethel fragen. Sie wird ihm sagen, daß alles in Ordnung ist.« Ich weiß nicht, ob sich mein Vater vorstellen konnte, daß Ethel zu irgend jemandem etwas sagte. Ich weiß nicht, ob er nicht dachte, sie wäre stumm.

Mrs. P. sprach nur selten von ihrem Mann, aber ich wußte, daß es ihn gab. Als ich eines Mittags nach Hause kam, hörte ich die beiden Schwestern über ihn reden. Oder zumindest Joan. Ich stand vor der Küchentür und hörte, wie sie zu Ethel sagte, sie hasse es, zu ihm heimzukommen, und sie habe – dies in gedämpftem, unheilvollem Ton – andere Pläne. »Und stell dir vor, was der alte Blödmann gestern gemacht hat«, gackerte sie. »Er hat sein Abendessen auf den Herd gestellt, ohne nachzusehen, was es war.« Sie konnte vor lauter Lachen kaum weiterreden. »Und dann hat er den Teller abgenommen und gesehen, was er sich da für einen schönen Schinkensalat heiß gemacht hat.«

Der Tag, an dem sie Dads Strümpfe stopfte

Auf einmal schien sich alles um Mrs. Potter zu drehen. »Räum dein Zimmer auf, ja?« sagt Dad und fügt hinzu: »Mrs. Potter

kommt, und sie hat so schon genug zu tun.« Bevor sie Montag morgens kam, mußte ich mein ganzes Spielzeug in die Holzkiste räumen, die Bücher auf dem Regal in eine Linie bringen und die Kleidungsstücke aufsammeln, die ich auf den Boden warf, wenn ich mich zum Baden auszog. Bis dahin hatte ich noch nie mein Zimmer aufgeräumt, oder irgendein anderes. Ich dachte, dafür hätten wir eine Putzfrau. Aber das war jetzt anders. Es war, als käme die Queen zu Besuch.

Zur Arbeit band Dad immer eine Krawatte um, selbst wenn er mit rotem Gesicht und nach Öl riechend heimkam. Doch jetzt kam er immer sauber und nach Old Spice riechend zum Mittagessen. Wir hatten seit jeher zusammen zu Mittag gegessen – er fragte mich dann über die Schule und über meine Pläne aus. Jetzt jedoch schien er mit mir keine Geduld zu haben und sagte ständig Dinge wie: »Solltest du nicht lieber losgehen, kommst du nicht zu spät zur Schule?«

Dann fing Dad an, mittags sehr spät zu kommen, nur fünf Minuten bevor ich wegmußte. Er sagte, es sei, weil einer seiner Mitarbeiter früher in die Mittagspause wolle, aber ich wurde das Gefühl nicht los, daß er lieber mit Mrs. Potter zusammen war als mit mir.

Mrs. Potter hatte angefangen, nett zu mir zu sein, tätschelte mir oft den Kopf und sagte »mein Junge« zu mir. Ihr Lächeln war verkrampft und oberflächlich, aber wenn mein Vater da war, brachte sie das Gespräch immer auf mich. »Er wird jetzt so schnell größer, nicht wahr?« und »Er hat seine Erbsen heute ganz aufgegessen.« Es war seltsam: Sie redete über mich, als wäre ich unsichtbar. Eines Tages im April, kurz vor meinem Geburtstag, kam ich um halb fünf nach Hause, und sie war noch da, saß im Wohnzimmer auf dem Boden, mit dem Rücken an Tante Fannys alten Sessel gelehnt. Er roch immer noch nach Urin, obwohl wir ihn neu hatten beziehen lassen. Mrs. Potter war dabei, Dads Strümpfe zu stopfen. Sie hatte den Inhalt von Dads Strumpfschublade auf dem Teppich verteilt, ordentlich zu Paaren sortiert. Die schon gestopften hatte sie selbstzufrieden ausgebreitet, die anderen zu Bällen ineinandergesteckt. Sie mußte die Löcher in mindestens zwanzig Paaren gestopft haben.

Ich wies sie frech darauf hin, daß es Dad wahrscheinlich billiger käme, neue Strümpfe zu kaufen, als wenn sie sie stopfte. »Nicht jeder macht alles für Geld, junger Mann«, fuhr sie mir über den Mund. »Das hier mache ich nur, weil ich will, ich werd kein Geld dafür kriegen. Dein Dad hat es jetzt nicht leicht, weißt du. Er hat niemanden mehr, der so was für ihn macht.« Sie leckte das Ende des Fadens an und kniff die Augen zusammen, um ihn einzufädeln. »Die Vorstellung, daß er mit Löchern in den Strümpfen herumläuft, gefällt mir nicht.«

Ich ging hinauf in mein Zimmer, schloß die Tür und legte *Paint it Black* auf, so laut, wie ich mich traute. Was ging es sie an, ob mein Dad Löcher in den Strümpfen hatte oder nicht?

Bluebird Toffees

»Zieh dich an, wir machen einen Ausflug mit dem Auto«, sagte Dad eines Samstagmorgens zu Anfang des Sommers. Er sagte es in diesem Ton, mit dem er immer Dinge ganz normal klingen ließ, die doch offensichtlich alles andere waren als das.

Eine Stunde später folgten wir den Schildern nach Worcester. Dad sagte nicht viel – ein klares Zeichen, daß irgend etwas im Anzug war. »Fahren wir zu Tante Betty?« fragte ich hoffnungsvoll, denn ich genoß immer jede Sekunde, die wir bei dieser Tante waren, vor allem wenn sie Sachen sagte wie »Mist« oder »Scheiße« und mein Vater verlegen auf seine Schuhe sah.

»Na ja, wie man's nimmt. Erinnerst du dich, daß du mal gesagt hast, du würdest gern bei Tante Betty wohnen?«

Das stimmte zwar, aber ich hatte eher gemeint, daß ich gern mit Tante Betty zusammenwohnen würde, als daß ich nach Knightwick wollen würde, in ihr weißgetünchtes Cottage aus dem achtzehnten Jahrhundert, das Clayford hieß.

»Tja, Tante Betty hat beschlossen, daß das Haus zu groß für sie ist, und ist nach Hereford gezogen, und deshalb haben wir Clayford gekauft. Ich wollte dich damit überraschen.«

Er schwafelte weiter über die Glockenblumen in den Wäldern, die Obstbäume oben im Garten, daß ich ein Kaninchen haben könne. Erst als er erwähnte, es sei kein Problem gewesen, mich dort in der Schule unterzubringen, wurde mir klar, daß Clayford mehr sein würde als nur ein Wochenendhaus. Dieses abgelegene, kalte, kleine Haus würde unser neues Zuhause sein.

Nach langem Schweigen (ich wußte nicht, was ich sagen sollte), stellte ich ihm meine erste und letzte Frage. »Können meine Freunde mich da besuchen kommen?«

Er machte das Handschuhfach auf und holte eine Packung Schokoladentoffees heraus. »Warum machst du die hier nicht auf. Ich weiß doch, die magst du am liebsten.« Wieder daneben. Meine Lieblingstoffees waren die mit der Milchschokolade von Bluebird. Ich liebte es, die weißgesprenkelte Schokolade, die immer ein klein wenig alt schmeckte, langsam und bedächtig von den Toffees zu lutschen, so daß die glatte, fette Schokolade meine Zunge und meine Zähne überzog. Bei seinen Toffees war es umgekehrt: Man mußte das Toffee lutschen, um an die Schokoladenfüllung zu kommen.

Wir waren wohl ein oder zwei Kilometer von Clayford entfernt, als er endlich das bedrückende, tränenschwangere Schweigen brach. »Du magst Joan doch, oder?«

Ich gab keine Antwort.

»Erinnert sie dich nicht an Mummy?«

Wir bogen in die lange Zufahrt ein. Die breiten Reifen knirschten langsam über den Kies, und an der Fahrerseite strichen wogende gelbe Rosen entlang. Clayford stand auf einem hohen Hügel, von dem aus man fast ganz Worcestershire übersah. Zwei riesige Rasenflächen, die durch eine hohe Taxushecke getrennt waren, senkten sich gemächlich zu der Zufahrt und dem dahinter liegenden Wald, unserem Wald. Selbst mit dem frischen Anstrich zum Verkauf wirkte das Haus ein wenig traurig, als wisse es, daß es in die falsche Richtung sah. Statt auf die hügeligen Felder, kleinen Dörfer und Flüsse und die Malvern Hills hinauszugehen, starrten die vorderen sechs Fenster auf die Garage, die allerdings mit Geißblatt und wilder Clematis bedeckt und ziemlich malerisch war. Nur von der winzigen Spülküche aus konnte man »die Aussicht« genießen. Es war ein Haus, das wohl reizvoller war für Besucher, als wenn man darin wohnte. Tante Betty hatte uns erzählt, daß im Sommer immer Autos ganz langsam vorbeifuhren oder sogar hielten und die Insassen ausstiegen, um die grünen Rasenflächen, die blaßlila Blaukissen, das wogende Geißblatt und vor allem »die Aussicht« zu bewundern. »Stell dir vor, du würdest hier wohnen«, sagten sie dann, als wäre es erstrebenswert, keine Nachbarn, keine Freunde und eine Senkgrube zu haben.

Das Haus, das gut hundert Meter von der Zufahrt entfernt lag, stand sonnenüberflutet da. Es sah anders aus als sonst, denn das struppige Gras war jetzt kurz geschoren wie auf einem Kricketplatz, so daß die herabwallenden Rosen und Margeriten seltsam deplaziert wirkten, wie betrunkene Gäste, die dort nach einer Party herumlagen. Die Ränder waren jetzt wie gestochen, messerscharf. Tante Bettys Fenster waren immer ein bißchen schmuddelig gewesen. Wir hatten darüber immer gewitzelt, über ihren Ausspruch, sie hasse Fensterputzen und tue es »einmal im Jahr, egal ob die Scheißdinger es nötig haben oder nicht«. Aber heute blitzten sie in der Sonne wie schwarze Edelsteine. Sechs tiefe, schwarze Teiche, die wie Militärstiefel glänzten.

Victoria Sandwich

Sie saß in einem Gartenstuhl, mit fest zusammengekniffenen Lippen, fester Dauerwelle und einer Schachtel Embassy und einem Feuerzeug im Schoß. »Sag deiner Tante Joan guten Tag«, sagte mein Vater leise, doch ihren Namen sprach er langsam und entschieden aus.

»Du kannst mich Tante Joanie nennen, wenn du willst«, sagte Mrs. Potter. Ich ließ sie links liegen und ging zu der Tür, die in die Küche führte. »Ich hab's dir gesagt«, hielt sie meinem Vater schnippisch vor.

»Laß ihm nur Zeit, das wird schon«, sagte Dad.

Auf dem blitzblanken Küchentisch stand eine Torte. Eine selbstgebackene Torte mit einer feinen Linie Himbeermarmelade in der Mitte und mit Zucker bestäubt. Eine perfekte Torte, sieben Zentimeter hoch und so leicht wie eine Feder, mit dem Muster vom Kuchengitter in der weichen Oberfläche. In der Küche roch es nach Frischgebackenem und Waschmittel. Zwei Unterhosen von mir und mein Schulpullover hingen auf einem hölzernen Trockengestell, neben ein paar Geschirrtüchern, die noch warm waren vom Bügeln. Mrs. Potter kam eilig hinter mir herein.

»Komm, ich setz Wasser auf. Warum machen wir uns nicht einen Toast?«

Schinken

Der Laden auf Rädern kam immer donnerstags. Drinnen war es kühl und dunkel und roch nach gekochtem Schinken und Schweinswürsten. In den Ferien stand ich mit Joan auf der ausklappbaren Stufe und sah zu, wie der Kaufmann dünne Scheiben vom Schinken abschnitt. Kein wabbeliges Gelee. Nur dünner, kühler rosa Schinken, zart wie ein Kinderpopo. Wir kauften Tomaten, die warm und nach Kräutern rochen, Salat mit zarten Blättern und gesalzene Butter, Saxa-Salz und den gemahlenen schwarzen Pfeffer von Lion in den kleinen Papptrommeln, Heinz Salad Cream, Dosenpfirsiche und Krebsfleisch in Dosen von Princes.

Im Winter traf er später ein, kurz nachdem ich aus der Schule kam, und ich half, Zucker und Mehl, Dosensuppen, Trifle-Böden und Rice Pudding in der Dose, Kraft-Scheibletten, große, in Musselin eingepackte Stücke Cheddar, Crakker, Crumpets, Brühwürfel, Cherry-Pie-Füllung und Tri-Top-Orange-Flaschen ins Haus zu tragen.

Der Bäcker kam dienstags und freitags, und wir kauften einen großen runden, kreuzweise eingeschnittenen Laib oder einen Cottage Loaf. Manchmal hatte er auch Fairy Cakes im Sechserpack mit farbiger Buttercreme, Liebesperlen und einem Klecks leuchtendroter Marmelade obendrauf. Drei von den sechs aß immer ich. Den Schinken hoben wir bis Samstag auf, dann aßen wir draußen auf dem Rasen Sandwiches mit dem weichen, frischen Brot und frisch geschnittener Kresse.

Jede Mahlzeit war jetzt eine richtige Mahlzeit. Fleisch mit Kartoffeln und Gemüse und meistens, wenn auch nicht immer, ein Nachtisch. Im Sommer gab es Lachs aus der Dose und Gurkensalat, neue Kartoffeln und Trifle. Im Winter füllte Joan die Küche mit Kochdunst, indem sie ein großes Stück Schinken, dicke Petersiliensauce, Spinat und Kartoffelbrei kochte. Danach gab es Rice Pudding oder Apple Pie mit Custard. Hin und wieder gab es auch eine gemischte Grillplatte auf ovalen Tellern. Ein Stückchen Steak, eine Niere, die wie ein Schmetter-

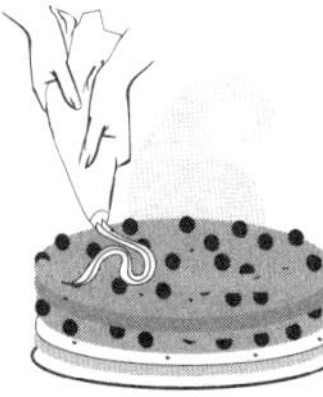

ling geöffnet war, ein Zipfel Lammleber, Tomaten, Blutwurst und manchmal noch eine Bratwurst oder ein Kotelett. Dazu gab es Pilze, solche mit flachem Schirm, so groß wie eine Untertasse, und natürlich Pommes frites. Ab und zu machte sie ein Irish Stew, das sie mit Perlgraupen andickte und mit Petersilienwurzel- oder Pastinakenpüree servierte. Ich mochte die Brühe drum herum und daß alles so fad und schal schmeckte. »Ich würd es ja öfter machen, wenn der Geruch nur nicht so ins ganze Haus ziehen würde«, sagte sie jedesmal, während an allen Fenstern das Kondenswasser herunterrann.

Das Frühstück barg keinerlei Schrecken. Die Eiergeschichten schienen in einer anderen Welt passiert zu sein. Es gab heißen Toast, gesalzene Butter und Limonenmarmelade von Rose. Mein Vater aß statt dessen die Orangenmarmelade von Robertson und ließ mich die Etiketten einsenden, um Golly-Anstecknadeln zu bekommen. Er schimpfte nur einmal mit mir, als ich im Marmeladenglas ein bißchen Butter zurückließ. Aber selbst das schien ihn nicht wirklich zu stören. Er ließ mich jetzt öfter auf seinen Schoß steigen.

Eines Tages zeigte mir Joan, wie man Victoria Sandwich Cake macht, den sie immer Victoria Sponge Cake nannte. »Daß er so gut aufgeht, liegt daran, daß ich Blue-Band-Margarine nehme«, vertraute sie mir an, während ich die Backformen mit Pergamentpapier auslegte. Sie ließ mich den Zucker und die Margarine mit dem Schneebesen verrühren, bis das

Ganze eine flockige, weiße Masse war. Wir taten vier große Eier von der Farm hinein, eines nach dem anderen, und dann das mit Backpulver vermischte Mehl. Joan ließ mich den Teig in die gefetteten Formen klatschen und ihn mit dem Rücken eines Löffels glattstreichen. Die Tortenböden gingen diesmal nicht ganz so gut auf, aber sie schmeckten genauso. Statt der Himbeermarmelade nahmen wir Aprikose, die wir alle lieber mochten. »Nächstes Mal kannst du sie selber backen«, sagte Dad und nahm sich ein Stück, das so groß war wie ein Haus, wobei ihm der Zucker auf die Weste rieselte. Das hätte ich sehr gern getan, aber von da an war der Kuchen, wenn ich aus der Schule kam, immer schon gebacken und fertig, stand in dem Stapel der neuen durchsichtigen Kuchenbehälter, unter den Jam Tarts und über ihrer perfekten Apple Pie.

Gekochter Gammon mit Petersiliensauce

Jedes Zuhause hat seine typischen Gerüche. Unseres roch nach gekochtem Gammon, Petersiliensauce und dem, was Joan in dem vergeblichen Bemühen, sich mittelständisch zu geben, Kartoffel*püree* nannte.

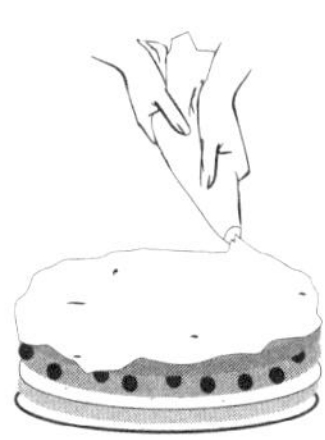

Ein Geruch, bei dem ich, wenn ich ihn später irgendwo roch, alles wieder ganz genau vor mir sah, jeden Schnörkel im Wohnzimmerteppich, jeden Küchenschrank aus astigem Kiefernholz, jede Melamintasse und -untertasse; bei dem ich wieder den Schaukelstuhl quietschen und Joans Stricknadeln klappern hörte (ich dachte, ich strick dir zu Weihnachten einen Zopfmusterpullover); wieder den Duft von Dads roten und lachsfarbenen Begonien roch, mein Matey-Schaumbad, ihre Camay-Seife und seine Signal-Zahnpasta. Auf einen Schlag war alles wieder da: Fluff Freemans Top-Twenty-Countdown im Radio, der stotternde Fernschreiber der BBC-Sportsendung, der die Fußballergebnisse ausdruckte, *Jumpin' Jack Flash* von den Stones und der religiöse *Epilogue* zum Sendeschluß.

Alles, auch das lange Schweigen, wenn Joan und ich allein im Raum waren; die endlos langen Sommerferien ohne irgend jemanden zum Spielen; wie ich in dem eiskalten Eßzimmer meine Hausaufgaben machte, um die *Sgt Pepper* hören zu können; vor allem aber der tränenfeuchte, böse Blick, den mir mein Vater zuwarf, wann immer ich etwas sagte, das Joan auch nur im geringsten hätte verletzen können.

Der Gammon stammte nicht aus dem Laden auf Rädern, sondern von dem Fleischer am Fuße des Hügels. Die Schlange – er hatte nur drei Tage die Woche geöffnet – war fast ein gesellschaftliches Ereignis. Während man auf sein »schönes Schwanzstück« wartete, hörte man, was es in der Gegend Neues gab. Das Fleisch, vor allem das Rindfleisch, war legendär, und die Leute kamen von weither, um hier ihren Sonntagsbraten zu holen. Es war ein blutiger Laden mit roten Spritzern an den pastellgelben, von Fliegenlarven übersäten Wänden, Fleischbrocken auf dem Boden und mehr Fliegen, als man mit der Klatsche hätte jagen können. Wenn der Fleischer ein Stück Lende vom Block nahm, wurde die Luft schwarz vor Schmeißfliegen. Doch das schreckte niemanden ab. »So ein Fleisch gibt's sonst nirgends in der Gegend«, sagten alle. »Ich finde das widerlich«, empörte sich Joan beim erstenmal im Auto, die Arme fest vor der Brust verschränkt. »Der Laden gehört geschlossen.« Doch mein Vater beharrte darauf, daß das Fleisch dort einmalig sei, und er hatte recht.

In der ersten Zeit in Clayford kam die Petersilie aus einem Glas in der Speisekammer, einem der Fläschchen mit Holzdeckel in dem Gewürzregal, das Mum gut sieben Jahre zuvor gekauft hatte. Die Nelken wurden nur aufgemacht, wenn jemand Zahnweh hatte, in dem Glas für die Kuchengewürzmischung war Piment (nicht daß das irgend jemand gewußt hätte), und der getrocknete Schnittlauch war von der Sonne so hell geworden wie Heu, wonach er ohne Zweifel auch schmeckte. Selbst heute würde mancher Besucher noch staunen angesichts des dunklen Holzregals mit den schwarz-gol-

denen Etiketten. Ich glaube, keiner von uns traute sich zu fragen, wozu in aller Welt man Muskatblüte nahm.

Als Dad dann begonnen hatte, Petersilie zu ziehen (»Ich hab die Dinger nie zum Keimen gebracht, bis Percy Thrower uns gesagt hat, wir sollen kochendes Wasser auf die Samen gießen«), wurde der Gammon am Dienstag zu einem Genuß, denn die Sauce schmeckte auf einmal köstlich und intensiv. Trotz des gemächlichen Blubberns des Fleisches, das in dem tiefen Topf mit Wasser vor sich hin köchelte, waren die letzten Minuten immer von unverhohlener Panik erfüllt. Während sie die Butter und die heiße Milch in die Kartoffeln rührte, brach Joan der Schweiß aus, der Spinat mußte in letzter Minute aufgesetzt werden, und vom Gammon waren alle Fenster beschlagen. Das Fleisch mußte aus dem dampfenden Wasser geholt und aufgeschnitten, der Spinat abgegossen und die Sauce in einem Antihaft-Topf wieder warm gemacht werden. Ich war immer kurz davor, ihr meine Hilfe anzubieten, brachte es aber nie über die Lippen. Statt dessen legte ich fünf Minuten lang die Sets auf den Tisch und noch einmal so lang das Besteck. Dann stand ich hinter der Tür und tat, als wäre ich mit etwas Wichtigem beschäftigt. Joan stellte den letzten rosa, weiß und grün gefüllten Teller auf den Tisch, seufzte hörbar und nahm dann endlich die Schürze ab und warf sie aufs Abtropfbrett. Ich wußte nie, was ich sagen sollte.

Die Sauce in die weichen Wolken aus Kartoffelbrei zu

mantschen war fast so gut wie der Gammon selbst. Nichts, was ich in der Woche zu essen bekam, reichte an die erste Gabel von dem rosa Fleisch mit dem kleinen Fettohr und den grüngesprenkelten Brei aus Kartoffeln und Sauce heran.

Dicke Bohnen

Clayford taugte weder als Haus noch als Zuhause. Um »die Aussicht« zu genießen, mußte man in die Spülküche oder ins Eßzimmer gehen, das nur zu Weihnachten benutzt und gerade so weit geheizt wurde, daß es dort nicht fror. Mein Vater sagte, er halte es so, damit der Weihnachtskaktus genau zur richtigen Zeit blühe.

Die Zimmeraufteilung war absurd und peinlich. Ich mußte durch das Schlafzimmer meines Vaters gehen, um in mein Zimmer zu kommen, ein ungeschlachter, niedriger Raum mit Blick auf die Straße. Mein Vater hörte jeden Atemzug von mir, jedes Umblättern, jedes Rascheln der Laken. Zu onanieren, ohne daß er es hörte, wurde zu einer besonderen Kunst. Das Bad lag direkt über der Küche. Ich weiß nicht, wie oft wir schweigend beim Abendessen saßen und meinem Vater und seinen sensationellen Blähungen einen Stock über uns lauschten. Ich grinste bei jedem Furz. »Wenn du lachst, schick ich

dich gleich rauf ins Bett«, drohte mir Joan, während ich finster auf meine Leber und meinen Kartoffelbrei starrte.

Die Tatsache, daß das Haus ein Gemisch aus einem Cottage aus dem siebzehnten Jahrhundert und einem Neureichenstil aus den zwanziger Jahren war, wurde teilweise durch die strahlendweiße Farbe überdeckt. Nichts machte Joan soviel Spaß, wie einen Tag lang mit dem Farbeimer herumzulaufen und die schwarzen Stockflecken zu übermalen, die durchschlugen, wenn die feuchte Jahreszeit kam. »Die Leute könnten denken, es wär Dreck.« Und sie gewann den Kampf gegen das Moos, indem sie mit dem Griff eines alten Löffels jedes Fitzchen grünen Flaum aus der Gartenmauer schrappte. Ich glaube, mein Vater mochte das Moos ganz gern. »Es geht mir auf die Nerven«, sagte Joan. Anscheinend erinnere ich mich an fast alles, was ihr auf die Nerven ging.

Freitagvormittag polierte sie das Kupfer und das Messing. Die nachgemachte kupferne Wärmpfanne, die hinter dem Kamin hing, die Hufeisen, die ihn umrahmten, und das Ofenbesteck aus Messing mit der Schaufel, der Kohlenzange und dem Besen, das wir nicht benutzen durften. Besonders wertgehalten wurde das Nußknacker-Krokodil, das nicht einmal ein Malteser-Kügelchen, geschweige denn eine Paranuß kleinbekam. Noch heute kommt mir kein Messingtopf ins Haus. Ich sehe sie noch in ihrem zitronengelben Nylonhausmantel dasitzen und ihr verdammtes Messingkrokodil polieren.

Mein Vater hatte angefangen, sein eigenes Obst und Gemüse anzubauen. Es hatte dort immer schon Obstbäume gegeben, goldgrüne Reineclauden, verschiedene Pflaumenbäume, die so gebeugt dastanden, daß sie mit einem Ziegelhaufen gestützt werden mußten, und die Apfelbäume, die uns nie im Stich ließen, aber mein Vater baute auch Gemüse an, einfach alles von Zwiebeln bis Tabak, von dicken Bohnen bis Mais. Und er war gut darin, überschwemmte uns mit mehr Obst und Gemüse, als wir essen konnten. Wir begannen, die Bohnen einzusalzen. Erst schneidet man sie mit einem kleinen scharfen Messer in Scheiben – was Joan genauso schnell konnte wie die Scheine in einem Lohnbündel zählen –, dann tat man sie schichtweise im Wechsel mit Salz in ein altes, grobschlächtiges Bonbonglas. Im Laufe des Winters griff das Salz den Metalldeckel an, so schlimm, daß kleine Bächlein von giftigem schwarzem Saft in die schneeweißen Bohnen rannen. »Hab dich nicht so«, fuhr Joan mich an, wenn ich die Nase rümpfte über die verfleckten Bohnen, »man muß sie nur gut abspülen.«

»Geh raus und spiel«

Eine neue Schule. Furchterregende Worte in der Welt eines Kindes. Erst recht, wenn das Ende der Grundschulzeit mit dem Umzug in eine ganz andere Gegend zusammenfällt, so daß keine Chance besteht, in der neuen Schule noch irgendein Kind aus der alten zu kennen.

Mehr als ein dutzendmal waren wir seit unserem Umzug nach Knightwick an der Chantry High School vorbeigefahren. Ein Fachwerkgebäude hinter Bäumen, alt und nicht im geringsten bedrohlich. Während sich die Sommerferien hinzogen, freute ich mich fast darauf, in eine Schule zu gehen, die ein Zehntel so groß war wie Woodfield, mit knarrenden Dielen und riesigen Schornsteinen. Wie in einem Malcolm-Saville-Buch. An dem Morgen, an dem ich in meinem schmukken neuen schwarzen Blazer, kurzen Hosen und quietschenden neuen Schuhen zum Schulbus ging, empfand ich mehr Aufregung als Furcht. Zur Schule zu gehen kam mir eindeutig besser vor, als zu Hause zu bleiben.

Aber das erwies sich als falsch. Das Gebäude, das wir bewundert hatten, war jetzt die Grundschule, und die Oberschule war auf die andere Straßenseite gezogen: ein Neubau im

Sechzigerjahrestil aus Backstein und Glas mit Klassenräumen in »experimentellem« Dunkelblau und -grün und Fluren mit quietschenden PVC-Böden im Schachbrettmuster. Quietschende neue Böden für quietschende neue Schuhe. Für heutige Verhältnisse war es ein lauschiger Ort, nur dreihundert Schüler, ein Swimmingpool, ein Gemüsegarten und Sportplätze bis zum Horizont. Aber wenn du erwartest, daß dein Schulbus links abbiegt und er statt dessen nach rechts fährt, steht deine ganze Welt kopf.

Jeder, der dort zur Schule ging, lebte entweder auf einer Farm oder hatte Eltern, die auf einer Farm arbeiteten. Wenn nicht, dann war eine gleich nebenan. Am Wochenende mistete man Ställe aus, fütterte die Lämmer oder scheuchte Fasane auf, je nach Jahreszeit. In den Ferien half man, die Erdbeeren, Bohnen, Kartoffeln oder den Hopfen zu ernten. Sogar ich bekam einen Job als Johannisbeerenpflücker, bis Dad spitzbekam, daß ich mit Zigeunern arbeitete und es mir verbot. Die beste Stunde war Landwirtschaft bei Charles Ritson, in einem Raum, der nach Blumentopferde roch. Die schlimmste war Tischlern bei dem fiesen Mr. Oakley, der einen mit dem Metalllineal auf die Finger schlug, wenn man nicht schnurgerade hobelte. Noch heute krampft sich mein Magen zusammen, wenn ich frisch gehobeltes Holz rieche.

Schulfreunde waren genau das und nicht mehr. Sobald man in den Bus nach Hause stieg, bekam man sie bis zum nächsten

Morgen nicht mehr zu Gesicht. Dad und Joan genossen die Ruhe und den Frieden, die Tatsache, daß man vier Kilometer weit fahren mußte, um den *Telegraph* zu bekommen, oder sechs für einen Laib Brot. Es schien sie nicht zu bekümmern, daß ich in den Sommerferien ganze sechs Wochen lang niemanden sah außer ihnen. Und es war nicht etwa so, daß sie mich gern dahatten. »Geh raus und spiel«, »Geh doch ein bißchen in den Wald«, »Mach deinen Kaninchenstall sauber«, »Geh raus und such dir eine Beschäftigung«. Was sie meinten, war letztlich nur: »*Geh!*«

Knightwick war nur ein kleines Dorf: ein Postamt mit Lavendel am Tor, ein alter Pub mit Balkendecke und »Horse Brasses«, eine malerische Kirche, und das war's. Wenn man auf der kleinen Brücke über den Fluß ging, kam man zu dem kleinen roten Backsteinhaus mit rosenumrankter Tür, in dem der Fleischerladen war, und zu dem Haus des Arztes, dessen gestreifter Rasen bis zum Fluß hinunterreichte. Im Sommer gab es jedes Jahr ein Dorffest im Freien – die üblichen Gläser Brombeermarmelade und Sponge Cakes mit Buttercreme, Topfpflanzen und Goldfische im Glas. Wenn man größere Attraktionen suchte, fuhr man – wie wir – zur Landwirtschaftsschau nach Madresfield. Die Cottages, mit denen der steile Hang unterhalb von Clayford gesprenkelt war, sahen mit ihren Stockrosen im Garten zwar recht hübsch aus, aber keineswegs

»wie aus dem Bilderbuch«. Die einzige Sensation in sechs langen Sommern war, daß sich einmal ein paar Hippies in einem Cottage im Wald einmieteten, doch man verbot mir, dorthin zu gehen. »Man weiß nie, in was man da hineingezogen wird«, sagte mein Vater. Jemand aus dem Dorf behauptete, sie tanzten nackt im Garten.

Lemon Meringue Pie

Joans Lemon Meringue Pie gehörte zu dem Großartigsten, was ich je im Mund gehabt hatte: die warme, beißend saure Zitronenfüllung, ein unglaublich lockerer Pie-Teig (sie ersetzte einen Teil der Butter durch kaltes Schmalz) und ein bauschiger, dicker Hut aus schmerzhaft süßem Baiser. In die Füllung preßte sie den Saft von fünf Zitronen, genug, daß man ein Auge zukniff und es einen schüttelte. Die Pie kam immer warm auf den Tisch, so daß die Füllung herausfloß wie das Innere aus einem reifen Vacherin.

Joan hatte das Rezept von ihrer jüngsten Tochter Mary. Ich wollte diese Pie schrecklich gern backen, es einmal selbst versuchen, aber Joan rückte das Rezept nicht heraus. Sie schien diesen riesigen Marshmallow von einer Pie immer dann zu backen, wenn ich gerade nicht in der Nähe war. »Mach lieber

deine Hausaufgaben«, war alles, was sie sagte, wenn ich ihr meine Hilfe anbot. Als ich sie einmal mit zuckersüßer Stimme nach dem Rezept fragte, behauptete sie, sie hätte es vergessen. »Es fällt mir immer erst ein, wenn ich anfange«, erklärte sie.

Ich erfand Gründe dafür, durch die Küche zu gehen, während die geheime Pie gemacht wurde, und merkte mir jedesmal ein Detail, und wenn sich Joan dann *Die Zwei* ansah, zählte ich die Eier- und Zitronenschalen im Müll. Ich klaubte mir das Rezept Stück für Stück zusammen, während ich mit irgendeinem aufgebauschten Auftrag meines Vaters durch die Küche schlich. Ich erspähte die fünf Eigelb und den Zitronensaft, die drei Eßlöffel Maismehl und die fünf Eßlöffel Zucker und die achtzig Gramm Butter in der Füllung. Ich erwischte sie beim Blindbacken des Bodens und merkte mir sogar die Ofentemperatur (190 °C) und den entscheidenden Punkt, an dem das Eiweiß so steif war, daß sie den Zucker hinzugab. Aber ich bekam nie die Chance, die Pie selbst zu backen.

Es gab noch mehr Geheimnisse. Joans Methode, Pommes frites zweimal zu fritieren, damit sie locker und kroß wurden. Die intimen Details einer Treacle Tart oder die Grundlagen der Verzierung eines Melonenschnitzes mit einer Orangenscheibe und einer Cocktailkirsche. Doch es gab viel, wobei ich helfen durfte: Ich durfte Geschirr spülen, abtrocknen, Geschirrtücher bügeln, den Meerschweinchenkäfig putzen, den Kompost umdrehen, die Wäsche abnehmen, Tee kochen, den

Müll hinausbringen, Holz hereinholen. »Wenn du ein richtiger Junge wärst, dann würdest du deinem Vater beim Holzhacken helfen, anstatt Handtücher zusammenzulegen.«

Salad Cream, Mushroom Ketchup und andere Köstlichkeiten

Tomatenketchup kommt meinem Dad nicht ins Haus, im Gegensatz zu Burgess's Mushroom Ketchup, den er über alles liebt, vor allem auf Speck und natürlich auf seinen gegrillten Pilzen. Er sagt, das macht sie noch pilziger. Salad Cream ist erlaubt, sogar in der Flasche, aber die braune Daddies Sauce ist verpönt, und HP Sauce rangiert unter so ziemlich allem, was es gibt, selbst unter Camp Coffee. Und das bei einem Mann, der Mateus Rosé trinkt.

Ich weiß nicht, worauf mein Vater seinen Speisekammer-Snobismus stützt. Er zieht Crosse & Blackwell Heinz-Produkten vor (die er für ein bißchen gewöhnlich hält), außer bei Salad Cream, und Senf muß immer englisch und aus Norwich sein, auf keinen Fall französisch. Einmal hat er in der Lebens-

mittelabteilung im Kaufhaus ein Glas Mayonnaise gekauft, fand sie aber zu ölig. Und natürlich war sie französisch.

Was Tee betrifft, so gibt es bei uns nie Typhoo oder Brooke Bond. PG Tips ist primitiv, und die Affen in Frauenkleidern, die dafür Werbung machen, haben die Sache nicht besser gemacht. Tee ist bei uns immer von Twinings. Leider spricht Dad ihn immer mit »i« wie in »gewinnen« aus und nicht mit »ei« wie in »weinen«. Kaffee gab es früher immer den von Maxwell House, aber jetzt trinken wir etwas namens Bird's Mellow, das Joan ausprobiert hat, als im *Woman's Journal* einmal ein Gutschein war. »Mmmm, der ist so samtig«, gurrte sie, und von da an mußte es immer Bird's Mellow sein.

Dad und ich weigern uns, Margarine zu essen. Joan ißt nur Blue-Band-Margarine, die sich streichen läßt, ohne daß das Brot kaputtgeht. Die Butter bewahren wir in einer gelben Butterdose aus dickem Plastik auf, die genau zu den gelb-weißkarierten Sets in der Küche paßt. Wenn wir ausnahmsweise einmal im Eßzimmer essen, holen wir die mit der Korkunterseite und den Jagdszenen heraus. Selbst für eine Henkeltasse braucht man einen Untersetzer. Wer ein heißes Getränk einfach so auf die kleinen Satztische stellt, dem stehe Gott bei.

Dosenlachs mögen wir alle gern. Entweder Princes oder John West, zerdrückt mit ein bißchen Essig und immer mit Gurkenscheiben dazu, auch diese mit ein wenig Essig. Dad mag am liebsten Krebsfleisch aus der Dose und Dosenbirnen.

Ich mag den Saft, der dünner ist und einem nicht so schnell zuviel wird wie der von den Pfirsichen. Wir mögen alle lieber Dosenaprikosen als Pfirsiche.

Zu Dosenobst gab es bei uns immer Nestlé Kondenssahne, die wir »Nessel« aussprechen. Seit Joan da ist, nehmen wir etwas, das sich Ideal Milk nennt und auch aus der Dose kommt, mit dem das Obst jedoch ruiniert ist. Ich merke, daß Dad nicht sehr wild darauf ist, aber es scheint ihm nichts auszumachen, solange es *ihr* nur schmeckt.

Irgendwie ist alles anders geworden. Zur Zeit steht sie auf Buttercreme, die sie mit Vanilleextrakt von Rayner, Puderzucker und Blue-Band-Margarine macht. Am Wochenende gibt es jetzt Cornish Ice Cream statt Arctic Roll, und statt der dunklen Black-Magic-Pralinen gibt es die hellen aus der Dairy Box. Ich darf nichts mehr mit Kohlensäure trinken, sondern kriege nur noch Tri-Top und Robinson's Lemon Barley Water aus Gerste und Zitronensaft. Joan sagt, Limo sei zu teuer.

Dad liebt sauer eingelegte Walnüsse. Ich liebe es, wie Joan erschaudert, wenn er mit dem Messer in die schwarzbraune Masse sticht. Kutteln gab es schon länger nicht mehr. Joan mag den Geruch nicht. Dabei gibt es oft gekochten Lammhals, der zehnmal schlimmer riecht. Aber den mag sie. Also kocht sie ihn auch.

Mokka-Walnuß-Torte

Mrs. Jones wohnte in einer Einliegerwohnung bei ihrer Tochter am Collins Green. Eigentlich war es eine Art Schuppen im Garten, doch mit seiner Sammlung von gerahmten Fotos, dem Porzellannippes auf Häkeldeckchen und der einsamen Aspidistra war er gemütlich genug. Mrs. Jones siechte zu dem Ticken einer alten Standuhr dahin. Ihre Tochter backte Torten. Zitronentorte, Datteltorte, Schokoladentorte, Anistorte, Kirschtorte, Walnußtorte, runde Torten und eckige Kuchen, einfachen Kuchen und ausgefallenen. Am besten war ihre Mokkatorte: dicke, lockere Sponge-Böden in der Farbe von Milchkaffee mit knubbeligen Walnußstücken im Teig und zwei dicken Schichten Walnußglasur. Gern würde ich sagen, daß ich jede Woche zu der alten Mrs. J. ging, um eine einsame alte Dame aufzumuntern, aber das wäre gelogen. Ich ging wegen der Torten hin.

Ich gewöhnte mir an, bei Miss Jones zu klopfen, um Bescheid zu sagen, daß ich ihre Mutter besuchte – natürlich nur, damit sie wußte, daß ich da war, nicht etwa, damit sie Kuchen und Limonade herüberbrachte.

Einmal hatte ich zwei Stücke einer besonders herrlichen

Mokkatorte bekommen, und ich rechnete mir aus, daß am nächsten Tag noch welche dasein müßte. Ich klopfte an die Tür, aber sie stand bereits offen. Ich rief ihren Namen, dann spähte ich hinein. Ein sauberer Flur, dahinter in der Küche eine Spüle voller Backformen und Rührschüsseln. Plötzlich traf mich von hinten ein Schlag, und ich fiel nach vorn auf Hände und Knie. Bevor ich ein Wort herausbrachte, legten sich zwei riesige Pfoten auf meine Schultern, zwei Hinterbeine klemmten meine ein und die glatte Brust von Mrs. Jones' liebem, kleinem Schäferhund senkte sich auf meinen Rücken. Ich erstarrte und wartete darauf, daß seine Zähne sich in meinen Hals bohren würden. Statt dessen spürte ich nur etwas Kaltes, Nasses an meinem nackten Oberschenkel.

Die Begattung – hektisch, keuchend, mit seiner nassen Zunge an meinem Ohr – schien eine Ewigkeit zu dauern. Einerseits wünschte ich mir, daß Miss Jones um die Ecke kam und mich rettete, andererseits nicht. Ich wollte nicht, daß irgendwer, schon gar nicht eine sechzigjährige alte Jungfer mit einem Teetablett in der Hand, sah, wie ein sexhungriger Schäferhund auf mich einpumpte wie ein Seemann auf Landurlaub. Vor allem wenn ich kurze Hosen trug.

Ich liebte diese Torte wirklich – ich liebe sie heute noch –, aber ich ging nie wieder zu der lieben alten Dame und aß nie wieder Mokka-Walnuß-Torte zum Ticken einer alten Standuhr.

Zuckerwatte

Joan möchte in Urlaub fahren, aber Bournemouth gefällt ihr nicht. Sie sagt, die Leute seien so affig dort. Dad schlägt Tenby vor, aber Tenby gefällt ihr auch nicht. Ich darf überhaupt keinen Ort vorschlagen.

Joan hat Dad überredet, nach Blackpool zu fahren. Da war sie schon, und sie meint, es könnte ihm gefallen. Ich weise sie lieber nicht darauf hin, daß sie genausogut meinen könnte, er könnte sich für Brieftauben oder für Milk Stout begeistern. Als wir die lange Fahrt in unsere Sommerferien an der goldenen Meile antreten, macht mein Vater ein Gesicht, so sauer wie die Sherbet Lemons, die Joan ihm immer wieder hinhält. Ich glaube, es ist ihm peinlich. Einmal herrscht im Auto mehr als zwei Stunden lang Schweigen. Es wird nur gebrochen, weil Dad aufs Klo muß. Oder wie er es nennt, weil er »schnell mal was erledigen muß«.

Blackpool erweist sich als toll, aber nur für jemanden, der gern von morgens bis abends aus jedem Geschäft Scott MacKenzie *If you're going to San … Fran … cisco* singen hört. So wie ich. Joan sieht immer aus, als wolle sie sagen, tut mir leid, daß ich dich hergebracht hab, aber sie sagt es nie. Dad sieht die ganze Woche so aus, als wäre er lieber woanders, egal, wo. »Die stehen doch alle unter Drogen«, murmelt er, als ein Typ mit entblößter Brust, langen blonden Haaren und orangefarbenen Schlaghosen die Promenade entlangtanzt und mit seinen Zimbeln den Leuten in die Ohren plingt.

Ich kann mich nicht erinnern, je so viel Spaß gehabt zu haben. Dad ist sauer auf Joan, weil sie ihn an einen Ort geschleppt hat, wo es Kiss-me-quick-Hüte und kesse Postkarten zu kaufen gibt, und sie vergeht fast vor Schuldgefühlen, weil sie weiß, daß er jede Sekunde hier haßt. Ich frage mich, wie es wohl ist, bekifft zu sein, und wünschte, ich hätte so ein geblümtes Hemd wie alle anderen männlichen Wesen in Blackpool. (Bis auf meinen Dad natürlich, der ein kariertes Hemd trägt, feste braune Schuhe, eine Krawatte und eine Art Wams mit Wildlederfront.) »Werd mir nicht albern«, raunzt Dad mich an, als ich ihn frage, ob ich ein geblümtes Hemd aus einem der Läden an der Promenade haben kann. »Dann halten dich alle für eine Schwuchtel.«

Wir haben zwei Zimmer in einer Pension abseits der Hauptflaniermeile. »Hier ist es ruhiger.« In dem einen Zimmer schläft Joan, in dem anderen schlafen Dad und ich. Nach dem Abendessen (Schinkensalat, Dosenpfirsiche und Sahne) liege ich im Dunkeln da und frage mich, ob sie mir, wenn ich lang genug quengle, morgen wohl ein geblümtes Hemd kaufen. Kein anderer Junge in Blackpool trägt graue Shorts und einen

Schulpullover. Dad kniet an seinem Bett und betet, wie jeden Abend. Es erstaunt mich, daß jemand, der so streng, aufbrausend und kalt ist, tatsächlich meint, er hätte das Recht, zu Gott zu sprechen. Ich dachte, Leute, die beten, wären sanft, bescheiden und großzügig wie Miss Martineau, die Religionslehrerin in der Schule, die mich einmal heimgefahren hat, als es regnete, oder wie der giraffenhalsige Mr. Gutteridge, der in Woodfield die tägliche Andacht geleitet hat und die Kirchenlieder lauter sang, als ich jemals irgend jemanden habe singen hören. Wie kann jemand, der seinem Kind eine höllische Angst macht, es wagen, niederzuknien und süße Nichtigkeiten in seine Hände zu hauchen? Wir kuscheln uns beide in die Decken, und mit einem lauten Klick schaltet Dad die Nachttischlampe aus.

Eine Stunde später liege ich immer noch wach. Wenn ich kein Hemd mit Paisley-Muster bekomme, dann kann ich mir vielleicht die Seeigellampe kaufen, die ich in dem Laden mit den Lavaleuchten gesehen habe. Ich weiß nicht genau, ob Dad noch wach ist, aber ich schätze, er schläft, denn er hat sich in der letzten Viertelstunde überhaupt nicht bewegt. Das gedämpfte Gekicher von nebenan geht in ein rhythmisches, nicht sehr gedämpftes Rumsen über. Es ist so dunkel, daß ich Dad nicht sehen kann, er mich also sicher auch nicht. Meine Hand wandert unter der Decke nach unten und durch den Schlitz meiner Schlafanzughose. Das Rumsen wird lauter, härter, und ich versuche, nicht mit dem Laken zu rascheln.

Nebenan ist es plötzlich vorbei. In der unerwarteten Stille, die darauf folgt, ist mein Atem so klar und deutlich wahrzunehmen wie der Geruch der kleinen Palmolive-Seife auf dem Waschbecken. Ohne Vorwarnung und so scharf wie ein Schuß schnauzt Dad mich an: »Hör auf.«

Wir frühstücken in einem schmucken Raum mit steifen Stühlen und weißen Stores, die mit bunten Bändern zurückgebunden sind. Speck und Bratwürste für Joan und mich, einen Kipper für Dad. Ich mag vor allem den Toast, der kalt ist und weich und, wie immer in den Ferien, in einem geschwungenen silbernen Toasthalter auf den Tisch kommt. Die Butter ist hart und ebenfalls kalt. Ich nenne das Hoteltoast: Er ist ganz anders als der heiße mit der schmelzenden Butter, den wir zu Hause essen, aber auf seine Art genauso gut. Auf dem Tisch steht eine dicke Gußglasvase mit Plastikrosen. Dad sagt, es sind die, die früher beim Häagen-Dazs-Eis dabei waren.

Er scheint heute bessere Laune zu haben, und ich darf mich mit einem Affen auf der Schulter fotografieren lassen. Er macht sogar einen Witz: daß man nicht genau sagen könne, wer von uns beiden wer ist. Mehrmals versuche ich, die beiden dazu zu kriegen, daß sie mir etwas kaufen – irgend etwas, das mich wie ein Hippie aussehen läßt –, aber ohne Erfolg. In meiner Verzweiflung gebe ich mein Taschengeld für eine Kette mit einer kleinen Messingschelle aus und hänge sie mir um

den Hals. Mittags essen wir in einem Lokal gegenüber vom Strand – panierten Dorsch, Pommes frites und Erbsen, gefolgt von Eis mit Früchtecocktail aus der Dose. Dad nimmt Apple Pie mit Custard. »Ich glaube, wir sollten morgen heimfahren«, verkündet er unvermittelt. »Ich lasse das Gewächshaus nicht gern so lange allein.«

Dads übliche Fixierung auf Leute, die »einer von denen« waren, hatte sich auf Leute verschoben, die »unter Drogen« standen. Die Anzeichen bestanden laut meinem Vater darin, daß jemand Haare hatte, die seinen Kragen berührten, oder keine Strümpfe in den Sandalen trug. Das Hauptmerkmal war allerdings eine Schultertasche. Das traf nach meiner Schätzung in Blackpool auf so ziemlich jeden zu. Außer natürlich auf uns.

Später an dem Nachmittag erscheint Joan plötzlich mit einer leuchtendrosa Zuckerwatte am Stiel. »Die muß er probieren, Tony, die ißt hier jeder.« Wir machen einen letzten beklommenen Spaziergang die Promenade entlang, bei dem mein Vater drei Schritte vor mir geht und so tut, als hätte er mit dem Jungen hinter ihm nichts zu schaffen. Dem mit dem beigefarbenen V-Ausschnitt-Pullover und der klingelnden Hippieschelle und einem riesigen Bausch knallrosa Zuckerwatte.

Der Mann im Wald

Der Schulbus setzt mich unten am Hügel ab, und ich gehe zu Fuß hinauf, egal, ob es regnet oder schneit. Manchmal halte ich an, um Primeln zu pflücken oder im Wald zu pinkeln. Manchmal stoße ich die Schuhe in die großen Haufen Kastanienblätter, die von den vorbeizischenden Autos an den Straßenrand gewirbelt werden, und manchmal trotte ich einfach nur den Hang hinauf.

Oft trödele ich herum und denke mir eine Geschichte aus, wie der Bus liegengeblieben sei, falls Joan mich fragt, warum ich so spät komme. Heute gehe ich parallel zur Straße, aber ziemlich tief im Wald. Man sieht noch ein paar späte Glockenblumen und hin und wieder Weidenkätzchen, an den Haselsträuchern sind leuchtendgrüne Blätter, und der Boden ist mit Bärlauch bedeckt. Trotz all diesem frischen Grün hat der Wald etwas Finsteres. Es ist, als würde man ständig beobachtet.

Während man so dahingeht, knackt es oft irgendwo. Meistens sind es Kaninchen, manchmal auch Eichhörnchen. Mein Vater sagt immer, wahrscheinlich ist es ein Yeti oder ein Einarmiger »auf der Flucht« wie Dr. Kimble in der Fernsehserie. Die Zweige knacken heute mehr als sonst, aber jetzt ist es still.

Normalerweise gehe ich nicht so tief in den Wald. Auf einmal sehe ich einen Mann, einen großen Mann mit langen Haaren, wohl Anfang Zwanzig, mit engen, ausgeblichenen Jeans und einem Tweedjackett mit Lederflicken. Er steht einfach da, an einem Baumstamm, halb verdeckt durch die dünnen Zweige eines jungen Haselstrauchs, und starrt auf den Boden. Er hat seinen Schwanz herausgeholt, wie um zu pinkeln.

Aber er pinkelt nicht. Er holt sich einen runter, bewegt die Hand langsam vor und zurück, während er mit der anderen sein Jackett aufhält, so daß ich alles sehen kann. Ich weiß nicht, ob ich wegrennen sollen oder bleiben. Ich würde ihm gern zusehen, aber mein Atem ist so laut, und ich fange an zu zittern. Er scheint mich nicht zu bemerken, obwohl ich nur drei Meter weit weg bin. Es kribbelt mich im Nacken, gleich unter dem Haaransatz.

Er macht weiter, ein bißchen schneller jetzt. Plötzlich blickt er in meine Richtung, eine Sekunde lang oder noch kürzer, dann macht er weiter. Ich glaube, er hat mich gesehen. Ich bin nicht sicher. Ich müßte husten, mein Mund ist so trocken. Ich befeuchte die Lippen mit der Zunge. Mein Mund fühlt sich pelzig an. Langsam wendet der Mann den Kopf und sieht mir direkt ins Gesicht. Dann dreht er sich mir, weiterhin wichsend, vollständig zu. Die Stirn runzelnd, winkt er mir ungeduldig mit dem Kopf. Er hat ein junges Gesicht, wie der eine von den Small Faces, aber bräunere Haut, als würde er mehr

Zeit draußen verbringen. Jetzt zittere ich richtig, und der Magen dreht sich mir um und um, und ich habe einen bitteren Geschmack im Mund. Mit großen Schritten steige ich über bemooste Baumstämme und in die Brombeeren, wo ich meine Schultasche an mich drücke, damit sie nicht an den Zweigen hängenbleibt. Der Mann ist knapp zwei Meter hinter mir und folgt mir mit riesigen Schritten. Die Zweige schnalzen laut. Ich bin fast an der Straße, aber eine breite nasse Stelle, wie ein flacher Teich, trennt mich von ihr, und der Boden wird sumpfig. Ich versuche, auf Zehenspitzen hindurchzuwaten. Plötzlich schlüpft mein linker Fuß aus dem Schuh. Ich hüpfe auf einem Bein über den Rest der Pfütze und rutsche auf der andere Seite aus, aber nur leicht, dann richte ich mich wieder auf. Jetzt bin ich auf der Straße, und in der Ferne hört man das schwache Wimmern eines Lastwagens. Mein Fuß berührt den Asphalt, und auf einmal fühle ich mich sicher. Ohne stehenzubleiben, blicke ich über die Schulter zurück. Der Mann ist weg. Ich gehe weiter, erhitzt und rot und mit kribbelnder Haut, und frage mich, wie ich Joan das mit dem Schuh erklären soll.

Walnut Whip 1

Manche Schokoriegel und Pralinen galten als nur für Erwachsene. Es stand nicht drauf, und der Punkt war nicht wirklich, ob die Schokolade hell oder dunkel war. Der Unterschied war subtiler. After Eight, Terry's Chocolate Orange, Toblerone, Bounty Zartbitter (im roten Papier), Bourneville-Schokolade, die Pralinenmischung Black Magic, Fry's Peppermint Cream und sogar die Matchmakers-Schokoladenstäbchen galten für Kinder als ebensowenig geeignet wie die unzüchtigen Fernsehspiele im ITV.

Selbst bei den Sachen für Kinder gab es noch bestimmte Regeln. Mars-Riegel und die Topics mit den ganzen Haselnüssen waren an eine geheimnisvolle Etikette gebunden. Mein Vater schnitt seine immer in Scheiben und legte sie hübsch aufgereiht auf einen Teller, als wären es teure Pralinen. Auf diese Weise schaffte er es, daß ein Riegel für eine ganze Folge von *Mit Schirm, Charme und Melone* reichte. Ich durfte Schokoriegel nie direkt in den Mund stecken. Außer, aus irgendeinem mysteriösen Grund, ein Milky Way. Offenbar hatte es mit der Größe zu tun. Von einem Mars mußte ich immer ein Stück mit den Fingern abbrechen. Direkt vom Riegel abzubeißen hätte wahrscheinlich dafür gereicht, daß er mich auf mein Zimmer geschickt hätte. Ich weiß nicht, was passiert wäre, wenn ich von einem Mars die Schokolade abgelutscht hätte wie Joan – die den Riegel lange und unmißverständlich abschleckte und beim Herausziehen im Mund hin und her ruckelte. Es hatte etwas Faszinierendes zu sehen, wie die milchige Schokolade auf ihrer Zunge zerschmolz und in ihren Mundwinkeln kleine braune Flecken hinterließ.

Wenn gerade keiner hinsah, nahm ich ein Mars mit in den Wald und lutschte die Schokolade bis zum letzten Eckchen ab. Manchmal war es auch ein Fry's Crunchie, von dem ich das eine Ende abbiß und dann die Zungenspitze in die Luftschokolade in der Mitte bohrte, um zu sehen, wieviel von der bernsteinfarbenen Zuckerfüllung ich herausschmelzen konnte, bis die Schokoladenhülle zerbrach. Das Ganze auf eine Weise zu essen, die für normale Eltern durchaus vertretbar war, machte den klebrigen Genuß noch zehnmal größer.

Eines Tages kam mein Vater mit einer Handvoll Walnut Whips nach Hause. Ich mochte die mit Mokkageschmack lieber, Joan die normalen mit Schokolade. Ein Cadbury's Flake zu lutschen war nicht erlaubt, die Zunge tief in ein Walnut Whip zu stecken dagegen schon. Ja, es war nicht nur erlaubt, es galt sogar als ein Spiel für die ganze Familie. Jeder von uns pflückte die Walnuß mit den Zähnen ab, knackte dann den

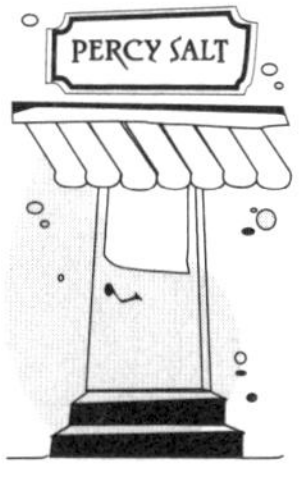

Schokoladenzapfen und steckte die Zunge tief in die Aushöhlung. An guten Tagen konnte man den süßen, nach Kaffee schmeckenden Schaum bis zum letzten Fitzchen herausholen. Um hineinzukommen, mußte man die Zunge seitlich einrollen, aber dann kam man bis ganz nach unten. Weil die Schokoladenhülle eines Walnut Whip so dick war, bestand keine Gefahr, daß sie zerbrach.

Freitagabend wurde der Walnut-Whip-Abend. Mein Vater brachte sie immer in der zweiten Werbepause von *Die Zwei*. Dann saßen wir alle beisammen, sahen Tony Curtis und Roger Moore zu und wühlten mit der Zunge in unseren Walnut Whips. Warum genau ich ermuntert wurde, diese spezielle Form des Cunnilingus zu praktizieren, während mir das Lutschen an einem Mars-Riegel untersagt blieb, war etwas, worüber mein Vater sich nicht weiter ausließ.

Ich lernte den Wald lieben. Nicht unseren mit den ordentlichen Reihen von sorgsam beschnittenen Weihnachtsbäumen, sondern den Wald weiter oben an der Straße, der weniger dicht war und wo es chaotische Wälle von Brombeeren gab mit mehr Früchten, als man essen konnte. Am Wochenende unternahm ich stundenlange Wanderungen und kehrte mit Plastikdosen voll Beeren zurück, aus denen Joan Pies machte, zusammen mit den Bramley-Äpfeln von dem alten Baum in unserem Garten.

Im Wald war es still. Manchmal sah ich den ganzen Nachmittag lang keinen Menschen. Dort saß ich und las die Zeitschrift *Cordon Bleu* oder die Kochseiten, die ich aus Joans *Woman's Journal* herausriß, und dort masturbierte ich, manchmal zwei- oder dreimal am Nachmittag. Hin und wieder fand ich herausgerissene Seiten aus Pornomagazinen, die andere dort hinterlassen hatten, Bilder von vollbusigen Frauen mit Turmfrisuren und Männern mit Schnurrbart und Medaillons um den Hals.

Dad kaufte uns weiter Süßigkeiten für den Abend. Ein Cadbury's Flake für Joan, ein Toffee Crisp oder ein Walnut Whip für mich. Er selbst begnügte sich meist mit einem Aero aus Luftschokolade und seiner Pfeife. Ich mußte um neun ins Bett, auch in den Ferien, und vorher noch den Hund ausführen. Die Straße war schmal, und die Autos fuhren schnell um die Kurven, so daß sie mich und den Hund an der langen Leine oft nur knapp verfehlten. Es schien idiotisch, den gefährlichen Weg zu wählen, wo es in der anderen Richtung doch so viel sicherer gewesen wäre, aber zu dem Stausee hinaufzugehen war mir verboten. »Es ist nicht sicher da oben, da kommen die Autos mit einem Mordskaracho an«, lautete die finstere Warnung meines alten Herrn. In Wirklichkeit hatten die Autos dort einen viel freieren Blick auf etwaige Fußgänger, und die Chance, überfahren zu werden, war sehr viel geringer als in der Richtung, die ich wählen sollte.

Ich hatte keine Ahnung von dem Parkplatz in der Nähe des Sees. Natürlich wußte ich, daß es ihn gab und daß die Leute dort abends hinfuhren, um sich die blinkenden Lichter anzusehen, die rund um die Malvern Hills verstreut waren wie Brillanten in einer Halskette. Wenn es fror, konnte man sogar noch weiter sehen, und jedes Licht funkelte in der kalten Nachtluft, von der sich die Gesichtshaut anfühlte wie eine geschälte Grapefruit. Aber Dad und Joan, die zu Hause gut zugedeckt die Nachrichten sahen, würden wohl kaum ihren Sessel verlassen, und niemand würde es erfahren, wenn ich zum See hinaufging. Außerdem konnte ich auf dem Parkplatz den Hund von der Leine lassen.

Als ich sie abgenommen hatte, rollte ich sie zusammen und steckte sie in die Tasche, riß die Zellophantüte mit den Walnut Whips auf und biß die Walnuß ab. Ich sah mehrere Autos in einer Reihe stehen, mit Blick auf die funkelnden Lichter der Weiler und Dörfer im Tal. Der Fluß schimmerte im Mondlicht wie ein liegengelassener Seidenschal. Die Leute saßen in ihren Autos und plauderten, manche Arm in Arm. Ein Wagen, ein hellgrün-weißer Ford Capri, schien leer zu sein, und doch schwankte er heftig hin und her. Als ich näher heranging, sah ich zwei Knie, weit auseinander, und dann einen schmalen, bloßen Rücken. Einen halben Meter von dem Auto entfernt eröffnete sich mir die Aussicht auf einen mechanisch zustoßenden Hintern.

Sieben oder acht Minuten muß ich dort gestanden und mit klopfendem Herzen und trockenem Mund die Füllung aus meinem Walnut Whip geschleckt haben, während ich wünschte, es wäre ein Eis am Stiel, und betete, daß der Hund wegblieb. Dann ging auf der anderen Seite des Parkplatzes eine Autotür auf, und ich duckte mich neben die Fahrertür des Ford Capri. Ein Mann stand mit dem Rücken zu mir da und pinkelte in die Hecke. Ich konnte kaum glauben, daß er mein Herz nicht pochen hörte. Er stieg wieder ein. Der Hund sah mich dahocken und kam auf mich zugetrippelt. Ich schob ihn weg, hörte jedoch damit auf, als ich sah, daß er dies für den Anfang eines neuen Spiels hielt. Der Ford Capri hörte plötzlich auf, sich zu bewegen. Ich drehte den Kopf herum und blickte vorsichtig nach oben. Das Fenster des Fahrers ging langsam ein Stückchen auf, und eine Hand schob etwas Nasses, Glänzendes durch den Spalt. Es landete auf meinem Rücken, dann, ein oder zwei Sekunden darauf, folgte ein Taschentuch. Ich schüttelte mich, packte den Hund am Halsband und lief, halb rennend, halb gehend, den Hügel hinunter, wobei mein Herz gegen die Rippen schlug und ich den letzten Bissen Schokolade, den mit der zweiten Walnuß drin, fallen ließ.

Als ich den Vorhang zurückzog, der als Tür zur Garderobe diente, keuchte ich immer noch. »Alles erledigt?« fragte Dad, als er zu mir kam und ich meine Jacke auf einen leeren Bügel warf. Dann, als aus der Küche ein Lichtstrahl in die dunkle

Welt der Mäntel und Gummistiefel fiel, schielte er über seine Bifokalbrille und fragte: »Was ist denn *das,* da hinten auf deiner Jacke?«

»Ach, dieser dämliche Hund«, sagte ich, während mein Magen einen furchtbaren Purzelbaum schlug. »Er hat wieder alles vollgesabbert.« Und diskret wischte ich eine dicke, glänzende Samenspur vom Rücken meines Schulblazers.

Der Servierwagen

Meine Tante und mein Onkel kommen uns zu Weihnachten besuchen. Dad hat beschlossen, einen Servierwagen zu kaufen, damit wir am zweiten Feiertag im Wohnzimmer ein kleines Abendessen einnehmen können. Nicht einen von diesen kleinen, zierlichen, die nicht viel mehr sind als drei Blechplatten auf Rädern mit einem Kinderwagengriff, sondern ein Modell mit allem Schnickschnack, knapp zwei Meter lang mit einem mittleren Boden, der an einer Feder hochgefahren werden kann, um mit dem obersten einen Tisch zu bilden. Das Ding wiegt eine Tonne. Mit seinem Walnußfurnier ist dies die Art von Servierwagen, für die man einen Lkw-Führerschein braucht.

Nach langen Diskussionen wird entschieden, daß der Servierwagen den Rest des Jahres im Eßzimmer stehen soll. Das bedeutet, man wird ihn die Stufe vom Eßzimmer in den Flur hinauf, die Stufe ins Wohnzimmer hinunter, noch eine Stufe hinunter in die Küche und dann, voll beladen, wieder hinauf ins Wohnzimmer heben müssen. Was Arbeit sparende Geräte anbelangt, ist dies nicht gerade eine von Dads besseren Ideen.

Tante Elvie und Onkel Len haben wenig Zeit für Joan, doch meinen Vater beten sie an – er ist der jüngere Bruder meiner Tante, die ihn praktisch großgezogen hat.

Dad hat Angst, sie könnten denken, Joan wäre nur auf das Geld aus gewesen, und er hofft, daß alles gutgeht.

Sie bekommen Joans Zimmer mit »der Aussicht«, und sie zieht in meines. Dad und ich müssen uns zusammen in sein Bett quetschen, das ich gräßlich finde, weil es nach der Kortisonsalbe riecht, die er auf seinen Ausschlag schmiert.

Joan macht uns alle Ehre. Auf der obersten Platte des Servierwagens prangen Gammon mit seerosenförmigen Tomaten, Dosenlachs und oblatendünne Gurken mit Essig, eine Schüssel Rote-Bete-Scheiben, Salad Cream in einer Sauciere und eine Pie mit Kalbfleisch und Schinken und einem Ei in der Mitte. Außerdem ein Teller Radieschen, eine Schüssel mit Kresse und sogar eine Pickle-Gabel für die Essigzwiebeln. »Die Zunge ist für deinen Vater«, flötet Joan, als würde irgend jemand sonst sie anrühren. Auf dem mittleren Boden stehen eines von Dads Trifles, verziert mit gehobelten Mandeln und winzigen gelben Kügelchen, ein Teller mit selbstgemachten Mince Pies und ein

Wackelpudding mit Mandarinenschnitzen darin. Und natürlich »der Kuchen«. Elvie kann auch nach dreißig Jahren Ehe nur Koteletts mit Erbsen kochen, weshalb sie begreiflicherweise beeindruckt ist. »Da hat sie uns aber ein fürstliches Mahl bereitet«, sagt Elvie und drückt mit jeder Silbe das Kreuz noch weiter durch.

Joan, Dad, Onkel Len und ich nehmen jeder ein Bein und versuchen, den Servierwagen mit dem prächtigen Speisenangebot die Küchenstufe hochzuheben. Das Trifle rutscht bedrohlich, eine Tomatenseerose fällt vom Gammon. Wir beschließen, daß es sicherer ist, die Sachen herunterzunehmen, den Servierwagen ins Wohnzimmer zu tragen und sie dann aus der Küche zu holen und auf die Böden zu stellen. Es scheint Dad ein wenig peinlich zu sein, daß es mit dem Servierwagen eher mehr Arbeit ist als weniger. Er zieht den Stift heraus, der den mittleren Boden – Trifle, Kuchen, Mince Pies, Wackelpudding und jetzt auch einen Schokoladenkuchen von Cadbury – zum oberen hinaufgleiten läßt zu einem riesigen Tisch. Wir machen alle »Oooooh«.

Genau in dem Moment, in dem Dad die Teller herumreicht und ich Servietten mit Messer, Gabel und Löffel darin verteile, springt der Stift, der die Böden am Platz hält, heraus, und das ganze Ding bricht zusammen und läßt Gammon, Salad Cream, Trifle und Rote Bete über den Teppich rollen. Nur der Christmas Cake übersteht den Sturz unbeschadet.

»So ein Mist, ach, so ein Mist«, schimpft Dad. Wir stürzen hin, um alles aufzuheben, klatschen es wieder auf die Teller und in die Schüsseln, nur die Salad Cream geben wir auf, und Joan holt für sie ein nasses Geschirrtuch.

»Nein, nein, ist doch kein Drama, das geht schon«, sagt Elvie beschwichtigend, während sie einen Klecks Schlagsahne von dem gekochten Gammon auf ihrem Teller wischt. Später, als wir alle schweigend mit unserem Essen herumspielen, es auf Hundehaare oder Teppichfusseln hin untersuchen, sehe ich, wie meine Tante das Gesicht verzieht, als sie höflich einen Löffel Trifle hinunterschluckt, in dem, wie ich weiß, eine Essigzwiebel steckt.

Walnut Whip 2

Inzwischen war der Parkplatz zu meinem allabendlichen Ausflugsziel geworden. Ich schnappte mir mein Walnut Whip und den Hund und machte mich auf den Weg. Freitags und samstags war am meisten los, so viel, daß ich etwas erfinden mußte, wie etwa der Hund habe partout nicht »gehen« wollen, um mein immer länger werdendes Fortbleiben zu erklären. Einmal, als die Insassen jedes Wagens es zu treiben schienen, war ich so lange weg, daß ich erzählen mußte, der

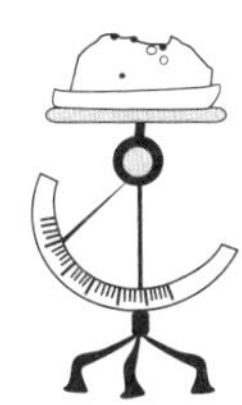

Hund wäre davongelaufen und ich hätte ihn eine Stunde lang gesucht.

Es ist Spätsommer, Samstag nachmittag, und Dad sagt, er will mit mir spazierengehen. Das macht er ab und zu. Zweifellos ein weiterer vergeblicher Versuch, mich zu bewegen, Joan doch zu akzeptieren, ihr einen Platz in meinem Leben einzuräumen.

»Ich möchte wissen, was mit dir los ist. Joan tut, was sie kann, um dich glücklich zu machen«, sagt er, als wir am Ende des Gartens angelangt sind und anfangen, zum See hinaufzugehen. »Sie kümmert sich um dich, als ob du ihr eigener Sohn wärst. Aber wenn sie dich um etwas bittet, dann ziehst du ein langes Gesicht, du sprichst nicht mit ihr, außer sie spricht dich an, und du hast nicht einmal an ihren Geburtstag gedacht. Sie hat dich sehr gern, und du läßt sie einfach auflaufen.«

Das alles höre ich nicht zum erstenmal. Er kapiert es einfach nicht. Er ist dermaßen in diese Frau verliebt, daß er nur Gutes an ihr sehen kann. Er sieht ihre stechenden Augen nicht und ihren bösen kleinen Mund, sieht nicht, wie sie ihn – und mich – benutzt hat, um sich aus ihrem billigen kleinen Leben emporzukrallen. Daß sie das Ruder übernommen hat, mich herumkommandiert, versucht, so einen Langweiler aus mir zu machen, der seine Strümpfe ordentlich zusammenlegt und immer ein sauberes Taschentuch dabeihat. Er sieht nicht, kann nicht sehen, was für kalte, berechnende Augen sie hat oder was für widernatürliche Anforderungen sie an einen Teenager stellt (»räum dein Zimmer auf, räum deine Schubladen auf, häng keine Bilder an die Wand, stell deine Musik nicht so laut, mach deine Hausaufgaben, putz deine Schuhe, nimm einen Teller, nimm einen Untersetzer, nimm eine Serviette, nimm ein Taschentuch, knall die Tür nicht so zu, hör auf, den Hund zu ärgern, spül die Badewanne aus, wasch dir die Hände, *hör auf, vor dich hin zu stinken*«). Dieser Mann ist so verknallt, daß er nicht einmal merkt, daß sie unsere weiche, kuschlige Baumwollbettwäsche durch ein pflegeleichtes Baumwoll-Polyester-Gemisch ersetzt hat.

Eine Weile sage ich gar nichts. Ich weiß nicht recht, was es da zu sagen gibt. Ich bin eine Last, bin dem Liebespärchen ein Dorn im Auge. Sein eigener Sohn ist im Weg. Etwas, das ihn ständig an die Frau erinnert, die er so sehr geliebt hat und doch so verzweifelt zu vergessen sucht. »Ich weiß nicht, was du meinst, es ist doch alles in Ordnung«, sage ich leise. Inzwischen sind wir oben am Wald.

»Gib dir ein klein wenig Mühe, ja? Ich weiß, sie ist nicht Mummy, aber sie ist nun mal hier, und wenn dir das nicht paßt, müssen wir dich in Pflege geben.«

In Pflege. Das hatte ich ihn schon einmal sagen hören, vor vielen Jahren, als wir über die Felder gingen und ich dachte, Mum würde ihm erzählen, daß sie ein Kind bekommt, während sie ihm in Wirklichkeit sagte, daß sie sterben würde.

Mich loszuwerden war anscheinend immer eine Möglichkeit. »Es ist alles in Ordnung«, wiederhole ich, jetzt mit gesenktem Kopf.

»Noch so ein Ding, und das war's, verstanden?« warnt er mich. »Mir reicht's.«

Auf einmal biegt Dad nach links auf den Parkplatz ab. Wir gehen über den Asphalt zu dem Drehkreuz, das zu der langen Wiese führt. Halb Worcestershire liegt vor uns ausgebreitet – die Kirchen mit den uralten Friedhöfen, kleine Ansammlungen von Cottages, endlose Hopfenfelder. Der Parkplatz, bei Nacht so ein magischer, geheimer Ort, wirkt bei Tage schäbig und schockierend real. Dads Blick fällt auf den Boden, und plötzlich legt seine Stirn sich in Falten, als wäre jemand mit dem heißen Bügeleisen über eine Seidenunterhose gefahren. Ich spüre, wie mir die Röte den Hals hinaufsteigt bis in die Ohren – ich glühe, rot und beschämt. Im kalten Licht des Tages gibt es hier keine funkelnden Sterne und fernen Lichter, keine nackten Hintern, keine gespreizten Beine, keine erstickten Schreie. Nur Hunderte von gebrauchten Kondomen, kleine Haufen Hundekot und Dutzende von leeren Walnut-Whip-Tüten.

Glückliche Familien

Dad glaubt doch tatsächlich, er hätte eine glückliche Bilderbuch-Familie geschaffen, die in einem hübschen Cottage mit rosenumrankter Tür wohnt. Mit einem ordentlich gekleideten, höflichen Teenager, einer »Mum«, die wie ein Engel kocht, und einem Dad, der so väterliche Dinge tut, wie Speck mitzubringen, Holz zu hacken und ein Gewächshaus mit Tomaten und Begonien zu füllen. Dad, du lebst in einer Phantasiewelt.

Wie gern würde ich ihn beiseite nehmen und ihn auf ein paar Tatsachen hinweisen, die ihm anscheinend bisher entgangen sind. Wie etwa, daß sein ordentlich gekleideter, höflicher Sohn noch nie im Leben so einsam war; daß die Frau, von der er denkt, sie liebe ihn, ihn nur benutzt hat, um bessere Karten zu bekommen; daß die glückliche Familie, die er geschaffen hat, nichts weiter ist als Fassade. Außerdem würde ich gern einmal ansprechen, daß diese Frau, die er da hat, mir das Leben zur Hölle macht mit ihren wachsenden Ansprüchen in Sachen Ordnung, Sauberkeit, Pünktlichkeit und gutem Benehmen. (Das Ganze ist eher wie beim Militär als in einer normalen Kindheit.) Daß ihre Forderungen, je mehr ich ihnen nachkomme, um so obszöner werden (anscheinend will sie

Dad sagen, daß ich mir einen Job suchen soll, damit ich »Miete« zahlen kann, um bei mir zu Hause zu wohnen).

Nebenbei könnte ich dann noch das Detail erwähnen, daß sie an niemandem ein gutes Haar läßt, einschließlich meines Dads, ihrer eigenen Töchter (von denen die eine doch immer zu ihr gehalten hat) und unserer gesamten Verwandtschaft, die sie für »Snobs« hält, und schon gar nicht an dem ordentlich gekleideten, höflichen kleinen Jungen, zu dessen Betreuung sie ursprünglich eingestellt wurde. Und wenn er mir *ein* Mal seine Aufmerksamkeit schenken würde, könnte ich ihm vielleicht erklären, daß ich nur deshalb Musik höre und fernsehe und in meinem Zimmer hocke, weil es in dieser beschissenen, elenden Wildnis, in die er uns gebracht hat, einfach nichts anderes zu tun gibt.

Und noch ein paar Punkte könnte ich ansprechen:

1. Furzen ist für einen Jungen in meinem Alter völlig normal, genauso wie zu rülpsen und »Flecken« auf seinem Laken zu hinterlassen.
2. Normale Jungen in meinem Alter müssen nicht jeden Tag den Papierkorb in ihrem Zimmer leeren, die Handtücher im Bad nach Gebrauch akkurat falten oder ihre schmutzige Wäsche in den Wäschekorb tun.
3. Es ist nicht normal, wenn ein Junge seine Gummistiefel jedes Mal, wenn er sie auszieht, abspülen muß.

4. Kein anderer Junge, den ich kenne, muß nach jedem Essen entweder abspülen oder abtrocknen, jeden Tag den Hund ausführen, die Eier von der Farm holen, nach der Schule genau zum richtigen Zeitpunkt zu Hause sein und dann bei der Gartenarbeit helfen.
5. Alle anderen Jungen, die ich kenne, dürfen ein Chaos anrichten, unordentlich sein, herumrennen, Lärm machen, Freunde mitbringen und in ihrem Zimmer Poster aufhängen.
6. Die meisten Jungen, die ich kenne, dürfen ganz einfach Jungen sein.

Hier, Dad, ist eine Liste der Dinge, die sie, wie sie sagt, verrückt machen: daß ich den Ball gegen die Gartenmauer kicke, daß ich fernsehe, wenn draußen die Sonne scheint, daß ich meine Limonade zu schnell trinke, daß ich danach rülpse, daß ich mir anschließend mit dem Handrücken den Mund abwische, daß ich jeden Tag saubere Sachen anziehe, daß ich nicht jeden Tag saubere Sachen anziehe, daß ich mich hinsetze und mit ihr reden will, wenn sie gerade eine raucht, daß ich mich nicht zu ihr setze, wenn sie eine raucht, daß ich ihr nicht beim Kochen helfe, daß ich ihr beim Kochen im Weg rumstehe, daß ich hier herumhänge, wenn sie arbeiten will, daß ich zum Spielen rausgehe, wenn sie arbeiten will, daß ich auf mein Zimmer gehe, daß ich nicht auf mein Zimmer gehe, daß ich die ganze Zeit drinnen hocke, daß ich die ganze Zeit draußen bin.

Ich kann dieser Frau, die Dad uns ins Haus gebracht hat, einfach nichts recht machen. Ich hasse sie, und ich hasse ihn dafür, daß er sie liebt. Und außerdem bin ich der Meinung, Hausschuhe sind kein Geburtstagsgeschenk für einen vierzehnjährigen Jungen.

Kaninchen

Wenn Joan einmal nett war, dann war das, wie wenn einem auf einer langen, dunklen, einsamen Straße ein Auto entgegenkommt und man für einen Moment geblendet ist. Zum Beispiel, als sie vor meinem Vater verbarg, daß ich in meiner Probe-Mittlere-Reife-Prüfung in Mathe nur neun Prozent geschafft hatte. »Das braucht er nicht zu wissen, ich glaub, er ist in Mathe auch nicht sehr gut.« Oder als sie mir Dads neuen Parker-Federhalter suchen half, den ich mir ausgeliehen und auf dem Weg in die Schule verloren hatte. Als wir ihn fanden und die glänzende braune Kappe völlig zersplittert am Straßenrand lag, lieh sie mir heimlich das Geld, damit ich einen neuen kaufen konnte.

Als ich eines Morgens mein Kaninchen füttern ging, stand die Tür des Käfigs weit offen, und zwei Hunde von der Farm spielten mit dem Tier Tauziehen. Ich sah nicht so genau hin, sah nur an jedem Ende des langen weißen Körpers einen Hund, der knurrte und die Zähne fletschte, während das Fell des Kaninchens an der einen Seite bereits blutverschmiert war. Die beiden Hunde, zwei Jack Russell Terrier, zogen und zogen, als hielten sie die zwei Enden eines Knochens im Maul. Das Kaninchen sah jetzt so lang aus, noch länger als die, die draußen vorm Fleischerladen an eisernen Haken hingen. Zitternd rannte ich zurück ins Haus. Ich wollte kreischen und schreien, wußte jedoch, Joan würde böse werden, wenn ich im Haus die Stimme erhob. Statt dessen lief ich hinauf, klopfte an ihre Tür und erzählte ihr, was draußen vor sich ging.

Joan rannte in ihrem Morgenmantel den Gartenweg entlang und schlug mit dem Plastikbesen auf die Hunde ein. Sie liefen davon, und ich sah unter Tränen, wie Joan zwei einzelne weiße Klumpen aufsammelte. Sie kam zu mir zurück, den Besen noch in der Hand, und schlang mir den freien Arm um die Schultern. Das hatte sie noch nie getan. Später, als ich noch zu erschüttert war, um die Stücke zu begraben, grub sie unter der Roßkastanie ein Loch, ließ die verstümmelten Überreste hineinfallen und deckte sie mit Erde zu. »Wir kaufen einen Rosenstock und pflanzen ihn darauf«, sagte sie. Dann holte sie die weiße Farbe, mit der sie sonst das Moos an der Hauswand übertünchte, und ich schrieb den Namen des Kaninchens in großer Schrift auf ein Stück von einer hölzernen Apfelkiste. Die ersten Buchstaben waren zu groß und, offen gestanden,

ein bißchen verwackelt, und obwohl die nächsten kleiner wurden, reichte der Platz nicht ganz aus. Der gute alte Ringo Rabbit wurde schließlich als Ringo Rabbi begraben. »Macht nichts, morgen bekommt er einen größeren Grabstein«, sagte sie, doch er hat ihn nie bekommen.

Pflaumenmus

»Es geht hier nicht nur darum, Scones zum Tee zu backen«, sagte Miss Adams, eine kühle Frau mit geradem Rücken, die für ihre Jahre ziemlich alt wirkte, in der ersten Kochstunde am Mittwoch. Die nette, rundliche Beverly Brown mit dem Kürbisgesicht schnurrte prompt zusammen wie ein geplatzter Luftballon. Die wunderbare Dee Hanratty flüsterte hinter vorgehaltener Hand: »Gut, ich hasse Rosinen.« Ich wurde plötzlich nervös und fragte mich, wie schwer meine ersten Kochstunden werden würden. Bedeutete das etwa, daß wir ganze Lämmer auslösen und Soufflés machen würden? »Wir werden hier alles machen, vom Reiskochen bis zur Kostenberechnung für ganze Menüs«, warnte sie uns, und ihre Stimme stieg mit jedem Wort höher. Das Wort Reis jagte mir eine höllischen Schrecken ein. Ich hatte das Zeug noch nicht einmal gegessen, geschweige denn gekocht.

Die erste Stunde eine Woche darauf hätte nicht leichter sein können. Mein Victoria Sandwich Cake ging auf wie im Traum und hatte, laut Miss Adams, eine perfekte »Krume« und einen feinen Geschmack. Selbst Beverly, die offensichtlich zur Bäckerin geboren war – sowie dazu, das Ergebnis zu essen –, war beeindruckt. Ich stellte meinen mit Puderzucker bestäubten Triumph in eine Keksdose und quetschte sie für den Heimweg in meinen Matchbeutel.

Ich konnte es kaum erwarten, die Torte meinem Vater zu zeigen, der mir bei allem Desinteresse sicherlich gratulieren würde. Er kam so spät, wie die Leute in solchen Fällen immer kommen. Ich blickte unentwegt auf die Uhr, wünschte mir, daß er endlich nach Hause kam, meine Torte sah und roch – und aß. Sie stand auf dem Küchentisch, und Joan saß daneben und rauchte eine Embassy nach der anderen, wobei sie von Zeit zu Zeit zu der Torte hinschielte.

»Sieh dir das an!« sagte mein Vater, der trotz allem offensichtlich stolz war wie Schneekönig. »Ist das nicht ein Prachtstück?«

»Mhm«, sagte Joan unvermittelt, warf den Kopf nach links und stieß eine letzte Rauchwolke aus. Dann kniff sie die Lippen zusammen und drückte ihre Zigarette in dem Royal-Worcester-Aschenbecher aus, als wolle sie eine Kakerlake zerquetschen.

In der nächsten Woche brachten wir alle Pflaumen mit in den Unterricht, um Pflaumenmus zu machen. Ich pflückte meine von dem Baum, dessen Zweige über das Heckenlabyrinth rund um die Wasserpumpe ragten. Es war reiner Zufall, daß es der Lieblingsbaum meines Vaters war – und meiner auch. Miss Adams hatte uns aufgegeben, das Einmachkapitel in *›O‹ Level Cookery* von Phyllis Abbey zu lesen, das rote Buch mit der Pie auf dem Umschlag. Ich konnte es fast auswendig. Während die Mädchen sowenig wie möglich lasen, verschlang ich alles, was ich bekam. Schließlich hatte ich drei Jahre verpaßten Unterricht und den Beistelltisch mit der Klebefolie auf der Platte wettzumachen, den ich in der Werkstunde gezimmert hatte.

Wir passierten das dicke, dunkelviolette Mus in warme Einweckgläser, ließen es abkühlen, schnitten dann perfekte Scheiben aus Pergamentpapier aus und strichen sie auf der Oberfläche glatt. Wir spannten Zellophanfolie darüber und klemmten sie mit blauen Gummibändern fest, dann schrieben wir hübsch säuberlich unseren Namen, das Datum und die stolzen Worte »Hausgemachtes Pflaumenmus« auf kleine Schilder.

Der Bus quälte sich unendlich langsam durch Wichenford, Broadheath und Broadwas, bis er endlich vor dem Talbot Hotel in Knightwick hielt. »Kann heute nicht weiter fahren«, brüllte Mr. Chater nach hinten. »Die Bremsen tun so komisch. Mußt heut zu Fuß den Hügel rauf.« Eine volle Schultasche und einen Matchbeutel voll Marmelade durch den Mittelgang eines Busses zu schleppen ist schon mühsam genug, und nun mußte ich auch noch den Hügel hinauf. Die Gläser klirrten in der Tasche. Erhitzt und voller Sorge, Dads kostbares Pflaumenmus könnte ausgelaufen sein, kam ich oben an.

Joan hatte im Garten gearbeitet, die Einfahrt und den Rasen vom Laub der letzten Woche befreit, die Ränder des Rasens geschnitten, so daß sie aussahen wie der Pony eines Chorknaben, und jeden Fitzel grünen Schmodder vom Teich gefischt. Es hätte mich nicht gewundert, wenn sie die orangefarbenen Beeren der Zwergmispel poliert hätte. Im Haus blitzte alles. Auf dem Tisch standen in einer jadegrünen Vase leuchtendgelbe, braune und weiße Dahlien mit spinnenartigen Blüten. Der Geruch von Frischgebackenem hing in der Luft wie eine weiche, warme Decke. In den stapelbaren, durchsichtigen Kuchenbehältern standen Jam Tarts, Lemon Curd Tarts und Butterfly Cakes, eine Mince Pie, so groß wie ein Teller, mit einem Teiggitter verziert, und ganz unten ein lockerer, goldener Sponge Cake, auf dem Rohzucker funkelte. Er war mit einer dicken Schicht Pflaumenmus gefüllt.

Mittwoch wurde jetzt Joans Backtag. Ich kam jede Woche stolz nach Hause, mit einer Thermosflasche Gemüsesuppe, einem eingefallenen Früchtekuchen, einer Schachtel Eclairs (die von Roger Mountfords Schultasche völlig zerqetscht waren) oder einmal mit einer Apple Pie mit Baiserhaube, deren Füllung in die Dose ausgelaufen war, und das Haus war voll von

warmer Bügelwäsche, einem frisch gebürsteten Hund und genug Torten, Törtchen und Pies, um das ganze Dorf zu speisen.

Tränen

Joan sitzt in der Hängematte am Ständer und schwingt unter dem fransenbesetzten Sonnendach vor und zurück. Sie hat geweint. Ich frage sie, was los ist, und sie zeigt mir eine Geburtstagskarte von einer der behinderten Frauen, die sie früher besucht hat. Darauf steht nur:

Ich hoffe, Sie sind mit Ihrem neuen Leben zufrieden.
Ihre Freundin Sarah

Und dann in Klammern:

(Nicht tot, aber vergessen.)

Joan ist offensichtlich verletzt. In Wirklichkeit hat sie Sarah und die anderen Behinderten, die sie früher besucht hat, keineswegs vergessen. Sie redet andauernd von ihnen, und ich weiß, wenn sie könnte, würde sie sie weiterhin besuchen, aber sie kann nicht Auto fahren, und Dad mag sie anscheinend nicht dorthin zurückbringen. Nicht einmal für einen Tag. Vielleicht will er sie nicht aus den Augen lassen. Später sehe ich die Karte, in der Mitte durchgerissen, im Mülleimer.

Joan ist in letzter Zeit ziemlich nachdenklich. Ich weiß, es verletzt sie, daß zwei ihrer Töchter nicht mehr mit ihr reden, seit sie mit meinem Vater zusammengezogen ist, und daß sie ihre Schwestern seit mindestens vier Jahren nicht gesehen hat. Ich weiß, ihr ist durchaus bewußt, daß keiner von Dads Freunden sie mag. Auf einmal wird mir klar, daß sie wahrscheinlich genauso einsam ist wie ich.

Toast 2

»Ich würde gern mal mit dir reden«, sagt mein Vater unheildrohend und mit jenem Lächeln, mit dem er es schafft, mir gleichzeitig Angst einzujagen und sich gönnerhaft zu geben. Wir gehen hinaus in den Garten und um die Rosenbeete herum, wobei er tut, als würde er jede rosa umrandete Peace-Rose studieren, während ich stumm den Kopf einziehe und bete, daß er mir nichts »von Mann zu Mann« erzählt.

»Ich hab Tante Joan gefragt, ob sie mich heiraten will, und sie hat ja gesagt«, erklärt er in einem ruhigen Misch-dich-nicht-ein-Ton, zerdrückt dabei eine grüne Blattlaus und wischt

die Finger an seiner Hose ab. »Ich finde, sie ist genau wie Mummy, meinst du nicht auch?«

Ich stehe einfach nur da, starre angestrengt auf eine voll erblühte Rose und weiß nicht, was ich sagen soll. Mummy hat nicht geraucht und nie »verdammt« gesagt. Und sie ist auch nicht putzen gegangen und hat sich keine Kleider aus dem Katalog bestellt. Ich glaube nicht, daß sie je bei C&A gewesen ist, und auf keinen Fall hat sie dort einen Mantel gekauft. Mummy hat niemals Wimperntusche benutzt oder ein Parfüm, das sie bei einer Vertreterin gekauft hätte, und ist nie in einem wattierten Nylon-»Hausmantel« herumgelaufen. Niemals habe ich Mum mit Lockenwicklern im Haar gesehen oder daß sie sich am Tisch die Lippen angemalt hätte. Und genausowenig habe ich sie jemals »Arsch« sagen hören.

Mummy hat keine Snowballs getrunken oder Zigarettencoupons gesammelt, sie hat nie die Treuepunkte hinten auf Packungen ausgeschnitten und in ein Buch eingeklebt. Mum hat nie Bingo gespielt und hatte keine gelben Nikotinflecken an den Fingern. Ich bin sicher, sie hätte nie etwas aus gerauhtem Nylon getragen. (Mum trug hellbraune Sachen, und ihre Handtasche paßte immer zu den Schuhen. Ich habe sie nie ohne Brosche gesehen. Mum sagte immer »Dreimal auf Holz klopfen«, wenn sie das Schicksal herausgefordert hatte, und »Gesundheit«, wenn ich geniest oder gefurzt hatte. Sie sagte »Verflixt!« und nicht »Mist, Mist, Mist«.)

Mummy benutzte meinen Vater nie als Druckmittel, damit ich tat, was sie wollte, und sie umarmte mich auch nicht, wenn er gerade hinsah, und schloß mich nicht aus, wenn er es nicht tat. Mummy ließ sich nie eine »Blauspülung« ins Haar tun oder Klarlack auf die Fingernägel. Mummy sagte nie »negerbraun«. Mummy benutzte keinen Lufterfrischer.

Ich starre nur weiter die Rose an, die Blütenblätter, die langen gelben Staubgefäße, den Stiel, die fetten roten Dornen, während ich doch eigentlich so viel sagen möchte: daß die Frau, die er heiraten wird, von morgens bis abends auf mir herumhackt; daß sie von mir verlangt, meine Kaffeetasse, sobald sie leer ist, zu spülen, abzutrocknen und in den Schrank zu stellen; daß sie mich immer ihre Einkaufszettel schreiben und Formulare ausfüllen läßt mit der Begründung, sie habe »gerade nicht die richtige Brille auf«; daß sie gut fünf Minuten braucht, um seine Geburtstagskarte zu unterschreiben, mit Lücken zwischen den Buchstaben. Und daß wir manchmal wieder von vorn anfangen müssen, weil sie sich verschreibt. Wie gern würde ich ihm sagen, daß ich sie dabei erwischt habe, wie sie die Hefter mit der Aufschrift »Kontoauszüge« in seinem Schreibtisch durchsah, und daß sie einmal gesagt hat, sie wolle unbedingt dahin zurück, wo sie hergekommen ist, nur diesmal würde sie »ihr eigenes Haus haben, keine Sozialwohnung mehr«.

Vor allem möchte ihm sagen, daß ich mir, wenn ich aus der Schule komme, keinen Toast machen darf, daß sie sagt, dann

würde ich krümeln und sie habe den ganzen Tag damit zugebracht, »seine verdammte Küche zu putzen«.

Ich möchte ihm sagen, daß es auf der ganzen Welt keinen Menschen gibt, der Mummy so wenig ähnelt.

Die Hochzeitstorte

Als Dad die Hochzeitstorte sah, füllten sich seine Augen mit Tränen. Er schien von meinem Werk genauso schockiert zu sein wie ich selbst. Wir standen da, er mit dem Arm um meine Schultern, und bewunderten die dreistöckige Torte, die von acht weißen Säulen gestützt wurde, den vollkommen glatten, schneeweißen Guß mit dem rautenförmigen Gitter und die Braut und den Bräutigam, die stolz oben auf der Torte standen. Ich hatte Mums Christmas-Cake-Rezept benutzt, das immer noch, säuberlich gefaltet, in der Schüssel der Küchenmaschine lag, und mir Miss Jones' größte Backform ausgeliehen. Die Schablonen für die Girlanden und Schnörkel stammten aus einem Handbuch über Tortendekor, das ich mir aus der Bücherei auf Rädern ausgeliehen hatte. Für die Borte am Rand und die gespritzte Aufschrift »Joan und Tony« hatte ich lange geübt – mit einem Tortenspritzset, das ich mir von meinem Taschengeld in der Stadt gekauft hatte.

Ich hatte das Gefühl, innerlich und äußerlich zu glühen. Als Dad mich drückte und sagte, er hätte sich nicht träumen lassen, daß sie so schön aussehen würde, biß ich mir auf die Unterlippe, um nicht zu weinen. Joan sagte: »Die ist dir wirklich gelungen, mein Junge« und deckte sie prompt mit einem Geschirrtuch zu – »damit sie bis Samstag nicht verstaubt«.

Es war eine kleine Feier, an einem sonnigen Frühlingstag mit blühenden Narzissen und Kirschbäumen im Garten des Standesamts, erstaunlich heiter angesichts der Welle von Mißbilligung seitens unserer Familie. Meine beiden Onkel Ron und Freddie waren da und meine wunderbare Tante Hilda, alle trotz des Anlasses in bester Laune, mein Bruder John und Dads streitsüchtige ältere Schwester Elvie, die nur gekommen zu sein schien, um über den Hut zu spotten, den sie Joan zur Hochzeit geschenkt hatte. Ein riesiger mit Bändern, Schleier und Blütenblättern geschmückter Turban, der mehr als nur eine flüchtige Ähnlichkeit mit der Hochzeitstorte aufwies. Mein anderer Bruder und seine Frau Stevie waren mit ihrem Alfa Romeo aus Cornwall gekommen. Schlicht und schick in Blau-Schwarz gekleidet, er im Anzug, sie im Kostüm, hatten sie mit der Wahl meines Vaters mehr Nachsicht als wir, mit Joans Hut dafür weniger.

Von Joans Seite kamen ihre jüngste Tochter Mary, die einzige, die noch mit ihr sprach, und deren Ehemann Martin, ein

Autospengler; ihre ältere Schwester Rose, die stämmiger war als Joan und behauptete, in ihrem Kopf Spatzen zu hören, und Schwager Arnold, von dem Joan glaubte, er würde sogar »zur Eröffnung einer Schachtel Zigaretten kommen, wenn es dabei ein Büfett gäbe«.

Das Büfett war ein *running buffet* im Hundred House in Great Whitley. (Kaltes Roastbeef, Quiche, Kartoffelsalat und mehr Nachspeisen als in einem Kochbuch des Frauenvereins.) Rose kostete ihre erste – und vermutlich letzte – Schokoladen-Biskuitrolle. Arnold lehnte die Quiche höflich ab, denn ausländische Speisen würden seinen Magen immer völlig durcheinanderbringen. Er hielt sich dafür an die Charlotte russe. Als wir nach Hause fuhren und ich schweigend hinten im Auto saß, fiel mir auf, daß ich sowohl Dad als auch Joan noch nie so glücklich gesehen hatte. Allerdings nahm ich an, daß sie jeweils aus einem anderen Grund glücklich waren.

Ente à l'orange

»Tja, Freitag- und Samstagabend können wir tatsächlich ein bißchen Hilfe brauchen«, sagte Oberstleutnant Howard und wischte den Bierschaum von seinem Schnurrbart. »Kannst du morgen anfangen?«

Das Talbot, eine alte schwarz-weiße Poststation, stand am Fuße des Hügels und so dicht am River Teme, daß der Keller jeden Winter überflutet wurde. Wenn wir am Samstag vom Einkaufen in Bromyard zurückkamen, kehrten wir dort manchmal ein, immer ziemlich früh, so daß wir die glänzenden Holzbänke an dem riesigen Kamin besetzen konnten. Dad bestellte immer die Käseplatte mit Cheddar, Brot und einer Tomate. Joan und ich nahmen immer Scampihörnchen und Lemonade and Lime.

»Wieviel zahlt er dir?« zischte Joan auf einmal verstimmt, die mitgehört hatte, wie ich Dad von dem Jobangebot erzählte.

»Das hat er nicht gesagt«, antwortete ich achselzuckend. »Er hat nur gesagt, er wird sich meiner annehmen.«

»Keine Angst, das geht schon klar, auf den alten Knaben kann man sich sicher verlassen«, warf Dad ein.

Joan schürzte die Lippen. »Das hab ich noch nie gehört, daß man nicht gesagt bekommt, was man gezahlt kriegt. Auch nicht bei einem Jungen.«

Oberstleutnant Howard war nicht da, als ich die Bar betrat, nur eine Frau mittleren Alters mit einer weichen Dauerwelle und einem Mund wie eine Essigzwiebel. Ich wartete ein paar Minuten, dann ging ich wieder hinaus und stellte mich neben die Telefonzelle auf dem Parkplatz, um den Oberstleutnant abzufangen, wenn er kam. Ich war sowieso zu früh dran. Als es auf sieben zuging, gab ich auf, ging um das Hotel herum und klopfte hinten an die Glastür.

»Ja, was ist?« brüllte eine füllige, lächelnde Frau mit einer Topffrisur, während sie sich an ihrer Schürze die Hände abwischte.

»Ich soll heute in der Küche anfangen. Sind Sie Diane?«

Diane erzählte mir, sie sei gerade zur Küchenchefin befördert worden. »Nein, es gibt hier nur mich«, antwortete sie auf meine Frage, wie viele Leute unter ihr arbeiteten, »und dich jetzt, anscheinend.« Sie blickte auf meine Schuhe, die auf Hochglanz poliert waren, und lachte. »Hol dir lieber eine Schürze. Ich führ dich rum.«

»Das hier ist die Gefriertruhe, in der wir die Hauptgerichte aufbewahren.« Sie hob den zerschrammten weißen Deckel hoch und zeigte mir mehrere offene Pappkartons voller Plastikbeutel mit Aufschriften wie »Ente à l'orange«, »Bœuf bourguignon« und »Coq au vin«. Dann wies sie auf eine andere Tüte: »Das ist das Cordon bleu, das ist das Teuerste.« Jeder Beutel trug den Aufdruck »Alveston Kitchens« in schnörkeligen Buchstaben, unter dem Umriß einer Kochmütze. »Wenn der Oberstleutnant oder Mrs. H. eine Bestellung hereinbringen, gehst du rauf und holst mir die Hauptgerichte runter zum Kochen. Schaffst du das?« Di lächelte ein breites Wassermelonenlächeln. »Für heute abend hab ich ein Pâté de champagne aufgetaut, aber manchmal gehen auch zwei weg. Oh, und die Krabben für den Krabbencocktail. Wir haben heute nur acht Reservierungen, ich kann dir also alles zeigen, außer es kommen noch viele Leute ›spontan‹ vorbei.«

Steak, Lachs und die Grillplatte (für deren riesige Portionen das Restaurant berühmt war) waren die einzigen Hauptgerichte, die nicht aus einem Plastikbeutel kamen. Der Lachs war zwar eingefroren, aber das machte Diane selbst, die den ganzen Fisch an dem Tag, an dem er hereinkam, putzte, aufschnitt und einfror. »Meistens von Leuten aus der Gegend, sie bringen ihn von einem Tag am Fluß mit. Mein Harry geht auch manchmal. Als Gemüse gibt es heute grüne Bohnen und überbackenen Blumenkohl, manchmal mache ich auch Zucchini oder Lauch in weißer Sauce.« Ich mochte Diane sofort. »Oh, und erinner mich dran, daß ich dir zeig, wie man den Toast zum Pâté macht.«

Als ich an dem Abend heimging, hatte ich grüne Bohnen geschnitten, gezeigt bekommen, wie man ein Stück Pâté mit einer Orangenspirale und einem Petersilienzweig garniert, wie man einen tiefgefrorenen Coq von einer tiefgefrorenen Ente unterscheidet, wenn das Etikett abgefallen ist – indem man durch die Plastiktüte hindurch die Form des Beins ertastet –, und wie man von einer Zitrone eine Scheibe so herunterschneidet, daß sie sich gut an einem Weinglas mit Krabbencocktail einhängen läßt. Ich wußte, wie man eine spiralförmige Sahnerosette neben ein Stück Obst-Pie setzt, woran man erkennt, ob

eine Avocado reif ist, und wie man Krabben ganz schnell auftauen kann, wenn man vergessen hat, sie aus der Truhe zu nehmen (man lege den Beutel ins Spülbecken und lasse heißes Wasser darüberlaufen).

»Ich hoffe, er hat dich bezahlt«, sagte Joan schroff, als ich um halb zwölf hereinplatzte, darauf brennend, ihnen zu erzählen, was ich an meinem ersten Abend alles getan hatte. Er hatte mich nicht bezahlt, aber versprochen, es Ende der Woche zu tun. Mir war es ehrlich gesagt egal, ob er es tat oder nicht. Ich hatte noch nie etwas getan, das mir so viel Spaß machte. Selbst Joans Seitenhieb: »Geh erst mal rauf und nimm ein Bad, du stinkst nach Bratfett« prallte einfach an mir ab wie Wassertropfen an einem Kohlblatt. Ich hatte Krabbencocktail gemacht (sogar drei), die Kartoffelmasse auf ein ganzes Blech mit Pommes duchesse gespritzt und gehackte Petersilie auf die Ente à l'orange gestreut, genau in dem Moment, in dem Diane das Bein und die glänzende, nach Orangenmarmelade duftende Sauce aus dem heißen Plastikkissen gepreßt hatte. Ich hatte Toaststreifen für das Pâté gemacht und eine Schwarzwälder Kirschtorte aufgetaut (obwohl niemand ein Stück davon gegessen hatte). Zum Teufel mit Joan, mit Daddy, mit allen. Ich war endlich ein Koch.

Erhitzt, am ganzen Körper klebend und aufgeregt, stampfte ich hinauf in mein Zimmer und lehnte mich mit dem Rücken gegen das kalte Holz der Tür. Fast hätte ich überhört, wie Joan von unten an der Treppe heraufschrie: »Und vergiß nicht, deine schmutzigen Sachen in den Wäschekorb zu tun.«

Filet und Rumpsteak

»Filet ist ein bißchen zarter«, sagte Di, deren Erläuterungen ich begierig aufnahm. »Rumpsteak ist interessanter. Samstagabend geht viel Filet weg. Das ist die Schickeria, die rühren Rumpsteak nicht an. Mehr Geld als Verstand, natürlich.«

Bei Di lernte ich an zwei Abenden in der Woche mehr als bei Miss Adams in einem ganzen Jahr Hauswirtschaftsunterricht. Ich arbeitete jetzt auch sonntags – da standen drei Braten auf der Karte, ein Rinderrollbraten, so groß wie ein Baumstamm, Huhn, Lamm und manchmal auch Schwein – und manchmal noch einen Abend unter der Woche. Dianes Yorkshire Pudding war der höchste, den ich je gesehen hatte, noch aufgeblähter und wolkenartiger als der von Joan. Als ich ihn zum erstenmal sah, konnte ich es kaum erwarten, nach Hause zu kommen, um ihn dort möglichst vollmundig zu beschreiben.

Di brachte mir bei, wie man Bratensauce so macht, daß sie richtig glänzt, und Kartoffeln so im Ofen röstet, daß sie außen golden und kroß und innen schmelzend weich sind. Als die Howards einmal am Sonntagmittag nicht da waren, zeigte sie

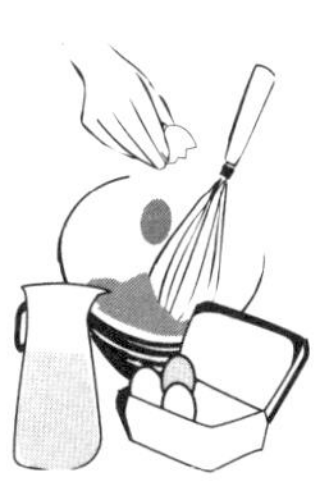

mir, wie man Rumpsteak und Filet grillt – »vielleicht mußt du das mal machen, wenn ich freihabe« – und wie man die Zwiebelringe dazu fritiert. »Mehl, Salz, Pfeffer, und dann rein ins kochende Öl. Steak ohne Zwiebelringe geht nicht.«

»Die Leute an Tisch vier werden die neuen Besitzer, geh mal und sieh sie dir an«, sagte Di eines Samstagabends gegen Ende des Schuljahrs. »Sie sind vorhin gekommen und haben sich mir vorgestellt. Doreen und Ken. Ich weiß nicht, wie sie hier zurechtkommen werden, sie haben noch nie ein Restaurant gehabt, aber sie wirken sehr engagiert. Sie hatten bis jetzt eine Farm.«

Doreen Beckett, eine schlanke, rothaarige Frau mit Sommersprossen, die ganz und gar nicht aussah wie eine Farmersfrau, übernahm die Leitung des Restaurants und des Hotelbetriebs, wobei sie mehr auf die Ausgaben und jede Art von Verschwendung achtete, als es die Howards getan hatten. Ihr Ehemann Ken, der die Statur eines Jockeys hatte, nistete sich in der Bar ein und rührte sich nicht mehr vom Fleck. Ihr Sohn Stuart war entweder auf einer Schauspielschule oder in der Royal Ballet School, je nachdem, welchen Elternteil man fragte. Gerechterweise muß man jedoch sagen, daß wohl nicht viele von Mr. Becketts Farmerfreunden einen Sohn hatten, der auf einer Ballettschule war. Er ist so schön, tönte Doreen, er wird bestimmt eines Tages ein Star.

Je mehr Zeit ich mit Doreen und Diane verbrachte und je weniger mit Joan, um so glücklicher war ich. In den Sommerferien half ich beim Mittag- und beim Abendessen und blieb nachmittags da, um das Silber zu putzen und die Tische zu decken. »Ich weiß nicht, warum du da nicht übernachtest«, knurrte Joan eines Abends, als ich klebend und stinkend vom Steakgrillen heimkam. »Verdammt, du kannst eigentlich auch gleich da wohnen.«

Die Küche ging auf den kiesbedeckten Parkplatz und auf die große Wiese hinaus, die zum Fluß hinunterführte. »Keine Kinder in der Bar« wurde strikt eingehalten, und oft hockten sie mit einem Glas Limonade auf dem Parkplatz, während ihre Eltern in der vornehmen Bar mit der Holztäfelung und den Stichen mit Jagdszenen saßen. Ein Mädchen, das älter war als die anderen, mit stechenden veilchenblauen Augen und dunklem Haar, das ihr wirr auf die Schultern fiel, saß immer stundenlang vorn im Humber Hawk ihrer Eltern, las etwas oder starrte einfach zu den anderen Kindern hinaus. Nie kam jemand heraus und brachte ihr etwas zu trinken. Wenn der Rauch vom Grill – »neue Bestellung, Tisch sechs, zwei Rumpsteaks, ein Filet und eine Grillplatte« – unerträglich wurde, stellte ich mich mit einer Limonade oder auch einmal einem Shandy auf den Parkplatz, und dann sah sie von ihrem Buch auf und lächelte.

Immer wenn etwas falsch ausgeschenkt worden war, wurde

es für das Personal in die Küche gebracht. Am Ende des Abends hatten wir uns durch Cocktails mit süßem statt trockenem Martini, Cider aus der Flasche statt wie bestellt vom Faß und – das war das beste – Gin Tonics hindurchgetrunken, wenn der Kunde plötzlich verschwunden war. Bei der Hitze und dem Rauch in der Küche nahmen wir alles, was wir bekamen. Gelegentlich brachte Mr. Beckett, stets bewacht von den kleinen, runden Augen seiner Frau, Di einen Brandy mit Babycham, von dem er behauptete, ihn versehentlich eingeschenkt zu haben. Seltsamerweise passierte ihm das jeden Abend um dieselbe Zeit.

Eines Abends wurde ein ganzes Tablett voller Drinks in die Küche gebracht – irgend jemand hatte eine Runde bestellt und war dann »verduftet« –, während nur Diane und ich da waren, um sie zu trinken. Ich trug ein paar hinaus zu dem Mädchen im Humber, das sie mit einem unverschämten, spöttischen Lächeln entgegennahm. Sie kippte sie hinunter, wie ich es bisher nur im Fernsehen gesehen hatte. Als ich später ein Steak zu stark durchbriet und keine Zeit hatte, das Beweisstück zu vertilgen, wickelte ich es in eine Serviette, lief damit auf den Parkplatz hinaus und gab es ihr.

Ich begann, nach Julia Ausschau zu halten – zumindest wußte ich jetzt, wie sie hieß – und kleine Filetsteaks extra für sie zu grillen, etwa den Zipfel am Ende oder eine Scheibe, die zu dünn geraten war. »Laß es nächstes Mal nicht so lang drauf«, sagte sie mit demselben unverschämten Grinsen.

»Ich glaube, du hast eine Verehrerin«, sagte Diane an einem besonders schwülen Abend Ende Juli. »Deine Freundin hat den ganzen Abend zu dir hergespäht.« Und dann: »Los, geh sie besuchen, ich komm schon allein zurecht.« Ich mochte Diane nicht sagen, daß sie wahrscheinlich nur nach ihrem Abendessen Ausschau hielt.

So ging es drei Wochen lang weiter: Ich schmuggelte Drinks und nur halb durchgebratene Steaks in einer triefenden Serviette zu Julia und verbrachte meine Pausen an ihre Autotür gelehnt, während sie mit den Zähnen an ihrem Steak zog und sich mit mir durchs offene Fenster unterhielt.

Meine freien Abende waren lang, still und unerträglich. Ich saß zu Hause in dem kalten Eßzimmer, während Joan *The Golden Shot* oder *Randall & Hopkirk. Detektei mit Geist* sah und Dad bei einer seiner Freimaurer-»Festivitäten« war. Aber jetzt waren Sommerferien, und ich hatte keine Hausaufgaben, keine Entschuldigung, etwas anderes zu tun, als mit ihr oder mit ihr und ihm fernzusehen, mich zu grämen, während er im Sessel saß und sie, zwischen seine Beine geschmiegt, auf dem Boden. Eines Abends log ich, ich müßte zur Arbeit, und ging den Hügel hinunter, um den ganzen Abend lang dazustehen und mit Julia zu plaudern.

»Warum gehen wir nicht runter zum Fluß?« fragte sie. Wir gingen Seite an Seite, ohne viel zu reden, kletterten über den Zauntritt und stapften über die Koppel zum Fluß und zu der Eiche, deren Wurzeln aus der bemoosten Erde ragten wie ein Knäuel von Schlangen.

Eine Stunde oder noch länger saßen wir da, mit dem Rücken am Baumstamm. Wir sprachen nicht viel, sammelten hin und wieder eine Eichel auf und warfen damit nach nichts Bestimmtem. Einmal schwiegen wir gut zehn Minuten lang. Ab und zu wallte aus dem Nichts eine wohltuende kühle Brise herüber und verschwand dann wieder, ließ eine heiße, bleischwere Luft zurück. Wir schwiegen immer noch. Ich wußte nicht recht, was ich tun sollte, wenn überhaupt etwas. Auf dem Parkplatz hatte ich mehr Leute bumsen sehen, als irgend jemand hätte ins Gebet nehmen können, aber ich wußte nicht, was dem vorausgehen sollte. Die Autos, in denen nicht viel zu passieren schien, hatte ich immer links liegenlassen. Dann sagte Julia leise, fast sachlich: »Du mußt dich beeilen. Ich muß bald wieder zurück.«

Wir verbrachten die restlichen Wochen der Ferien in einer Art Zweckverband – Steak gegen Sex –, der uns beide zufriedenzustellen schien. Alle nannten sie meine Freundin, aber das war sie nicht. Es waren nur Steaks, Knutschen und Bumsen. Immer am selben Ort, zur selben Zeit. Das Leben verlief angenehm geordnet und vorhersehbar. Ich grillte Steaks, füllte

Weingläser mit Krabbencocktails, taute Coq au vin auf und lernte, Irish Coffee zu machen, mit einer dicken Sahnehaube, die auf dem süßen, schwarzen, mit Whisky aufgefüllten Kaffee zu schweben schien. Ich gewöhnte mir an, jedesmal einen zu verpatzen, so daß kleine Sahnestrudel in den Kaffee sanken, damit ich ihn trinken konnte, bevor ich mit Julia verschwand. Ich hortete jeden Penny meines Lohns in einer alten Zigarrenkiste hinter meiner *Children's Encyclopaedia*. Dad und Joan sah ich nur so lange, wie ich brauchte, um durchs Wohnzimmer hinauf ins Bett zu gehen und meine perfekt gebügelten Sachen aus dem beheizten Trockenschrank zu holen. Sauber, ordentlich und vorhersehbar. Und dann tauchte Stuart auf.

Krabbencocktail

Irgend etwas ist los. Dad trägt sein bestes Hemd und seine Kavallerie-Twill-Hose. Joan ist in dem einzigen Kleid heruntergekommen, das nicht aus einem Katalog stammt. Außerdem trinkt er einen Gin Tonic, und sie hält einen süßen Martini mit Limonade in der Hand. In der Spüle liegt ein Beutel Krabben.

»Meinst du, sie sind schon aufgetaut?«

»Ich glaub schon, Schatz. Ich hab sie vor einer Stunde rausgenommen.«

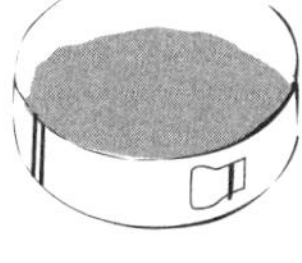

Er wendet sich mir zu. »Wir dachten, wir essen heute abend Krabbencocktail.« Ein großes Fragezeichen hängt drohend über dem Satz.

»Oh, kann ich sie für euch machen? Ich mach sie jeden Abend im Hotel.«

Seit Wochen machte ich schon Krabbencocktails. In Streifen geschnittener Salat, aufgetaute Krabben (»Nimm lieber drei Beutel raus, Nigel, wir sind heute abend voll ausgebucht.«), eine Sauce aus gekaufter Mayonnaise und Tomatenketchup, bestreut mit ein wenig gehackter Petersilie und einem Hauch von Paprika. »Sei sparsam mit dem Paprika, den mögen vielleicht manche nicht. Du weißt ja, wie sie am Samstag sind«, predigte Doreen Beckett.

Ich schneide eine dünne Scheibe von dem Eisbergsalat aus dem Kühlschrank ab. »Ich weiß, er schmeckt nicht nach viel, aber er hält sich so gut.« Ich stecke ihn in zwei Weingläser. Wir haben nur zwei. Ich reiße den Krabbenbeutel auf, drücke das Wasser heraus und lasse die blaßrosa Kommas in die Gläser fallen. Mayonnaise haben wir nicht, also schütte ich einen Klecks Salad Cream in eine Pyrexglasschüssel, dann rühre ich einen Schuß Tomatenketchup hinein, der extra zu diesem Anlaß gekauft wurde. Hinten in der Speisekammer steht eine Papptrommel mit gemahlenem Pfeffer von Lion. Ich schüttele sie über der Sauce, aber die Löcher sind verstopft, also hebele ich den Deckel mit dem Daumen heraus und nehme eine Prise mit den Fingern. Neben dem Pfeffer steht ein Behälter mit einem ziegelroten Pulver, das aussieht wie der Paprika, den ich bei der Arbeit nehme. Es steht »Cayenne« darauf, aber es riecht fast genauso.

Mein Vater ißt einen Löffel von seinem Krabbencocktail. Er starrt mich über den Brillenrand an. Trotz seines strengen, gläsernen Blicks habe ich das Gefühl, er wird mir gleich sagen, das sei der beste Krabbencocktail, den er je gegessen habe. Ohne den Löffel zu senken, starrt er mich weiter an, auf einmal mit Tränen in den Augen.

»Gehört das so scharf?« fragt Joan schniefend.

»Du kleiner Mistkerl«, sagt mein Vater, das letzte Wort voller Haß betonend.

Pfirsich Melba

Das Mittagessen sonntags im Talbot war eine Art Familientreffen, an dem ich voll Dankbarkeit teilnahm. Dazu wurden im Restaurant mehrere kleine Tische zu einer langen Tafel zusammengestellt, und Personal und Familie saßen Seite an Seite beisammen und redeten über die Arbeit, die Kunden – »Diese alte Kuh an Tisch drei hätt ich erwürgen können« – und die Techtelmechtel unter den Hotelgästen – »Ich sag dir,

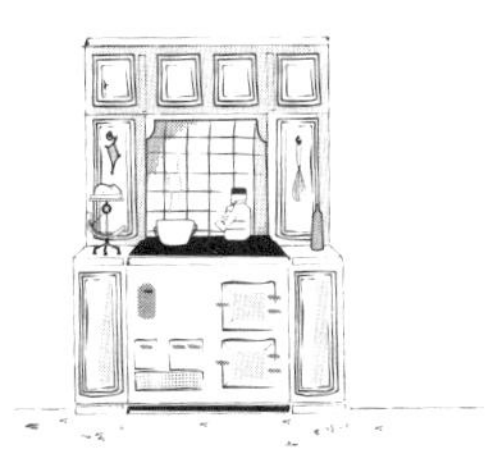

das ist Herr X in Zimmer sechs, und das ist *nicht* seine Frau«. Platten mit Dianes Rinder- und Schweinebraten wurden herumgereicht sowie Edelstahlschüsseln mit überbackenem Blumenkohl und grünen Bohnen mit Butter, und es wurde in einem fort gelästert und geschwatzt.

Oft waren auch die zwei Töchter der Becketts dabei, manchmal mit Schulfreundinnen, die übers Wochenende da waren. Sie waren reizend, aber immer sehr reserviert, als wären sie in einer anderen Welt zu Hause. »Heute kommt Mrs. Becketts Sohn zum Mittagessen«, verkündete Diane eines Sonntagvormittags. »Den hast du noch gar nicht gesehen, oder? Er sieht wahnsinnig gut aus.«

Stuart sah wirklich gut aus, und zudem besaß er im Umgang mit dem Hotelpersonal ein absolutes Selbstvertrauen, das nicht nur von all den Jahren auf einer Privatschule herkam, sondern einfach daher, daß er der Sohn des Besitzers war. »Findest du nicht auch, daß er aussieht wie David Bowie?« wollte Di wissen, als Stuart und seine Freundin, ein kleines, dunkelhaariges Mädchen namens Beany mit einem lauten Lachen, durch die Küche gegangen waren. Ich fragte Di, ob Beany seine Freundin sei. »Möglich«, sagte Diane, die erste Silbe extralang dehnend, und senkte dann die Stimme: »Aber du weißt doch, was man über Tänzer sagt.«

Ja, das wußte ich. Und ich hoffte, es stimmte. Ich wollte endlich einmal jemanden kennenlernen, oder zumindest aus nächster Nähe sehen, den mein Vater als »einen von denen« bezeichnet hätte. Joan nannte solche Männer »weibisch« und in einem Fall »Tunten« und konnte die Namen ihrer Vertreter im Showbusineß herunterrattern wie das Einmaleins: Larry Grayson, Kenneth Williams, Frank Ifield, Charles Hawtrey und, so »glaube« sie, Frankie Howerd und Bruce Forsyth. »Ich weiß nicht, ob du bei dem alten Brucie recht hast. Ich glaube, er tut nur so«, behauptete Dad mit Recht. »Ach, und die zwei, die zusammen singen«, fügte sie jedesmal hinzu, womit sie Peter and Gordon meinte. Daß Leute »einer von denen« wären, war bei Dad und Joan fast schon eine fixe Idee. Marc Bolan von T. Rex, die Schauspieler Michael Crawford und Jimmy Edwards, fast jeder in *Top of the Pops* wurde dessen verdächtigt und natürlich auch Mick Jagger, nachdem er bei dem Open-air-Konzert im Hyde Park ein weißes Kleid getragen hatte. »Blöde Frage, natürlich nicht«, antwortete mein Vater mir barsch, als ich einmal wissen wollte, ob Frauen »auch so« sein könnten.

Stuart und Beany aßen unter viel Gelächter und Herumgealbere am anderen Ende des Tisches. Einmal kam es sogar fast zu einer Essensschlacht, aber sie wurde eingestellt, als der alte Beckett mit neuen Getränken hereinkam. Es war so völlig anders, als wir zu Hause aßen, wo selbst ein beiläufiges Kompliment über das Essen etwas war, was »man nicht tut«. Im Hotel aßen wir immer die übriggebliebenen Pies und Sylla-

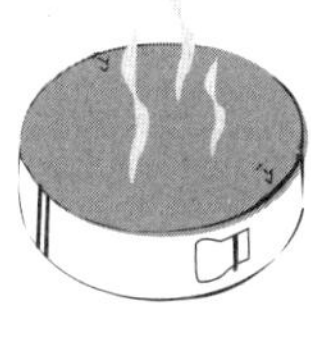

bubs, aber Stuart und Beany gingen in die Küche und machten riesige Portionen Pfirsich Melba, wobei sie im ganzen Raum eine Pfirsichsaftspur und Erdbeereiskleckse hinterließen. »Die zwei sind schon ein heißes Paar, so wie man's sonst nur im Fernsehen sieht«, meinte Joyce, eines der Zimmermädchen.

»Warum gehst du nicht hoch und siehst mit Stuart und seiner Freundin fern?« sagte Mr. Beckett später, als wir die Weingläser abtrockneten und die Regale in der Bar mit Orangensaft und Canady Dry auffüllten. Doreen machte mir zehn Minuten darauf genau denselben Vorschlag und fügte hinzu: »Du störst sie nicht, weißt du, sie sind nicht zusammen, sie ist nur eine Freundin aus der Schule.« Doreen Beckett blickte mir fest in die Augen, als versuche sie, mir etwas zu sagen.

Stuart und Beany lagen zusammen auf dem Bett, sahen einen Schwarzweißfilm und tranken Bier. Sie wirkten eindeutig wie ein Paar. »Komm rein, mein Lieber«, sagte Stuart, dessen Wimpern mir plötzlich doppelt so lang und schwarz vorkamen. Ich setzte mich auf den Boden, lehnte mich mit dem Rücken ans Bett und starrte geradeaus auf den Fernseher. Trotz der Versicherung seiner Mutter fühlte ich mich hier fast genauso überflüssig wie daheim.

Wir saßen da und sahen uns den Film an, wobei ich aufmerksam auf jedes Rascheln lauschte, wenn die beiden die Stellung wechselten – zuerst er mit dem Kopf auf ihrer Brust, dann sie mit dem Kopf auf seiner, dann er auf dem Rücken liegend mit Beanys Bein unter sich. Irgendwann spürte ich, wie er ein Knie an meinen Nacken lehnte, dann rutschte sein Bein langsam an meiner Seite hinunter, und er vergrub die Zehen in meiner Ellenbeuge. Wir schlangen uns alle drei lose ineinander wie eine Schüssel Spaghetti. Es war unbequem, aber dennoch fühlte ich mich merkwürdig wohl dabei.

Der Abspann des Films rollte über den Bildschirm, und wir bewegten uns alle ein wenig, streckten die Arme und entwirrten unsere Glieder. Stuart schlug vor, zum Fluß zu gehen. »Ich rühr mich hier nicht mehr weg«, sagte Beany, die kurz vor dem Einschlafen war. »Komm, dann gehen wir allein.« Stuart sprang auf und zog mich hoch.

Es war ein peinlicher Spaziergang. Minutenlanges Schweigen, von dem ich nicht wußte, wie ich es brechen sollte (mir ging nicht aus dem Sinn, daß er der Sohn meines Arbeitgebers war), begleitet von einem mulmigen Gefühl im Bauch und dem dringenden Bedürfnis zu pinkeln. So allein, ohne seine Familie und seine Freundin, war er weniger selbstbewußt, ja sogar still. Wir bummelten am Flußufer entlang, als ob wir beide darauf warteten, daß etwas passierte oder ausgesprochen würde. An einer Stelle, an der die Strömung stärker wurde, kletterten wir durch hohes Gras und langstielige Butterblumen zu einem Stück der Wiese hinauf, zu dem ich oft mit Julia kam. »Warte mal kurz«, sagte ich. »Ich muß mal.«

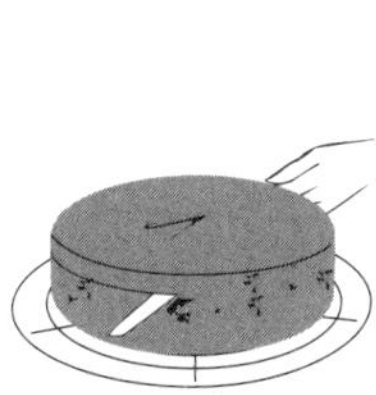

Als ich den Reißverschluß meiner Jeans öffnete, schlang Stuart mir die Arme um den Hals und zog meinen Kopf zu sich heran. Wir küßten uns kurz, vielleicht ein, zwei Sekunden, dann legte er mir den Arm um den Hals, und wir rannten zurück zum Hotel. »Bis später«, sagte er und sprang, zwei Stufen auf einmal nehmend, zu seinem Zimmer hinauf. Ich ging in die Bar und legte mich auf eines der langen, weichen Sofas, unsicher, was, wenn überhaupt etwas, gerade passiert war. Ich hatte Schmetterlinge im Bauch, doch zugleich war ich irgendwie enttäuscht. Ich hatte es mir sehr viel aufregender vorgestellt, »einer von denen« zu sein.

Eingelegte Walnüsse

Als Dad in Rente gegangen war, gewöhnte er sich an, mich mit dem Auto von der Schule abzuholen. Er hatte seinen alten Rover mit den schimmernden Ledersitzen und dem Armaturenbrett aus Walnußholz gegen einen neuen, leuchtendblauen Japaner eingetauscht, der aus Kunststoff zu bestehen schien und nach Kotze roch. Es war mir peinlich, darin gesehen zu werden, und ich vermißte es, die Blätter am Straßenrand aufzuwirbeln, wie auch das aufregende Gefühl, beobachtet zu werden, während ich im Wald pinkeln ging.

Das Gewächshaus war Dads wichtigste Zuflucht vor Joans Ran-an-den-Staub-Welt. Jene Welt, in der es vor allem darum ging, anderen zu zeigen, daß man sauber und ordentlich war. In der feuchten Wärme des kleinen verglasten Fachwerkbaus roch es im Frühjahr nach Blumentopferde und leicht nach Zigarettenrauch und im Sommer nach dem intensiven Kräuteraroma von grünen Tomaten. Bei Bodenfrost war die Luft so schwer vom Duft seiner Orchideensammlung, daß es war, als ob man durch Honig ginge, während sich über einem Passionsblumen an Schnüren entlangwanden. Joan ging nie ins Gewächshaus, hielt nie ein Cymbidium an ihre Nase, knickte nie einen Tomatentrieb ab, nur um daran zu riechen, pflückte keine einzige Tomate, bis auf einmal, als sie eine fremde Frau dabei erwischte, wie sie sich von Dads reifsten Tomaten bediente – Joan schlug sie in die Flucht wie ein Kater, der sein Revier verteidigt. »Hier, die hat sie gepflückt«, schimpfte Joan und hielt Dad eine Handvoll fette Moneymaker-Tomaten hin. »Hat behauptet, sie hätte gedacht, die wären zum Selberpflükken – der hab ich was erzählt, von wegen Selberpflücken.« Dad antwortete, sie hätte sie der Frau ruhig überlassen sollen. »Wir haben mehr als genug.«

Ihm fiel jedesmal ein wenig die Kinnlade herunter, wenn er sah, was seine neue Frau zum Abendessen gemacht hatte. »Ich weiß nicht, ob ich das alles essen kann«, sagte er eines Abends kleinmütig, als er an einem Wochentag aus dem Garten her-

einkam und Melonenschnitze auf dem Tisch standen, im Ofen ein Hähnchen brutzelte und auf der Arbeitsplatte eine Apple Pie mitsamt Stechpalmenblättern aus Teig wartete. Anscheinend hatte er Angst, zuviel zu sagen, aber offensichtlich fand er, daß sie es mit diesen Drei-Gänge-Menüs während der Woche mit zum Teil auch noch verschiedenen Nachspeisen übertrieb. Dann gab es da noch die Snacks und Leckereien, die sie ihm den ganzen Tag lang zum Gewächshaus brachte: Käsetoasts, Welsh Rarebit, Schinkensandwiches, ein Stück Strawberry oder Apple Pie oder Battenberg Cake. Er bekam keine Tasse Tee ohne ein fettes Stück Victoria Sandwich Cake. Stolz, wie ich war, brachte ich weiterhin ab und zu etwas aus dem Kochunterricht mit nach Hause, aber ich hatte angefangen, meine Erzeugnisse im Schulbus herumzureichen. Jetzt, da Joan begonnen hatte, Pavlova mit Mandarinen und Maraschinokirschen zu machen, schienen vier kalte Rissolen in Aluminiumfolie ein eher klägliches Angebot zu sein.

Dad hatte eine Vorliebe für absonderliches Zeug, die ich nicht verstand. Eine graubraune Paste namens Gentleman's Relish, die er auf Dreiecke aus Mother's-Pride-Toast schmierte; die Fleischbällchen in Sauce von Campell; Sandwiches mit Hühneraufstrich von Shipphams; das Piccalilli von Crosse & Blackwell, das in der Schule alle »Kamelrotz« nannten; Orangenmarmelade mit Whisky; Porridge mit Salz statt mit Zucker; und seine geliebten sauer eingelegten Walnüsse – die wie anatomische Präparate in Gläsern in der feuchten, dunklen Speisekammer standen, fest verschlossen gegen die Armee von Silberfischchen, die unter dem Kühlschrank lebten. »Die haben nichts mit Schmutz zu tun, sie mögen nur die Feuchtigkeit«, erinnerte uns Joan jedes Mal, wenn eines auf die Fußleiste zuflitzte. (Womit die Silberfischchen gemeint waren, nicht die eingelegten Walnüsse.)

An einem Sonntag, an dem wir ein Dorffest auf einer Wiese am Fluß besuchten, kam Dad mit einem Glas eingelegte Walnüsse zurück, das so groß war wie die Bonbongläser hinter der Süßigkeitentheke in der Post. »Damit werden wir ein, zwei Jahre reichen«, sagte er, als er sie aus dem Kofferraum ins Haus trug.

»Ich weiß nicht, wie du diese widerlichen Dinger essen kannst«, sagte Joan, sich schüttelnd, und rümpfte die Nase, als hätte er ihr ein Glas mit eingemachter Hundekacke in die Hand gedrückt.

Eines Tages kam ich nach Hause und bekam gesagt, Dad sei Tennisspielen gegangen. Mir meinen Vater ohne Pfeife vorzustellen fiel mir schon schwer genug, daß er auf einem Tennisplatz herumhüpfte, erschien mir unvorstellbar. »Warum Tennis?« fragte ich.

»Ich weiß nicht, dein Vater fand einfach, jetzt, wo er in Rente ist, müßte er irgendeinen Sport machen«, erklärte mir Joan, obwohl ich merkte, daß sie genausowenig überzeugt war

wie ich. »Das ist immerhin besser als dieser ganze komische Freimaurerkram«, sagte sie mit gedämpfter Stimme und gab mir damit das Gefühl, sie vertraue sich mir ausnahmsweise an. »Er sagt, er will zweimal die Woche spielen gehen.«

Die Freimaurer hatten in Dads Leben immer eine große Rolle gespielt. Ständig war er bei irgendeinem Treffen, einem Ball oder einer karitativen Veranstaltung. »Das hat was damit zu tun, daß man sein Hosenbein hochkrempelt«, sagte Joan eines Abends, als kenne sie sich aus und als würde das alles erklären. »Das ist irgend so ein Code«, fuhr sie fort, womit sie andeutete, daß Millionen von studierten und anscheinend gesunden Männern zig Kilometer weit fuhren, um voreinander ihr linkes schwarzes Hosenbein hochzukrempeln und dann wieder heimzufahren. Die Freimaurer, das Gewächshaus und jetzt Tennis. Warum hatte er sie überhaupt geheiratet, wenn er so vieles tun wollte, von dem sie ausgeschlossen war?

Wir sprachen nie über Geld. Ich hatte einfach das Gefühl, daß etwas nicht stimmte. Er hatte Joan in letzter Zeit ein paarmal ziemlich scharf angeredet, einmal, als sie für einen Wochentag geräucherten Lachs kaufte, und ein anderes Mal, als sie ein Stück alte Torte in den Mülleimer warf. »Es scheint jetzt ja so viel Torte zu geben?« sagte er, als wäre es eine Frage. Dann fügte er rasch hinzu: »Ich meine nur, das hätte doch ein Trifle werden können.«

Joan explodierte. »Ein Trifle werden können!« brüllte sie. »Das hätte es nur werden können, wenn ich eins draus gemacht hätte.« Und dann: »Meinst du nicht, daß ich genug zu tun hab? Hinter ihm herputzen und hinter dir, den Garten machen, Unkraut zupfen, den Rasen mähen und den Hund ausführen. Er macht keinen Strich außer seinen Hausaufgaben. Laß ihn doch dein verdammtes Trifle machen.« Sie warf den Kopf in meine Richtung. Es war, als wäre ein Felsblock vom Himmel gefallen und hätte uns drei knapp verfehlt. Mein Magen krampfte sich zusammen, und ich mußte dringend aufs Klo. Ich ging hinaus in den Garten, ohne einen von beiden anzusehen. Als ich um die Ecke verschwand, hörte ich ihn sagen: »Ich werd ihm sagen, daß er dir ein bißchen mehr helfen soll.«

Eine Stunde später kam mein Vater mit einer Grasschere mit langen Griffen zurück, einem nagelneuen, offenkundig teuren Ding. »Die ist für die Ränder«, sagte er entschuldigend, »damit du nicht mehr mit der kleinen Schere auf den Knien herumrutschen mußt.« Er mußte extra nach Bromyard gefahren sein. Joan blickte nicht einmal auf, sie knipste einfach weiter die verblühten Rosen ab, eine Arbeit, die mein Vater liebte, eine Arbeit, die er früher an Sommerabenden immer nach einem Glas Whisky getan hatte, wozu er jetzt jedoch keine Gelegenheit mehr bekam. Jetzt erledigte das seine Frau. Ein brauner Rand an einem einzigen Blütenblatt, und selbst die

herrlichste Rose fand sich auf dem Kompost wieder. Ein Rosenstrauch ist ohne Rosen viel ordentlicher.

Die zwei Süßschnäbel

Seit einiger Zeit sah mein Vater müde und bleich aus, wenn er aus dem Garten hereinkam, und seine Haut wirkte ein wenig klamm, wie feuchter Teig. Alle Beete waren bepflanzt mit Dingen, die er schon immer im Garten hatte haben wollen: duftende Wigwams aus Wicken, Zeilen von hochgebundenen dicken Bohnen, militärische Reihen von Möhren, die säuberlich mit Sortennamen beschriftet waren – ja er baute sogar seinen eigenen Tabak an und trocknete die langen Blätter über den Speicheröfen in den Schlafzimmern. Seine Orchideen wuchsen sich zu einer echten Obsession aus: Er verwandelte eine Hälfte des Gewächshauses in einen kleinen Regenwald und hängte Körbe mit verschiedenen winzigen Orchideen auf, die wie gelbe, blutbespritzte Bienen aussahen. Wenn er gut aufgelegt war, rief er mich, um mir seine neuesten Erfolge zu zeigen, einen geschwungenen Zweig voll weißer Blüten, die rosa und blaßlila gerändert waren wie die Flügel seltener Schmetterlinge, oder eine steife Rispe mit grün-braunen Knospen, aus denen herrliche, unzüchtige Blüten hervorbrachen.

Die neue Wärme, die er seit seiner Heirat ausgestrahlt hatte wie ein frisch gebackener Laib Brot, hatte sich in letzter Zeit verloren, und er redete weniger als früher. Auf Fragen antwortete er schroff, manchmal überhaupt nicht, und außer mit seinem geliebten Garten hatte er wenig Geduld. Er begann, mich ohne bestimmten Grund anzufahren. Mit meinen fünfzehn Jahren, meinen Hormonschwankungen und all der Arbeit für die Prüfungen war ich die ideale Zielscheibe. Die Luft zwischen uns war zum Zerreißen gespannt, wie die Haut um einen eitrigen Pickel.

Ein- oder zweimal sah ich vom Bad aus, wie er sich beim Umgraben des Pastinakenbeetes an die Brust griff. Er blieb erst wie versteinert stehen und rieb sich dann die Brust, wie wenn er Sodbrennen hatte. Nur daß er diesmal keine von den Setlers nahm, die er stets bei sich trug. Ich hörte, wie er meine Stiefmutter fragte, warum es jetzt immer drei Gänge und jeden Tag, auch werktags, Nachtisch gab. Eines Sonntagmittags, als sie uns vor dem Braten Suppe und danach eine mit Buttercreme verzierte Himbeertorte servierte, sagte er: »Das ist ja alles sehr schön, Joan, aber ich brauch es wirklich nicht.«

Wenn ich nicht arbeitete, saß ich meist auf meinem Zimmer und hörte mir meine Schallplatten an – *Madman Across the Water, Aladdin Sane, Tea for the Tillerman* –, im Dunkeln bis auf das Unterwasserlicht der Lavalampe. Ich erfand sogar größere Hausarbeiten und tat alles, um nur nicht mit den Neuvermähl-

ten vorm Fernseher sitzen zu müssen und mich überflüssig zu fühlen. »Ich weiß gar nicht, was du die ganze Zeit auf deinem Zimmer machst«, klagte Joan vorwurfsvoll. Ich habe keine Ahnung, ob es Dad wirklich störte, aber sobald sie ihrer Unzufriedenheit Ausdruck verliehen hatte, mußte er sich ihr anschließen und erzählte mir, es sei unnormal für einen fünfzehnjährigen Jungen, soviel Zeit allein auf seinem Zimmer zu verbringen. Dann wieder redete sie, als wäre ich gar nicht da: »Er hat wieder den ganzen Nachmittag auf dem Zimmer gehockt«, sagte sie zu ihm und verschränkte die Arme fest vor der Brust, während ich nur anderthalb Meter entfernt saß. Es hätte mir nicht soviel ausgemacht, wäre ihre jetzt viel offenere Feindseligkeit nicht so ansteckend gewesen.

Dad war immer noch ein Süßschnabel – man traf ihn selten ohne ein Pfefferminzbonbon oder ein Toffee an. Er hatte Toffos im Gewächshaus liegen, Lakritzkonfekt in der Nachttischschublade und eine Tüte mit Fox's Glacier Fruits im Handschuhfach. Zum Wochenende kaufte er eine Schachtel pastellfarbene Fondantpralinen, Clarnico Mint Creams oder welche von den Ruffle-Riegeln mit der rosa Kokosfüllung und zu Weihnachten Alkoholpralinen in bernsteinfarbener, grüner oder goldener Folie. Dann gab es auch kandierte Feigen, Datteln, die an dem Papier in den länglichen Schachteln klebten, und flache runde Packungen mit gezuckerten Orangen- und Zitronenscheiben.

Mehr nach meinem Geschmack waren Schokoriegel wie Peppermint Aero aus Luftschokolade, Curly Wurlys mit der zähen Toffeefüllung, der Summit-Riegel, den es nicht lange gab, und Aztec von Cadbury aus von Erdnüssen umschlossenem Karamel. Für Dad standen Schokoriegel (bis auf Fruit and Nut und aus irgendeinem Grund der Caramac-Riegel mit Karamelgeschmack) grundsätzlich auf einer tieferen Stufe. Den Tiefpunkt des süßen Lebens bildeten für ihn Paranüsse mit Schokoladenüberzug oder die Mokkapralinen in der Black-Magic-Mischung.

Manchmal kam er ohne jeden Grund mit einer Schachtel Pralinen heim, mit Newberry Fruits, einer Dairy Box oder einer langen, schlanken Packung Matchmakers-Schokoladenstäbchen. Wenn es einen besonderen Anlaß gab, waren es Terry's All Gold. Dann saßen die beiden eingekuschelt da, sahen sich die *Des O'Connor*-Comedyshow an und reichten mir ab und zu widerwillig die Pralinen. »Hat er zwei genommen?« fragte Joan leise, zweifellos stinkwütend, daß ich ihr die mit der Orangenfüllung geklaut hatte.

Mit meinen ein Meter fünfundsiebzig und siebenundfünfzig Kilo konnte ich essen, was ich wollte. »Ein schlechter Futterverwerter«, so lautete die übliche Erklärung, aber meine Tante sagte immer, ich hätte »Würmer«. Adrian nannte mich »das lange Elend«, wenn auch nicht in Dads Gegenwart. Meine Tante meinte, mein Vater habe in meinem Alter die-

selbe Statur gehabt und erst mit vierzig zugenommen. Da ich erst auf die Welt kam, als er fast fünfzig war, hatte ich ihn zwar nie mager erlebt, aber eines war sicher: So dick wie jetzt hatte ich ihn noch nie gesehen.

Nur wir zwei

Der Schulbus hält vor dem Pub, und ich sehe aus dem Fenster, suche nach Dads blauem Japaner. Der Wagen steht da, aber nicht mit Dad am Steuer. Das Fenster ist heruntergekurbelt, und hinter dem Lenkrad sitzt, den Ellbogen zum Fenster hinausgestreckt, Joans Schwiegersohn Martin. Er sieht aus, als läge ihm eine schwere Last auf der Brust.

Ich öffne die Beifahrertür, werfe meine Schultasche auf die Rückbank und lasse mich auf den Vordersitz plumpsen. So setzte man sich mit sechzehn hin. Obwohl Martin nichts sagt, weiß ich, daß etwas nicht stimmt. Er fragt mich, wie es mir geht, was ich heute in der Schule gemacht habe. Wir fahren den Hügel hinauf zum Haus, und ich habe das Gefühl, daß ich seine banalen, ein wenig verlegenen Fragen ruhig und höflich beantworten muß, denn ich weiß, es ist etwas Schlimmes, etwas Furchtbares passiert.

Als der Wagen in der Einfahrt hält, sehe ich Joan schnell herauskommen. Ihre Augen sind feucht und schwarz und zucken hin und her, als wäre sie wegen irgend etwas in Panik. »Ich muß dir etwas sagen«, sagt Martin in einem Ton, der klingt, als hätte er dies stundenlang geübt. Verlegen rutscht er auf seinem Sitz herum und sieht auf seinen Schoß. »Dein Dad hat heute morgen Tennis gespielt und...« Joan erreicht den Wagen, reißt die Tür auf und wirft mir die Arme um den Hals.

»Jetzt sind wir allein, Sohn«, platzt sie heraus. Bei dem Wort »Sohn« überschlägt sich ihre Stimme, dann bricht sie in Tränen aus. Ich weiß nicht, warum, aber von dem Moment an, in dem ich Martin im Auto sah, wußte ich, daß Dad tot war. Ich fühle mich benommen, aber zugleich merkwürdig stark und ruhig. Als meine Stiefmutter mich fest drückt, sage ich kein Wort (ich weiß wirklich nicht, was ich sagen soll) und löse mich langsam, aber bestimmt aus ihren Armen, wobei ich mich jedoch bemühe, nicht grob zu sein. Martin ist ausgestiegen und hält sie jetzt. Sie schluchzt. Ich nehme meine Schultasche vom Rücksitz und gehe ins Haus. Drinnen steht ein netter, sonst sehr fideler Nachbar und spricht mit grimmigem Gesicht ins Telefon, und seine Frau, die sonst soviel lacht, packt mich, drückt mich an ihre Brust und sagt zu niemand Bestimmtem: »Kann mir mal bitte jemand sagen, was ich dem Jungen hier erzählen soll?«

Ich gehe hinauf, schließe die Tür meines Zimmers und setze mich aufs Bett. Ich habe das Gefühl, ich sollte weinen. Aber es

kommen keine Tränen. In meinem Bauch flattern aufgeregte Schmetterlinge, und ich spüre, wie etwas anderes als Tränen in mir hochsteigt. Ich spüre ein Prickeln und eine Wärme, wie wenn etwas Wunderbares passiert. Wie wenn mir die Glieder einschlafen. Ich beiße mir fest auf die Lippe, nicht, damit ich nicht weine, sondern um mich zu versichern, daß all dies wirklich geschieht.

Noch eine Beerdigung

Die Blumen waren wunderschön, wie man es sich für einen Mann, für den die Freuden der Gartenarbeit denen des Geschlechtsverkehrs gleichkamen, nur wünschen konnte. Das Wetter war freundlich, das Zaunpublikum aus dem Dorf respektvoll und der Pfarrer so großzügig, wie er es bei einem Mann, den er nur als Leiche kannte, sein konnte.

Für eine Beerdigung war es ein unerwartet schönes, ja romantisches Ereignis, in einer kleinen Kirche, die sich unten an den Hügel schmiegte und durch deren Buntglasfenster die Sonne auf den Sarg schien. Der Sarg war aus Walnußholz, wie Dads Pfeife, mit schweren Messinggriffen, der Leichenwagen so glänzend und schwarz, wie Dads pomadisiertes Haar es bis zum letzten Tag gewesen war. Es lief wirklich alles ziemlich gut, zumindest bis der Leichenwagen langsam an uns vorbeischwenkte. Man konnte fast hören, wie die gesamte Familie die Luft anhielt, als sie das diskrete Schild »Genossenschaftlicher Bestattungsdienst« neben dem Sarg entdeckte. Alle wußten, daß Dad sich eher von der Müllabfuhr hätte abholen als von der Genossenschaft bestatten lassen.

Das Begräbnis fand auf einem hübschen, an einem Hang gelegenen Friedhof statt, in einem Ort namens Suckley, wo Dad nur einmal gewesen war, als wir uns auf dem Weg nach Hereford verfuhren. Ich war äußerst zufrieden mit Joans Wahl, den herabwallenden Heckenrosen und den von Flechten bedeckten Grabsteinen, aber von anderer Seite hörte man Murren. Seine Schwester hatte ihn neben ihrer beider Mutter begraben wollen, in einer Grabnische gleich bei der Walsall Road in Birmingham. Dann wies jedoch jemand darauf hin, daß sich die beiden nie sehr gut verstanden hatten, so daß es nicht sonderlich nett zu sein schien, sie jetzt nur um der Ordnung willen zusammenzustecken.

Als die Gemeinde »The Lord is my Shepherd« sang, mußte ich weinen, wie auch über die prachtvollen, wippenden weißen Lilien auf dem Sarg. Doch es waren keine stärkeren Emotionen, als Orgelklänge bei jedem Anlaß in mir ausgelöst hätten. Um ehrlich zu sein, ich wäre auch in Tränen ausgebrochen, wenn jemand auf einer Kirchenorgel eine Polka gespielt hätte.

Joan verhätschelte mich die ganze Woche lang, briet mir abends ein Steak und nannte mich »Sohn«. Ein Zeichen, wie böse Zungen behaupteten, daß Dads Testament noch nicht eröffnet worden sei. Dabei hatte sie keinen Grund, sich zu sorgen, denn wie jeder weiß: Mit nichts kann man die Aufmerksamkeit eines alten Mannes so gut fesseln wie mit Sex und selbstgebackenem Kuchen.

Apple Pie oder: Wach auf!

»Genau, mach acht Apple Pies«, sagte Jim, dessen säuerlicher Bieratem so früh am Morgen ein Schock war. Kein Wort von einem Rezept oder davon, wo das Mehl, die Butter, die Äpfel, der Zucker oder auch nur der Wasserhahn waren. Fast wäre ich auf der Stelle wieder gegangen, voller Panik und mit hochrotem Kopf.

Das Sun Hotel war ein typisches Dreisternehotel in einer Kreisstadt, mit Stores, die schon bessere Zeiten gesehen hatten, und einem Speisesaal, der so roch wie ein Staubsaugerbeutel. Die Teppiche waren aus abgewetzter grüner Wolle mit rosa und goldenen Rokokoschnörkeln, die Stühle mit dunkelblauem

Lederimitat bezogen. Doch es waren vor allem die Tische, die ins Auge fielen, mit den frischen weißen Decken, die bis kurz vorm Brechen gestärkt waren, dem blitzenden Silberbesteck und den Glaskrügen mit Eiswasser. Es gab kleine Silberschalen, in denen Butterstückchen auf Eis lagen, makellos weiße Servietten, die knisterten, wenn man sie entfaltete, und mit der Maschine geschriebene Speisekarten in speziellen Haltern, die wie die Stühle mit blauem Lederimitat bezogen waren.

Die Speisekarte war typisch für ein Kreisstadthotel, das genug auf sich hielt, um Männer ohne Krawatte abzuweisen und im Speisesaal keine Frauen in Hosen zu dulden. Wer nicht richtig gekleidet war, konnte in der »Kantine« essen: Melone »au porto«, Consommé, Pâté maison, verschiedene Fruchtsäfte oder Horsd'œuvres vom Servierwagen. Und als Hauptgericht: Seezunge Véronique, tiefgefrorener Dorsch oder Butt mit Sauce tartare, Gammon mit Ananas, Lammbraten mit Minzsauce. Mit dem Standardvermerk unten auf der Karte, daß alle Hauptgerichte mit dem »Tagesgemüse« serviert würden. Die À-la-carte-Speisekarte, eine ellenlange Liste von Gerichten, die Escoffier wohl noch etwas gesagt hätten, jetzt jedoch aus der Dose kamen, wurde nur selten aufgeklappt.

Dies war keine Stellung fürs Leben, nur ein Weg, um mehr zu verdienen, als im Talbot möglich war, bevor im Herbst die Kochschule begann, ein Weg, um dem Kistenpacken im Haus und dem Verschenken von Dads Pflanzen zu entfliehen und

nicht zu hören, wie Joan jeden Gegenstand als ihren anstatt als unseren bezeichnete.

Vor lauter Panik wie gelähmt, versuchte ich mich an das Rezept für den Pie-Teig zu erinnern. Mir fielen nicht einmal die Zutaten ein, geschweige denn das Verhältnis zwischen Butter und Mehl. Daß ich noch nie eine Apple Pie gebacken hatte, machte die Sache nicht besser. »Die Vorräte sind da den Flur lang, die Backformen findest du im Abwasch«, raunzte Jim mich an und klopfte sich auf seinen Bierbauch, als wäre er stolz auf ihn. »Und leg 'n Zahn zu, verdammt, du mußt auch noch den Horsd'œuvres-Wagen machen.« Mit gesenktem Kopf marschierte ich zum Vorratsraum, wo ich zum Glück mehrere offene Mehlsäcke fand.

Ich wog das Mehl ab und schnitt die Margarine, die ich in dem begehbaren Kühlschrank gefunden hatte, in kleine Würfel. Das Ganze schüttete ich in eine große Aluminiumschüssel, die ich auf dem Lattenrost unter dem Tisch entdeckt hatte, und fing an, das Fett mit den Fingerspitzen in das Mehl zu reiben, wie wir es in der Schule gelernt hatten, wie es Joan und wie es Diane getan hatte. »Nimm die Hobart, verdammt, sonst stehen wir morgen noch hier«, schnaubte Jim, als er aus dem Vorratsraum kam, und wischte sich mit dem Handrücken über den Mund.

Es war reiner Zufall, daß ich das Wort Hobart erspähte: das Schild an einer riesigen Küchenmaschine, die mit angetrock neten Lebensmitteln und heraustropfendem Öl überzogen war. »Scheiße, gib her«, belferte Jim, riß mir die Schüssel aus der Hand und kippte das Mehl und das Fett in die schmierige Schüssel der Maschine. Er drückte auf einen Schalter, der so voller Fliegendreck war, daß man seine Farbe nicht mehr erkennen konnte. Mehl spritzte in alle Richtungen. Er schüttete eine Tasse Wasser hinein und ließ die Rührbesen sich so lange drehen, bis alles vermischt war. »Jetzt roll das aus, und tu das Papier in die Formen.«

Inzwischen waren die Äpfel geschält und in Scheiben geschnitten, und Jim wies mich an, sie mit ein paar Löffeln Wasser und etwas Zucker aufzusetzen. Aufmerksam bewachte ich die gelben Früchte, um nur ja nicht den anderen beiden Köchen in die Augen zu sehen: Frank, ein grauhaariger Mann über Fünfzig, der keine Zähne mehr hatte, schlurfte und sich ständig irgendwo festhielt, als würde er das Gleichgewicht verlieren, und Tony, der einen so starken irischen Akzent hatte, daß ich kein Wort verstand. Auf einmal ging Jim in die Knie und nahm eine vertrocknete Apple Pie von dem unteren Boden des Dessertwagens. Er kam damit zu den köchelnden Äpfeln und bröckelte das ganze Ding, Teig und Früchte, hinein. Dann wandte er sich wortlos ab.

Mittags wurde der sich drehende Horsd'œuvres-Wagen von Tisch zu Tisch gerollt und bot den Gästen Essiggurken, feingeschnittene, mit Schnittlauch bestreute Tomaten und Eier

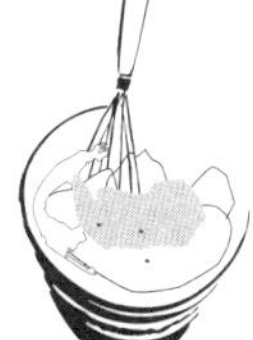

dar, die mit Mayonnaise, einem Kreuz aus Sardellenfilets und Kapern sowie einem Hauch von Paprika angerichtet waren. Außerdem gab es Russischen Salat – gewürfelte Möhren, Kartoffeln, Zwiebeln und Erbsen in schneeweißer Mayonnaise –, eingelegte Rote Bete und Rollmöpse. Man konnte sich soviel oder sowenig nehmen, wie man wollte, was wohl der einzige Reiz daran war. Der Salat aus geraspelten Möhren war immerhin frisch.

Frank ging, als stammten seine Schuhe von einem größeren Mann. Sie waren an der Ferse platt getreten, am Rand eingerissen, und sein dicker Bauch lenkte alle Aufmerksamkeit auf seine schmutzige Schürze. Er roch mehr als nur leicht nach Urin. »Hat er den Fisch schon gemacht?« fragte Frank niemand Bestimmten, wobei er den Kopf in meine Richtung warf. »Den Fisch machen« erwies sich als die regelmäßig zu erfüllende Aufgabe, die Panade von Dorsch- und Schollenfilets abzuwaschen und diese dann mit frischem Teig zu panieren. »Die Panade wird schlecht, nicht der Fisch, hab ich recht, Jim?«

Kurz vor halb eins kamen die Kellnerinnen in die Küche, alle in schwarzen Kleidern und weißen Schürzchen, und standen schnatternd um den Herd. »Los, Mädchen, raus mit den Titten«, sagte Frank, während er zerschrammte Silberschüsseln mit Gemüse in den Wärmeschrank stellte. Einer blonden Kellnerin – Mitte Zwanzig, Haarknoten – grabschte er an den

Oberschenkel. »Mensch, würd ich dich gern ficken, Schatz«, sagte Frank und fuhr mit der Hand an ihrem Rock hoch. Unbeeindruckt und wortlos wischte sie die Hand einfach weg wie eine Fliege.

Jim setzte sich an einen kleinen Tisch neben dem Gefrierschrank, zu einem halbleeren Bier. »Genau, Ladies, vergeßt nicht, morgen eure schmutzigen Höschen mitzubringen. Die brauch ich, um die Fischsuppe zu machen«, verkündete er. Die Kellnerinnen tunkten weiter ihr Brot in ihre Tomatensuppe und ließen sich in ihrem Gespräch nicht stören. Es war, als hätte er gar nichts gesagt. Jim sah selbstzufrieden drein, als hätte er gerade den witzigsten Ausspruch der Welt getan. Ich lächelte ihn matt an. Das Ekelhafte daran waren weniger seine Worte. Es war die lüsterne Art, wie der unrasierte, fettige Bierfahnenmund das Wort »Höschen« ausgesprochen hatte.

»Zwei Tagessuppen, zweimal Fisch, Jim«, verkündete Molly, eine Kellnerin, die so alt und gebeugt war, daß sie beständig zu Boden sah.

»Frank ... Frank ... eine Bestellung«, brüllte Jim, ohne sich von der Stelle zu rühren.

»Der is scheißen gegangen«, brummelte Tony. Es war das erste Mal, daß ich ihn verstand. »Oder wohl eher sich einen runterholen.«

Frank kam wieder in die Küche geschlurft und wischte sich an seiner verkrusteten Schürze die Hände ab. Er schnappte

sich zwei neu panierte Fischfilets und warf sie in die Friteuse, dann zwei Handvoll vorgekochte Pommes frites in eine andere. »Frag die alte Kuh doch mal, ob die auch Gemüse wolln, ja?« forderte Frank eine junge Kellnerin mit blauem Lidschatten auf und fügte dann hinzu: »Ich wette, du hast letzte Nacht wieder gebumst, hab ich recht, du dreckige kleine Nutte?«

Sie lächelte ihn mit gespielter Wärme an, wobei sie einen Mundwinkel böse nach unten zog. »Ja, Süßer, in deinen Träumen, in deinen beschissenen Träumen.«

Ich wartete darauf, daß jemand Pâté maison, Grapefruits, Scampi mit Sauce tartare oder eines der Gerichte bestellte, die Jim als »Alle-Kaat« bezeichnete. Keiner tat es, darum schnappte ich mir einen Lappen und fing an, die Teeflecken und den Fliegendreck von den Arbeitsflächen zu wischen. »Was is, bist du 'n Scheißschwuler?« schnauzte Jim mich an. »Los, hol 'n paar frische Brötchen, die gehn aus. Und hör auf, hier rumzuputzen wie 'ne Frau.« Die frischen Brötchen erwiesen sich als welche von gestern, die in ein Becken mit kaltem Wasser getaucht und dann bei starker Hitze wieder aufgebacken wurden.

Tony und Jim verschwanden zu verschiedenen Zeitpunkten während der Essenszeit. Ich hatte den Verdacht, daß sie heimlich in den Pub gegangen waren, bis Tony verkündete, er habe »die Scheißerei«.

Die Toiletten fürs Personal lagen an einem kleinen Gang hinter der Küche, der zu den Mülltonnen führte. Der Boden war übersät mit Kakerlaken, die jemand totgetreten zu haben schien. Der Gestank nach alter Pisse trieb einem die Tränen in die Augen. In der Woche, die ich es im Sun Hotel aushielt, blieb die grüne Seife im Männerklo unberührt, so trocken und rissig wie die Panade an meinen neu panierten Fischen.

Der Geruch von Basilikum

In der Kochschule machten wir ohne Ende Sauce Mornay, ebenso wie die glänzendbraune Sauce espagnole, Demi-glace und fade, mehlige Béchamelsauce. Wir verwandelten Kartoffeln in kleine Kugeln – sie nannten sie »parisienne« –, schnitzten Möhren und Kartoffeln zu sechsseitigen Trommeln und machten aus den Resten Pommes duchesse. Die Kochschule war ganz auf die klassische französische Küche fixiert, vor allem auf all die Grundsaucen und ihre Abwandlungen und Garnierungen, deren Einzelheiten wir im Kopf haben mußten wie das Einmaleins. Warum wir die korrekten Beigaben zu einer Portion Kaviar nicht einfach nachschlagen konnten, ging über meinen Verstand. Das einzige, was dort zählte, war, daß wir wußten, wie man Kaviar mit feingehacktem Eigelb, fein-

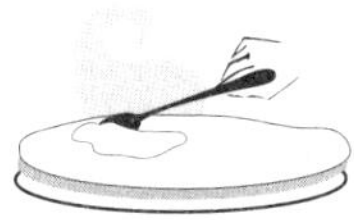

gehacktem Eiweiß, feingehackten Zwiebeln und feingehackter Petersilie garniert. Keiner von uns hatte jemals echten Kaviar gesehen. Und vor allem: Keiner von uns würde ihn je zu Gesicht bekommen.

Wenn wir einmal eine Mehlschwitze machten, so machten wir sie tausendmal. Am Ende des ersten Trimesters konnten die meisten von uns Sauce Mornay im Schlaf. Wir hätten auch ein ganzes Meer von Sauce Véronique machen können, was ein Jammer war, denn Fisch in einer weißen Sauce mit gehäuteten Trauben wurde seit 1935 kaum mehr verlangt. Daß wir das gesamte Repertoire der superedlen klassischen französischen Küche durchnahmen, war eines. Daß die Schulköche sich rigoros weigerten, die bürgerliche französische Küche anzuerkennen, war noch eine andere Sache.

Was ich gern gelernt, nein, gern *gegessen* hätte, waren Moules marinière, Bœuf bourguignon, Cassoulet, Confit de canard, Salade niçoise, Pissaladière, Coq au vin und Saint Émilion au chocolat. Statt dessen machten wir Sauce Mornay, Béchamel, Véronique und espagnole und lernten jede Garnierung aus dem *Larousse*. Als ich die Kochschule verließ, kannte ich mich in der klassischen französischen Küche perfekt aus. Daß ich nicht wußte, wie man ein Hähnchen briet, eine Mousse au chocolat oder einen ordentlichen grünen Salat machte, tat nichts weiter zur Sache. Und was noch schlimmer war: Ich brauchte zwanzig Jahre, um festzustellen, daß Kaviar nur mit ein bißchen Zitrone und knusprigem, leicht gebuttertem Toast unendlich viel besser schmeckt.

Doch es gab einen Mann, der etwas vom Kochen verstand. Joe Yates arbeitete an der Schule nur Teilzeit und gab ein Nachmittagsseminar mit dem ein wenig duckmäuserischen Titel »Die Küche des europäischen Festlands«. Joe war sechzig und sah auch so aus: Von all den Jahren am heißen Herd seines in der Nähe gelegenen Familienrestaurants war die Haut seines runden Gesichts ganz runzlig. Zur Belustigung der Mädchen in dem Seminar fluchte Joe. Es war nicht nur ein gelegentliches »Mist« oder »Schwein«, sondern »Scheiße« und »Kacke« und »Arsch«, womit er jedesmal Gekicher erntete. Er erzählte endlos viele Witze, die eher grob als schmutzig waren, und berichtete uns einmal, er habe sich geweigert, Elizabeth David eines seiner Rezepte zu geben, denn beim letzten Mal habe die Doyenne der britischen Kochbuchautoren es versäumt, seinen Namen anzuführen. (In ihren späteren Büchern war sie in diesem Punkt sehr gewissenhaft.) Er verwendete eine ganz andere Sprache als die anderen Köche, die allerdings auch an einen strengen, hoffnungslos veralteten Lehrplan gebunden waren.

Joe sprach von Lasagne, von Gnocchi, Fettuccine und Saltimbocca. Er kochte mit frischem Basilikum, Lorbeer, Fenchel und Minze, er nahm Olivenöl statt Butter und fetten, weißen Knoblauch statt beigefarbenen und verschrumpelten. Im

Gegensatz zu den anderen Köchen ließ er uns probieren, was wir gekocht hatten, nicht nur mit dem Teelöffel »zum Abschmecken«, sondern mit der Gabel, wobei alle um den Topf standen und tüchtig zulangten. Was er kochte, roch völlig anders: würzig, verlockend, beinahe berauschend, und, wie gesagt, wir durften es essen.

Als wir eines Nachmittags zum Seminar erschienen, bekamen wir gesagt, daß Mr. Yates am Vormittag einen Herzinfarkt erlitten habe und nicht mehr wiederkomme. Mir war zumute, als hätte jemand erst eine Tür in einer langen, dunklen Wand aufgemacht, eine Tür, die einen hellen Sonnenstrahl hereingelassen hatte, und dann hatten sie die Tür wieder zugeknallt.

Irish Stew

Schülern, die nicht in der Nähe der Kochschule wohnten, wurde bei der Suche nach einem Zimmer geholfen. Man wurde kurz von einer Sozialarbeiterin befragt, die einen mit zusammengekniffenen Augen ansah und dann einer passenden Familie zuteilte, wobei sie betonte: »Das ist genau die Art von Leuten, die du brauchst, ich bin sicher, du wirst dich da gut einfügen.« Die Miete zahlten die eigenen Eltern, die Gemeinde in Form eines Stipendiums oder, wie in meinem Fall, man selbst mit Hilfe eines Teilzeitjobs. Ich kam zu Mr. und Mrs. Pearman, einem bärbeißigen pensionierten Erdkundelehrer und einer frommen Christin, die in einem verschachtelten, ein wenig chaotischen rosa Haus am Stadtrand wohnten. Ich hatte sie vom ersten Augenblick an gern.

Mrs. Pearman war eine von diesen warmen Frauen mit weiter Brust, die man am liebsten umarmt hätte, ohne es je ganz zu tun. Sie kümmerte sich um die Blumen in der Kirche, leitete eine Pfadfinderinnengruppe und machte zu jedem Essen einen Nachtisch. Alles, was ihr mißfiel – wenn man fluchte, zu spät zum Essen kam, seinen Schlüssel vergaß, furzte (»Das hab ich *gehört*!« bellte sie dann) –, brachte sie beim Frühstück zur Sprache, mit den einleitenden Worten: »Dad sagt…« Ich wurde von ihr in ein Zimmer unter dem Dach gesteckt, das ehemalige Zimmer ihrer Söhne, zusammen mit einem Studenten namens Bruce, der ein Jahr älter war als ich. Bruce und ich stritten uns vom ersten Tag an.

Mrs. Pearmans Haus war ein echtes Zuhause. Ein Ort, an dem eine Tochter oder ein Sohn ohne Vorwarnung auftauchen und erwarten konnte, ein Abendessen oder sonntags ein Mittagessen zu bekommen. Ein Ort, an dem jedes Möbelstück eine Geschichte zu haben schien und jedes Familienereignis treu in einem Fotoalbum aufgezeichnet war. Es war warm und wohlig dort, unordentlich und gemütlich. Auf dem Küchentisch stand immer ein Krug mit Gartenblumen und im Kühlschrank

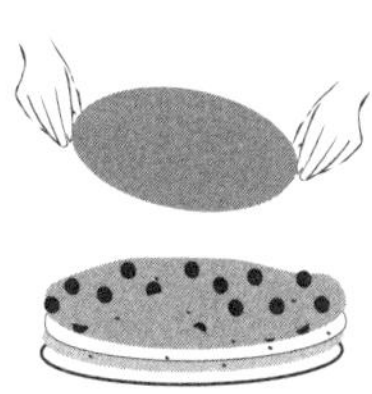

Milch. Und wie in jedem richtigen Zuhause roch es auch in Mrs. Pearmans Haus überall nach Golden Retriever.

Als passionierte alte Pfadfinderin kochte Mrs. P. alles in ihrem Dampfkochtopf. Nicht nur winterliche Suppen, Schmortöpfe und Eintöpfe mit Bohnen, sondern einfach alles. Wenn sie ihre Unterhosen darin hätte waschen können, hätte sie es sicher getan. »Weil man dann alles zusammen kocht und nur eine Flamme braucht«, lautete ihre sehr vernünftige Begründung, aber ich fragte mich, ob es sie nicht einfach nur reizte, in einem dicht verschlossenen Topf zu kochen, der jeden Moment explodieren konnte.

Was auch immer seine Anhänger erzählen mögen, der Nachteil eines Dampfkochtopfs ist, daß alles, was aus ihm herauskommt, gleich schmeckt. Es gibt einen Dampfkochtopf-»Geschmack«, der jede Zwiebel, jede Petersilienwurzel, jede Bohne und jedes Fleischstück, jeden Sponge und Rice Pudding durchdringt. Ich lernte Mrs. P.s Dampfkochtopf genauso lieben wie ihr chaotisches, warmes und behagliches Haus. Die Gemüsesuppe am Samstagmittag, die Leber mit Kartoffelbrei am Dienstag, den Sponge Pudding mit Sirup am Mittwoch und den gekochten Gammon mit Pastinakenpüree, den es am Sonntag gab. Ich liebte ihren Morgenkaffee und ihren spätabendlichen Kakao, den Salat mit gedämpften Kartoffeln am Montag (trotz der kleinen schwarzen Augen) und vor allem ihren phantastischen Freitagseintopf. Dennoch läßt sich nicht leugnen: Egal, was man im Dampfkochtopf kocht, es schmeckt immer und ohne Ausnahme nach Irish Stew.

Schwarzwälder Kirschtorte

Ob man in den Ferien arbeitete oder nicht, war gleichbedeutend damit, ob man samstags im Wohltätigkeitsladen einkaufte (fadenscheinige Anzüge, braune Kunstfaserhosen mit zweifelhaften gelben Flecken in den Taschenbeuteln) oder bei Number One, der einzigen »Herren-Boutique« in Worcester (Hemden mit langen Krägen und Samtjacketts). Offen gestanden gab es in Worcester Samstag nachmittags nicht viel anderes zu tun. Im Number One war die Umkleidekabine angeblich mit einem falschen Spiegel versehen, damit der Besitzer, ein exotisch wirkender Marc-Bolan-Typ mit dem Spitznamen Pete der Pimmellutscher, zusehen konnte, wie seine Kunden Jeans anprobierten. Jeder wußte, daß er einem die Hosen immer eine Nummer zu klein gab, damit er zusehen konnte, wie man sein Paket hineinquetschte.

Ich bekam einen Job in einem Grandhotel außerhalb der Stadt. Bei einem Ausflug von der Kochschule waren wir dort

einmal alle hindurchgestapft, und ich wußte sofort, zwischen ihm und dem Sun Hotel lagen Welten. Mit seinen Samtvorhängen und den kleinen goldenen Stühlen war es von einem Glanz umgeben, wie ich ihn bis dahin nur aus Broschüren und Zeitschriften kannte. Während meiner ersten Tage dort fand eine unvorstellbar pompöse Hochzeit statt, bei der das Brautpaar in einer Kutsche vorfuhr wie in einer Szene aus *Aschenputtel*, mit Pferden, die flaumige weiße Federbüsche auf dem Kopf trugen. Ich hatte recht: Nichts hätte weiter von meiner Woche im Sun entfernt sein können, vor allem, als die Braut nach dem Mittagessen Mandeldragees an die Angestellten verteilte. Noch aufregender jedoch war es, zu wissen, daß Noel Gordon an jenem Nachmittag dort war, um eine Folge von *Crossroads* zu drehen.

Noch nie hatte ich ein Silbertablett mit zwanzig Tournedos Rossini in der Hand gehalten, geschweige denn mit einer Einfassung aus Pommes duchesse und mit Erbsen gefüllten Tomaten. Das mochte ein typisches mittelenglisches Hochzeitsfrühstück sein, aber ich war dieser Art Essen noch nie so nahe gekommen. Dies war die Hohe Schule des Servierens, denn die Kellnerinnen gingen mit Platten voll heißer Speisen herum und legten sie den Gästen mit Löffel und Gabel vor. Den ersten Gang, eine Art Krabbencocktail mit Brandy-Dressing, in Weingläsern, bewältigte ich ohne Probleme, und als das Hauptgericht durch war, wußte ich, daß Löffel und Gabel mein Ding waren. Vor allem fand ich es einfach wunderbar, jemandem einen Teller mit Essen hinzustellen.

Zum Dessert gab es riesige Baked Alaskas, die mit Wunderkerzen gespickt waren. Sie wurden genau in dem Moment entzündet, in dem das Licht im Speisesaal gelöscht wurde. Zweiundzwanzig Kellnerinnen und ich kamen zu den Klängen des »Tanzes der Fee Dragee« in einer zischelnden, funkensprühenden Blumenkette herein und schlängelten uns durch das Labyrinth der langen Tische, die nur durch das Feuerwerk auf unseren riesigen Nachspeisen beleuchtet wurden. »Mein Kleid riecht schon ganz versengt«, zischte eins von den alten Mädchen, das offensichtlich fand, diese pyrotechnische Vorführung gehe über die Aufgaben einer Kellnerin hinaus. »Nächste Woche will ich eine Gefahrenzulage. Ich weiß nicht, warum es nicht einfach Käse und Cracker geben kann.«

Die Kellnerinnen genossen es, einen schlaksigen, pickeligen jungen Mann dabeizuhaben, dem die Hormone ins Gesicht geschrieben standen. Die Köche, die durchgehend Stoppelbärte und zu große Holzschuhe trugen und aussahen, als wüschen sie ihr Haar einmal im Jahr, konnten nicht verstehen, warum ein Mann lieber »Kellnerin« spielte als Koch. Sie nannten mich vom ersten Tag an »Schätzchen«.

Festessen waren vom Speiseplan her ziemlich vorhersehbar, ein Turnus aus den erwähnten Tournedos Rossini, Ente à l'orange oder Montmorency, Hühnerbrust Kiew, Lamm-

karree (dazu ohne Ausnahme Möhren, Mais und mit Erbsen gefüllte Tomaten), Filet Wellington und im Sommer kaltem Lachs. Als Gemüse gab es jedesmal Petits pois à la française und zum Dessert (wir sagten niemals Nachtisch) Pavlova, Charlotte russe, Trifle, Schokoladensoufflé (die mit Gelatine gebundene Mousse-Version, nicht das aus dem Ofen) und – das beliebteste von allen – Schwarzwälder Kirschtorte.

Als Vorspeise gab es Krabbencocktail und eine Suppe – ausnahmslos Brunnenkresse. Aus irgendeinem Grund galt Brunnenkressesuppe als todschick. Bei neun von zehn Hochzeiten gab es Krabbencocktail, Filet Wellington und Schwarzwälder Kirschtorte, die wir, warum auch immer, Gâteau Forêt-Noire nannten. Ich betete stets, daß irgend jemand seine feuchte Torte nicht wollte, damit ich den kühlen Schokoladenbiskuit, die extraweiße Schlagsahne und die Schokoraspel an der Seite – Schokoladenstreusel galten als ein wenig billig – verschlingen konnte, aber die meisten wollten sie. Wenn man in den Midlands mit einer Gesellschaft essen ging, war es eine Frage der Ehre, das Mahl mit einem Stück Schokoladentorte zu beenden. Das Personal aß in einer von Zigarettenrauch verhangenen Kantine: immer wieder Hähnchen mit Pommes frites und danach, was auf den Dessertwagen übriggeblieben war.

Ich war wohl von dem scheinbaren Luxus des Ganzen geblendet: den Samtvorhängen, den riesigen Sofas mit den hohen Lehnen und den Töpfen mit Palmen. Ein bißchen roter

Samt macht für einen Jungen, der mit klassischen Fünfzigerjahremöbeln groß geworden ist, viel her. Nach ungefähr einer Woche begann ich, die Haare in der Suppe zu sehen. Wie ein dicker, uralter Koch Weißbrot ins Trifle tat, weil er zu faul war, Sponge-Böden zu backen. »Pah, das merken die doch gar nicht, und wenn, dann trauen sie sich nicht, was zu sagen.« Wie sich die Weinkellnerin bei den auf den Hochzeiten getrunkenen Champagnerflaschen »verzählte« und später Kisten davon in die Personalräume trug. Wie Kellnerinnen vor einer Feier leere Mineralwasserflaschen aus dem Wasserhahn auffüllten und wie die Räucherlachs-Sandwiches auf den Platten mit feingeraspelten Möhren ausgepolstert wurden. Ich hatte schon manche Sauerei gesehen, aber das hier war etwas Neues: eine Welt, in der die Kunden für so dumm gehalten wurden, daß sie keinen Unterschied bemerkten zwischen Lachs und Möhren. Es war auch das erste Mal, daß ich erlebte, wie Speisen in solchen Mengen zubereitet wurden (Krabbencocktail für zweihundert Personen war nichts Ungewöhnliches), und daß ich mit Köchen zusammenarbeitete, die aussahen, als wären sie kaum alt genug zum Autofahren. Und es war auch das erste Mal, daß ich mich in einer Situation befand, in der Sex genauso leicht zu haben war wie ein Glas Bier.

Zu sagen, daß im Hotel eine freizügige Atmosphäre herrschte, wäre genauso, wie wenn man sagen würde, in Roquefort wird

ein bißchen Käse gemacht. Sex triefte aus jeder Ritze in den Mauern des Hotels. Das Haus für das Personal, das gut hundert Meter vom Hotel entfernt lag, war eine einzige Partyzone, ein Ort, wo vierundzwanzig Stunden lang Pink-Floyd-Klänge und *Madman Across the Water* zu hören waren und wo man eher einen Tripper bekam als eine ordentliche Mütze Schlaf. Es war nahezu unmöglich, nicht flachgelegt zu werden. Ich kam in ein kleines Doppelzimmer mit einem blonden, milchgesichtigen Weinkellner namens Tim, der nur drei Weinbücher, eine Flasche Fabergé brut und ein paar Socken zu besitzen schien. Nach einem Abendessen, das aus drei Stück stibitzter Schwarzwälder Kirschtorte und einer Flasche Schweppes Bitter Lemon bestand, kuschelte ich mich in mein Bett, nur um den Rest der Nacht wach zu liegen, während Tim eine besonders reizende, sanftmütige Kellnerin bumste, als wolle er ins *Guinness Buch der Rekorde* kommen.

Meeresfrüchtecocktail

Der Glanz des Krabbencocktails begann inzwischen zu verblassen, selbst in den Midlands. In jedem Restaurant, sogar in den ländlichen Pubs, stand er auf der Speisekarte, gleich über der Forelle mit Mandeln. Manche versuchten, ihn in einem langstieligen Weißweinglas zu servieren, andere in einer Sektschale. Die Leute bestellten Krabbencocktails, weil sie sie für vornehm hielten, und die Restaurantbesitzer liebten sie, weil sie ein gutes Geschäft waren. Aber der Krabbencocktail hatte beharrlich an Ansehen verloren, und seine Zeit war gekommen.

In einem raffinierten Versuch, seine Popularität zu verlängern und damit ihren Gewinn, waren ein paar schlaue Gastronomen auf die Idee mit dem Meeresfrüchtecocktail gekommen. Dieser enthielt die obligatorischen Krabben, aber außerdem den neuen Luxus von Tintenfisch und Miesmuscheln aus dem Glas. Der Salat und die Marie-Rose-Sauce blieben dieselben, aber die kleine Rose aus gewundener Tomatenschale neben dem Petersilienzweig war etwas völlig Neues. Es war ein Krabbencocktail im Ballkleid. Oder in diesem Fall im Abendkleid für ein Dinner mit Tanz.

Jeden Samstag gab es mindestens zwei Feiern, meistens Hochzeiten, und in der Woche eine Reihe von Konferenzen, die es mit Essen zu versorgen galt. Dies war eine Massenverköstigung, aber eine edle. Die Tische wurden mit funkelndem Silber gedeckt, die Blumen waren eine Pracht, und auf den vergoldeten, mit rotem Samt bezogenen kleinen Stühlen kam sich noch der dickste Gast elegant vor. Doch nach einer Woche durchschaute ich das Ganze bereits.

Tim hatte mir verboten zu erzählen, wen er bumste. »Wenn du's irgendwem sagst, bring ich dich um«, drohte er mir. Netter Junge. Der Grund war, daß sie einen Freund hatte, der ein Kumpel all der anderen Köche war und zu dem sie nach diesem Ferienjob zurückkehren würde. Doch bis dahin verbrachte sie die meisten Nächte mit Tim. Alle wußten, daß sie befreundet waren, ja sogar daß sie uns oft besuchte, aber keiner ahnte, daß die beiden miteinander schliefen.

Eines Mittags wurde ich als Aushilfe in die Küche geschickt, weil das Personal knapp war. Sechs von uns machten Meeresfrüchtecocktail für die größte Hochzeit, für die wir jemals gekocht hatten. In riesigen Abwaschschüsseln lagen aufgetaute Krabben, lange weiße Tintenfischsäcke und -ringe und Miesmuscheln aus dem Glas, von denen der Essig abgespült worden war. Ich machte die streng geheime Sauce: Sie bestand, wie jeder wußte, der sich irgendwann im Dunstkreis einer Restaurantküche bewegt hatte, aus nichts weiter als Salad Cream, Tomatenketchup, Worcestershire Sauce und Tabasco. Ich war gerade dabei, ein paar Liter Sauce unter die Tintenfischringe und kleinen rosa Krabben zu rühren, als Martin, einer der schmierigen Köche, mich fragte, ob er sich meinen Melonenausstecher leihen könne. »Ich hab ihn nicht hier, er ist oben in meinem Zimmer. Wenn du ihn haben willst, mußt du raufgehen und ihn dir holen«, sagte ich, hatte ich doch buchstäblich beide Hände voll zu tun.

Als er mit dem Melonenausstecher aus unserem Zimmer zurückkam, schaute er selbstgefällig drein. Oder jedenfalls noch selbstgefälliger als sonst. »Also wen bumst Tim?« fragte er.

»Niemanden«, sagte ich barsch in Erinnerung an die Drohung meines Zimmergenossen.

»Und von wem ist der hier?« fragte er, wobei er ein benutztes Kondom herumschwang und es sich – ziemlich gefährlich, wie ich fand – wie eine Schleuder dehnte.

»Weiß nich«, log ich. Ich griff nach dem Kondom. Der Koch warf es einem anderen zu, ich sprang hoch. Griff erneut daneben. Sie warfen das Kondom weiter hin und her, während ich klägliche Versuche unternahm, es zu erwischen, wie ein junger Hund, der mit einem Ball gefoppt wird. Als ich zum letzten Mal hinsah, segelte das Kondom über den Schüsseln voll Crevettencocktail Marie Rose durch die Luft.

»Wo ist dieser verdammte Meeresfrüchtesalat?« brüllte der Chefkoch, als er hereingestampft kam, mit dem Oberkellner dicht auf den Fersen und zweihundert aufgeputzten Hochzeitsgästen im Saal, die auf ihre Vorspeise warteten. »Ja, Chef. Sofort, Chef. Ja, Chef«, sangen wir im Chor. Binnen Sekunden waren die Sektgläser mit kleingeschnittenem Salat, Krabben, Tintenfisch und Essigmuscheln gefüllt, mit der obligatorischen Rose und dem Petersilienzweig garniert und gingen in Hundertschaften hinaus zu der Hochzeitsgesellschaft.

Die Gäste mampften höflich vor sich hin. »Und wer hat Tims Gummi?« fragte Martin. Es folgte Schweigen, dann ein kurzer Streit darüber, wer ihn zuletzt gehabt hatte. Martin gab zu, ihn in die Luft geworfen zu haben, als der Chefkoch hereinkam, doch anscheinend hatte niemand ihn aufgefangen. Niemand hatte gesehen, wo er landete. Wir suchten den Boden, die Tische ab. Wir standen alle da und starrten auf die leeren Schüsseln, in denen der Meeresfrüchtesalat gewesen war. Irgend jemand gluckste.

»Ich will jedes Glas und jeden Teller sehen, die zurückkommen«, brüllte Martin, als wir alle zu den Spülmaschinen stürzten, um die erste Kellnerin abzufangen, die mit schmutzigem Geschirr hereinkam. Doch abgesehen von einer vereinzelten Tomatenrose und einem ausrangierten Petersilienzweig waren alle Gläser sauber ausgekratzt. Alle Teller kamen leer zurück. Jede Krabbe, jede Muschel, jeder Tintenfischring war vertilgt worden.

Steak Diane

Das Kronjuwel des Hotels war das Aphrodite, ein kleines, vornehmes französisches Restaurant, das in Tiefviolett und Gold »gehalten« war. Für diejenigen von uns, die in den Festsälen arbeiteten oder in der Carvery, wo man für einen Fixpreis soviel Fleisch bekam, wie man wollte, blieb das Aphrodite ein geheimnisvoller Ort. Die kleinen Tische waren mit Silberzeug gedeckt, das im Kerzenschein funkelte, und die Kellner – die alle dunkelhaarig waren, Franzosen oder Italiener und sagenhaft hübsch – umkreisten die Tische mit jener mühelosen Professionalität, die schon Sekunden vorher registriert, daß eine Frau aufstehen oder eine Zigarette angezündet werden will. Das Lokal lief wie eine gut geschmierte Maschine. Keiner von uns aus der plebejischen Abteilung der Banketts durfte auch nur einen Blick hinter den Samtvorhang vor seinem Eingang werfen.

Wie gern hätte ich die Speisen probiert, deren Duft herauswehte, wenn der violette Vorhang des Aphrodite sich teilte, um einen Gast hinein- oder herauszulassen. Die Gerüche waren das Ergebnis der chemischen Reaktion, zu der es kommt, wenn man Brandy, Schalotten, Sahne und französische Köche mit den Dämpfen einer Spiritusflamme zusammenbringt. Dieser magische Duft war das Ergebnis der damaligen Mode, die Speisen vor den Augen der Gäste zuzubereiten – in einer flachen Kupferpfanne auf einem silbernen Spiritusbrenner.

Den Höhepunkt dieser speziellen Kochkunst bildete die Zubereitung eines Steak Diane – flach geklopftes Rindfleisch, in Butter gebraten, feingehackte Schalotten, Brandy, Brühe, feiner Senf, Zitronensaft, Worcestershire Sauce und unfehlbar,

obwohl nicht korrekt, Sahne. Der Geruch, der von dem Spirituskocher aufstieg, wenn die gehackten Schalotten in der zerlassenen Butter glasig gebraten wurden, war einer, der sich jedem, der einmal in so einem Restaurant gewesen war, für immer einprägte. War dann der Brandy entzündet (ein Trick, der die Gin-Tonic-und-Wasserstoff-Clique jedesmal beeindruckte), wurde das Steak auf einen Teller gelegt, die Sauce darübergegossen und das Ganze noch brutzelnd vor den Gast hingestellt.

Dies war eine Effektküche erster Güte. Es ging darum, daß alles so üppig, bombastisch und alkoholisch wie möglich war. Ein typisches Essen lief in etwa so ab: eine Runde Gin Tonic in der Bar, gefolgt von einer Flasche Asti Spumante zum ersten Gang – meist Krebssuppe oder Krabbencocktail –, eine Flasche Mouton Cadet zum Steak Diane und dann Crêpes Suzette – ein ebenso alkoholhaltiges Dessert, bei dem die Crêpes am Tisch in Brandy, Orangen- und Zitronensaft sowie Orangenmarmelade gebadet wurden –, dicht gefolgt von Brandys, die über der Spiritusflamme erwärmt wurden. Gott weiß, wie die Leute nach Hause kamen.

Ich wollte dieses Steak Diane so gern probieren. Ich hätte es mir in der Personalküche selbst machen können, aber das wäre nicht dasselbe gewesen – der noble Prunk des Aphrodite schien eine wichtige Zutat zu sein. In einer Art Verzweiflungstat bestellte ich unter fremdem Namen einen Tisch für mich und eine reizende, rehäugige Kellnerin namens Linda, die mir aus irgendeinem Grund verfallen war. Sie hatte bereits bewiesen, daß sie zu fast allem bereit war. Die Kellner im Aphrodite schienen aus einer anderen, fremden Welt zu stammen und würden ein Pärchen vom Festessen-Personal wohl kaum erkennen. Wir erschienen in unseren besten Sachen – Linda sah phantastisch aus: Sie trug ein marineblaues und weißes Laura-Ashley-Kleid, ein schwarzes Alice-Band im Haar und genug Make-up, um in einer Pantomime auftreten zu können. Ich wirkte weniger überzeugend, obwohl ich die jämmerlichen Flaumbüschel an meinem Kinn, auf die ich merkwürdig stolz war, abrasiert hatte. Ja, ich hatte mir sogar extra ein neues Hemd gekauft. Außerdem hatte ich mir so viel Eau Sauvage ins Gesicht gekippt, daß es jedem, der mir nahe kam, die Tränen in die Augen trieb.

Wir gingen schnell und mit gesenktem Kopf durch die Hotellobby und über den dicken roten Treppenläufer hinunter zum Restaurant, wobei wir Schwaden von Christian Dior hinter uns herzogen. Wir setzten uns an unseren Tisch, ein winziges Ding mitten im Raum, wo man uns Speisekarten so groß wie die Schweiz reichte. Die uns dargebotenen Schüsseln kaum beachtend, bestellte ich selbstsicher für uns beide, als hätte ich es schon tausendmal getan. »Als erstes nehmen wir Pfannkuchen mit Meeresfrüchten und eine Krebssuppe, dann nehmen wir beide das Steak tartare mit Rahmspinat und Pom-

mes allumettes. Ach, und eine Flasche Beaujolais Villages, vielen Dank.« Ich konnte es kaum erwarten.

Der Pfannkuchen mit Meeresfrüchten war sehr reichhaltig, aber so ziemlich das Köstlichste, was ich je gegessen hatte. Kleine Krabben und saftiges Muschelfleisch, in einen weichen Eierkuchen gehüllt, aus dem, als ich hineinschnitt, die cremige Sauce langsam herausrann. Kaum waren unsere Teller leer, zog der Kellner, der zu meiner Freundin offen gestanden ein wenig zu reizend war, seinen kleinen Beistelltisch heran. Ein anderer Kellner brachte mehrere Schüsseln auf einem mit einem weißen Tuch bedeckten Tablett und stellte sie eine nach der anderen dort ab.

Ich weiß nicht mehr genau, wann mir bewußt wurde, daß ich Steak tartare bestellt hatte anstatt Steak Diane. Ich erinnere mich noch, daß ich dachte, das rohe Hackfleisch, die rohen Eidotter und die Tabascosauce würden es irgendwie schaffen, sich in mein ersehntes Steak Diane zu verwandeln – bis der Kellner mir stolz das Ergebnis servierte. Ich sah auf den Teller voll rohem, rosa Hackfleisch mit den zwei goldenen Eigelben in der Mitte, wie Vögel im Nest. Auf einmal merkte ich, daß ich jede Stimme im Raum hören konnte, sogar Gespräche im Flüsterton mehrere Tische entfernt, und zwar laut und deutlich, doch von dem, was meine Freundin sagte, drang kein Wort zu mir durch. Mir wurde kalt, dann heiß, dann wieder kalt. Die kleinen Eidotter schienen mich von unten anzusehen und zu lachen. Dann lachten alle. Das Gesicht meines Vaters huschte lachend über meinen Teller. Auf meiner Stirn bildeten sich kleine Schweißperlen. Der Kopf begann sich mir zu drehen. Mir war, als ertränke ich in einem Cocktail aus Christian Dior und den Dämpfen von dem Spirituskocher am Nachbartisch. »Ist alles okay? Du bist ganz weiß geworden«, sagte Linda.

Das nächste, was ich wußte, war, daß ich draußen auf der Marmortreppe des Hotels lag und in der warmen Sonne langsam wieder zu mir kam, bleich, frierend, zitternd und klebrig.

Bis heute ist es mir nicht gelungen, ein Steak Diane zu probieren.

Kaltes Roastbeef

Die Köche im Hotel waren alle zwischen zwanzig und dreißig, obwohl manche sich so benahmen, als ob sie entschieden jünger wären. Für viele von uns – auch für mich selbst – war es das erste Mal, daß wir nicht den wachsamen, hoffnungsvollen Blicken unserer Eltern ausgesetzt waren, so daß wir trinken, rauchen und bumsen konnten, soviel wir wollten. Die Kehrseite der Medaille war, daß wir nie saubere Socken oder Hosen hatten. Außerdem wurden unsere Haare vielleicht länger, als ratsam war. Meine reichten mir irgendwann bis auf die Schul-

tern – das war kein Problem, wenn sie mir fettig am Kopf klebten, aber eine rechte Plage, wenn sie frisch gewaschen waren und ich plötzlich mehr Haare hatte als Farrah Fawcett-Majors in der Serie *3 Engel für Charlie*.

Niemand im Hotel hatte je so etwas wie ein Rendezvous. Man kam nicht dazu, etwas trinken oder ins Kino zu gehen. Man arbeitete den ganzen Tag, schlief in den zwei Stunden Pause zwischen dem Abräumen des Mittagessens und dem Tischdecken für den Abend und traf sich dann nachts im Bett. Jede Nacht. An freien Tagen schlief man einfach, verkroch sich unter die Decke und versuchte, sich von den zweiundsiebzig Stunden Arbeit und sechs schlaflosen Nächten zu erholen.

Die Zahl der Arbeitsstunden mag zwar hart klingen, doch das Leben dort war alles andere als das. Es ist wirklich erstaunlich, wieviel man aushalten kann, wenn man nur regelmäßig Sex hat. Zweiundsiebzig Stunden die Woche sind in Ordnung, solange sie von reichlich heißem, klebrigem Sommernachtssex unterbrochen werden. Das ist, wie ich jetzt weiß, der Grund, warum so viele Hotels Unterkünfte für die Angestellten haben. Nur so bekommen sie überhaupt Personal. Durch den Zusatz »Unterkünfte vorhanden« in einer Stellenanzeige läßt der Besitzer seine potentiellen Angestellten wissen, daß sie auf jeden Fall Sex haben werden, egal, wie isoliert das Hotel liegt.

Das Problem bei dieser Menge Sex ist, daß man davon, wie bei Eis, nie genug kriegen kann. Es gibt keinen Punkt, an dem man sagt: Okay, jetzt ist es aber gut. Eines Abends schlich ich mich, bevor ich auf mein Zimmer ging, die Hintertreppe hinauf in die leere Küche für die Festessen, um mir noch heimlich ein Abendessen zu besorgen. Ich hatte ein paar weiche Brötchen aus der Carvery-Küche mitgehen lassen und stellte mir ein Sandwich mit dem Roastbeef vor, das ich die anderen für die Konferenz am nächsten Tag hatte aufschneiden und auf Silbertabletts legen sehen. Ich dachte mir nichts dabei, daß die Tür zum Kühlraum offenstand – solche Nachlässigkeiten waren unter auszubildenden Köchen durchaus üblich. Dort vor den Silbertabletts mit dem kalten Roastbeef stand Terry, einer der netteren jungen Köche, mit dem Rücken zu mir. Er blickte kurz nach hinten, und ein schüchternes Schuljungengrinsen breitete sich auf seinem Gesicht aus. Terry war gerade dabei, seine Gurke in eine Scheibe zartes, rosarotes Roastbeef zu stecken.

Wimpy

Ich bekomme einen Anruf von meinem Bruder. Er sagt, Joan hat das Haus verkauft und ist wieder in die Midlands gezogen, und sie schlägt mir vor, zu ihr zu ziehen. Unklar ist, wo ich nach ihrer Meinung in jener Gegend arbeiten soll, und Adrian

witzelt, ich könne ja in einer Wimpy Bar Hamburger braten. Ich sage lieber nicht, daß eine Freundin und ich gerade aus dem Wimpy in Worcester hinausgeflogen sind, nach einer Sauftour, die damit endete, daß sie sich über ihre Cola mit Eiscreme erbrach. Ich sage, daß es in Wolverhampton vielleicht gar kein Wimpy gibt.

Ich habe keine Ahnung, warum Joan mich wieder bei sich haben will, denn ich denke doch, daß sie froh ist, mich los zu sein – genau wie ich sie. Ich kann mir nur vorstellen, daß der erhoffte Wiederanschluß an ihre Familie nicht stattgefunden hat oder nicht ganz so ein Honigschlecken war, wie sie es sich gewünscht hätte. Mir ist nicht ganz klar, warum, aber bei dem Gedanken falle ich in ein schwarzes Loch. Ich weiß, wie sehr sie sich darauf gefreut hat, ihre zwei verlorenen Töchter wiederzusehen – tatsächlich hatte es nach Dads Tod eine Reihe von Briefen gegeben, und Barbara, die älteste, hatte kurz mit ihr Kontakt aufgenommen. Joan würde völlig verzweifelt sein, wenn daraus nichts wurde. Vielleicht kann man nicht einfach zehn Jahre später zur Tür hereinkommen und sagen: »Dein Essen steht auf dem Tisch«, als wäre nichts geschehen.

Ich hole mir in der Bar eine Handvoll Münzen und gehe zu der Telefonzelle im Personalhaus. Drei, vier Minuten lang warte ich ungeduldig, während ein spanischer Kellner in voller Lautstärke in den Hörer brabbelt und die Münzen in meiner Hand feucht werden. Ich weiß wirklich nicht, was ich sagen werde, wahrscheinlich will ich nur hören, daß alles in Ordnung ist. Dann, als der Kellner noch eine Münze in den Schlitz knallt, drehe ich mich unversehens um und gehe.

Pommes dauphinoises

Als mein Vater noch lebte, gingen wir allenfalls im Berni Inn in Hereford essen. Die Vorspeise ließen wir meistens aus (einmal nahmen wir, glaube ich, die Honigmelone, aber Joan sagte, sie sei nicht reif) und stürzten uns gleich auf die Steaks, fette Teile, die auf einem ovalen Teller mit gegrillten Tomaten, Zwiebelringen, gebratenen Pilzen und wunderbaren, dicken, goldenen Pommes frites serviert wurden. Wir tranken Lemonade and Lime, außer Joan, die einen Sherry nahm, und hinterher gab es Eis. Manchmal ging meine Tante mit mir ins Gay Tray im Kaufhaus Rackham's in Birmingham, wo wir uns mit unseren Tabletts anstellten und etwas Warmes nahmen, verlorene Eier auf Toast für sie, Welsh Rarebit und Pommes frites für mich. Ab und zu waren wir nachmittags in einem Hotel am Meer eingekehrt (»Zweimal getoastetes Früchtebrot und eine Kanne Tee für zwei, bitte«) oder in einem Gartencenter (»Vier Tassen Kaffee mit Sahne und vier Stück Mokkatorte«) und ein unvergeßliches Mal in einem Lokal in Devon, wo es

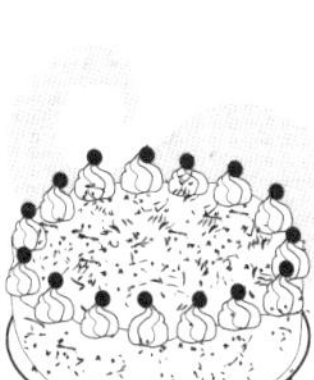

hausgemachten Ingwerkuchen, Scones, Sahne und kleine Teller mit Himbeermarmelade gab. Aber das war's dann auch schon. Essengehen war etwas, das andere Leute taten.

In meinem letzten Jahr an der Kochschule lernte ich Andy Parffrey kennen (Boxernase, Privatschule, ging am Wochenende Rugby spielen). Er hatte eine sagenhaft schöne Freundin namens Lorella. »Ihr dürft auf keinen Fall heiraten«, machte ich eines Mittags nach zuviel Bier im Pub der Kochschule geltend. »Lorella Parffrey klingt wie etwas, das man mit einem langen Löffel ißt.«

Andy war von unserem Lehrplan mit Œuf mayonnaise, Seezunge Véronique und Sauce espagnole mehr beeindruckt als ich. Wir saßen nebeneinander, kochten zusammen, teilten uns das Zimmer. Ja, wir arbeiteten sogar abends zusammen in einem vornehmen Landhaus aus dem achtzehnten Jahrhundert, wo es Käsesuppe, Kalbsschnitzel und »Desserts vom Wagen« gab. Aber Andy kannte Dinge, von denen ich nicht einmal träumte: Restaurants, wo es Lachs im Teigmantel gab, mit Rosinen und Ingwer, wo Schweinefleisch gegrillt und mit geschmolzenem Gruyère darauf serviert wurde und wo man ziegelrote Fischsuppe mit gerösteten Weißbrotscheiben, geriebenem Käse und rostbrauner Rouille bekam. Er sprach von Restaurants mit Namen aus einer anderen Welt: dem Horn of Plenty und dem Hole in the Wall, dem Wife of Bath und dem Carved Angel.

Während Andy und ich die Wochentage zusammen verbrachten, waren seine Wochenenden und freien Abende strikt für Lorella reserviert. Ich brauchte ewig, um ihn zu überreden, mit mir essen zu gehen, aber dann wurde es zu einer festen Einrichtung. Wir gingen mehrere bekannte Restaurants in der Gegend durch und fuhren oft eine Stunde oder länger, um irgendein Lokal zu erreichen, das von *Good Food Guide* mit dem begehrten »Mörser« prämiert worden war. Jedes Essen war eine grandiose Entdeckung: Zunge mit einer grasgrünen Sauce, Krebstorte aus Butterteig, Fischsuppe, die in einer weißen Porzellanterrine auf den Tisch kam, Hechtklößchen so groß wie Meringues, Kaninchen mit Speck und Senfsauce. Wir aßen Hauptgerichte, die kräftig nach Knoblauch, Basilikum, Rosmarin und Zitrone rochen. Nachspeisen, die nach Mokka und Bitterschokolade, Mandeln und Holunderbeeren schmeckten. So hatte ich mir Essen nie vorgestellt, auf schlichten weißen Tellern serviert, ohne mit Erbsen gefüllte Tomaten, gespritzte Türmchen Kartoffelpüree oder Rosen aus Tomatenschale. Dies waren Gerichte, die einfach nur dafür gemacht waren, genossen zu werden und nicht irgend jemanden zu beeindrucken.

Thornbury Castle war umgeben von zart gestreiften Rasenflächen und Reihen von Müller-Thurgau-Reben. Als wir durch das bogenförmige Tor fuhren, sahen wir eine Frau, die mit

einem Weidenkorb voll wilder Pilze zum Hintereingang ging, und ein junges Mädchen in Jeans und einer gestreiften Fleischerschürze, die mit einer Handvoll Dill von dem ummauerten Garten zurück zum Haus sprintete. Als wir auf den Vordereingang zugingen, ich in einem ziemlich fragwürdigen salbeigrünen Jackett, Andy in blauen Nadelstreifen und einer Krawatte mit faustgroßem Knoten, stieg uns aus dem offenen Küchenfenster ein Hauch von Knoblauch in die Nase. Es war windstill und warm, und in der schweren sommerlichen Luft hing der Geruch von frisch gemähtem Gras, Lavendel, Estragon, Himbeeren und hin und wieder Anissamen.

Der Weißwein kam in hohen Gläsern mit langen, dünnen Stielen und winzigen Wasserperlen an der Außenseite. Dazu gab es Anchovis in Blätterteig, frisch aus dem Ofen, und eine Schale voll fetter Oliven, die die Farbe eines Blutergusses hatten. Wir saßen in Sesseln am Kamin und bewunderten die Gobelins, die Krüge mit Lilien und die glänzende Holztäfelung. Die handgeschriebene Speisekarte enthielt manches Vertraute – Hühnerleberpastete und Zwiebelsuppe –, aber auch viel, was mir neu war: in Pernod und Sahne geschmortes Huhn, Lachs mit Dillsauce und Lamm mit Rosmarin und Aprikosen. Ich bestellte das Huhn mit Estragonsauce. Andy nahm die Kalbsroulade, die so groß war wie eine Cornish Pasty und zu der es eine dunkle, klebrige, mit Petersilie und feinen Zungen- und Gurkenstreifen gesprenkelte Sauce gab. Es war die Art von Essen, von der Joe Yates gesprochen hatte, Essen aus einer anderen Welt.

Dann kam etwas, das alles änderte. Es war das einfachste Gericht, das man sich vorstellen kann, und doch so vollkommen, so tröstlich, balsamisch und duftend. Es enthielt nur zwei Zutaten. Dünne Kartoffelscheiben, die im Ofen in Sahne gegart worden waren, mit einem leisen Hauch von Knoblauch, kaum wahrnehmbar, als wäre er mit einem Luftzug hereingeweht. Diese Pommes dauphinoises, oder, um sie bei ihrem richtigen Namen zu nennen, Pommes à la dauphinoise, waren schlicht und einfach das Wunderbarste, was ich je gegessen hatte, noch wunderbarer als Mums Flapjacks, Joans Lemon Meringue Pie und unendlich weit entfernt von allem, was ich in der Kochschule produziert hatte. Dieses warme, weiche, sahnige Essen ähnelte nicht einem Kuß oder einer Umarmung wie Marshmallows oder Irish Stew – das hier war der reine Sex.

Das Bistro

»Das heißt, du warst noch nie in London?« fragte Andy ungläubig. Man hätte meinen können, ich hätte gerade zugegeben, noch nie von den Beatles gehört zu haben. Und mit

diesen Worten stiegen wir in den Bus der Schule, der uns zur Gastronomiemesse »Hotelympia« nach London bringen sollte.

Wie die meisten Schüler auf solch alljährlichen Veranstaltungen, die sie gezwungenermaßen besuchen, sausten wir schneller durch die Reihen von Firmenständen, als man »automatischer Serviettenspender« sagen kann, und strebten dann einem Ort zu, irgendeinem, der weniger geisttötend war. Wir schnappten uns unsere Freundinnen Sally und Clare, die gerade aus den geweihten Hallen des Salon Culinaire verwiesen worden waren, weil sie über die Zuckerguß-Nachbildung des Eiffelturms (der erste Preis) gelacht hatten, und fielen in den nächstgelegenen Pub ein.

Ich war noch nie in einem Schwulenlokal gewesen, ja ich bin mir nicht einmal sicher, ob ich wußte, daß es so etwas gab. Andy schwor, er habe es erst gemerkt, als er aufs Klo gegangen sei, obwohl er nicht weiter ausführte, woran genau. Jedenfalls kam er eher erschüttert als aufgeregt wieder heraus – was ich darauf zurückführte, daß er auf einer Privatschule gewesen war. Wir verbrachten den Nachmittag damit, uns alle vier still, aber bis zum Anschlag zu betrinken, und machten uns dann auf den Heimweg zum St. Ermin, unserem Hotel im Stadtteil Victoria.

Ich hatte nicht vor, mit Sally zu schlafen, und sie auch nicht, mit mir. Es passierte einfach irgendwie. Andy und Clare warfen hin und wieder mit einem Kissen nach uns und brummelten etwas davon, daß wir noch einmal aufstehen müßten, um essen zu gehen. Ich sagte ihnen, wir regten nur gerade unseren Appetit an. Jedenfalls lief ich den Rest des Wochenendes mit diesem Ich-habe-gerade-gebumst-Gesicht herum. Wir schlenderten über die weichen, roten Plüschteppiche bei Fortnum & Mason und durch die widerhallenden, marmornen »Markthallen« von Harrods. Wir schlichen auf Zehenspitzen an den Teeregalen von Jacksons of Piccadilly vorbei und schlängelten uns durch die Straßen von Chinatown mit ihren ranzigen, exotischen Gerüchen und Stangen voll glänzender, mahagonifarbener Enten. Wir tranken Cocktails in der 007 Bar im Hilton, noch eine Runde in dem modernen, prunkvollen Inn on the Park und dann noch eine in einer Bar am Shepherd Market, die Andy in der Hoffnung gewählt hatte, uns ein paar Edelnutten zeigen zu können. »Wir sind wohl ein bißchen früh dran«, sagte er, offenkundig enttäuscht über den Mangel an Mädchen vom Fach. Clare und Sally fuhren zu Freunden nach Wimbledon, während Andy und ich essen gingen. Wir vereinbarten, uns später wieder zu treffen.

Wir aßen in einem Bistro mit Kiefernmöbeln, niedriger Decke und hübschen Bedienungen, die mit jedem flirteten, ohne Rücksicht auf Alter und Geschlecht. Ich mußte erst noch lernen, daß dies kein echtes Balzverhalten war, sondern nur dazu diente, mehr Trinkgeld einzusacken. Ein Bistro, in dem die flackernden Kerzen eine Atmosphäre schufen, die ein klein

wenig zu romantisch war, als daß zwei Kerle entspannt zusammen hätten essen können. Vor allem für einen, der am Wochenende Rugby spielte. Daß die Kellnerinnen uns für ein Paar hielten, machte die Sache nicht besser, auch wenn wir durchaus mitspielten. Zumindest ich, einerseits um Andy nervös zu machen, andererseits weil ich mich dabei seltsam wohl fühlte. Das Essen war absurd üppig: Auf Campari Sodas folgten gebackener Camembert mit einer Tunke aus roten Johannisbeeren und Orangen und dann Saltimboccas so groß wie die Insel Jersey. Zum Nachtisch aßen wir Profiteroles mit heißer Schokoladensauce, in jenem Jahr das obligatorische Dessert. Andy hatte vorgeschlagen, zu einem Chinesen zu gehen, aber ich hatte mit der erfundenen Begründung abgelehnt, daß ich auf Glutamat allergisch sei. Vor seinem weltgewandteren besten Freund Sex zu haben war eines – zuzugeben, daß man noch nie mit Stäbchen gegessen hatte, etwas ganz anderes.

Toast 3

Zur allgemeinen Belustigung fiel ich bei den Prüfungen durch. »Du hättest es geschafft, wenn sie Buchhaltung und Wirtschaft nicht mitgezählt hätten«, spottete einer meiner Lehrer, der wußte, daß Zahlen nie mein Ding gewesen waren.

Eines Dienstagvormittags traf ich mit einem Rucksack und gerade genug Geld für ein paar Scheiben Toast und einen schaumigen Kaffee in einem Lokal gleich beim Savoy in London ein. Ich fragte einen alten Mann, der in der dunklen, stinkenden Lieferantenzufahrt des Savoy Mülleimer ausleerte, und er wies nur in die Richtung der verwahrlosten, unterirdischen Gänge, die sich unter dem Hotel dahinschlängelten. Er war immer noch da, spritzte gerade seinen riesigen Müllförderkorb ab, als ich mit einer frisch gestärkten weißen Jacke über dem Arm, die die stolze Aufschrift »Savoy Grill« trug, wieder herauskam.

»Sie haben keine Unterkunft für mich«, sagte ich achselzuckend. Er schüttelte den Kopf und lachte matt, als hätte er das alles schon tausendmal erlebt. »Am besten gehst du zum Piccadilly Circus und stellst dich vor ein Schaufenster von Swan & Edgar«, sagte er. »Da kommt bestimmt bald einer und fragt dich, ob du ein Bett für die Nacht brauchst.«

»Wie, einfach so?« fragte ich.

»Ja, mein Sohn«, sagte er lächelnd. »Mach dir keine Sorgen, das klappt schon.«

Kleines ABC der Spezialitäten

Aga-Herd von einem schwedischen Nobelpreisträger 1929 erfundener, in England hergestellter Herd mit mehreren Backöfen und einem zentralen Heizsystem, an das oft auch die Warmwasserbereitung angeschlossen war; wurde in Großbritannien zum Statussymbol des gehobenen Mittelstands

Apple Crumble Auflauf aus Äpfeln mit Streuseln

Babycham (Markenname) perlender Birnenwein, der 1953 in Großbritannien auf den Markt kam und als eine Art Champagnerersatz vor allem für Frauen vermarktet wurde

Baked Alaskas Dessert, bei dem Eiscreme auf einem Teigboden oder Keks kurz mit einer Baiserhaube überbacken wird

Baked Beans weiße Bohnen in Tomatensauce

Battenberg Cake kastenförmiger Rührteigkuchen mit rot-weißem Schachbrettmuster, benannt zu Ehren der Vermählung der Enkelin von Queen Victoria mit Prinz Ludwig von Battenberg im Jahr 1884

Bombay-Ente eine Fischart, die, eingesalzen, getrocknet und in kleine Stücke geschnitten, in Indien als Beilage zu Reis- oder Currygerichten gegessen wird

Bourbon Biscuit zwei Kekse mit Schokoladenfüllung dazwischen (wie Prinzenrolle, nur rechteckig)

Branston Pickle klassische britische Pickle-Sorte: süß-sauer eingelegte und mit Zuckercouleur gefärbte Gemüsemischung

Bread-and-Butter Pudding süßer Auflauf aus Weißbrot, Butter, Eiern und Milch sowie Rosinen oder anderen Trockenfrüchten

Buttered Brazils klassische britische Bonbonart: Toffees mit einer ganzen Paranuß darin

Butterfly Cakes Rührteigtörtchen, von denen oben eine Scheibe abgeschnitten, in der Mitte geteilt und in Form von Schmetterlingsflügeln in eine Buttercreme darauf gesetzt werden

Cadbury's Flake (Markenname) Riegel aus gedrehter Blätterschokolade

Cadbury's MiniRolls (Markenname) kleine Fertigkuchen aus gefülltem Schokoladenteig

Camp Coffee (Markenname) im 19. Jahrhundert von der schottischen Firma Paterson entwickelter Instantkaffee, flüssiges Konzentrat aus Kaffeebohnen, Zichorien und Zucker

Caramel Wafer Keks mit mehreren Lagen Waffeln und Karamel, schottische Spezialität

Chocolate Chip Cookies Kekse mit Schokoladenstückchen

Chocolate Limes klassische britische Bonbonart: mit Milchschokolade gefüllte Limonenbonbons

Christmas Cake Früchtekuchen, der mit einer dünnen Schicht Marzipan umhüllt und mit Zuckerguß glasiert wird

Christmas Pudding traditionelles britisches Weihnachtsdessert aus im Wasserbad gegartem Teig mit Trockenfrüchten

Cordon Bleu *La Cuisinière Cordon Bleu* lautete der Titel einer Ende des 19. Jahrhunderts gegründeten Kochzeitschrift, auf deren Erfolg hin 1895 in Paris die Kochschule Le Cordon Bleu gegründet wurde, das wohl berühmteste Institut dieser Art

Cornish Ice Cream Eisspezialität aus Cornwall mit Rum, Rosinen, Früchten und »Clotted Cream«, einem Milchprodukt aus Südwestengland mit 55% Fett

Cornish Pasty mit Fleisch, Kartoffeln, Gemüse und Zwiebeln gefüllte Teigtasche, ursprünglich als komplette Mahlzeit für die Arbeiter in den Zinnminen von Cornwall gedacht

Cottage Loaf runder Weißbrotlaib aus zwei aufeinandergesetzten Teigballen

Cottage Pie Auflauf aus Rinderhack und Kartoffelpüree (s. Shepherd's Pie; die Meinungen, welches von den beiden Gerichten mit Rind und welches mit Lamm gemacht wird, gehen auseinander)

Creamola Foam (Markenname) schottisches Produkt, in Dosen verkauftes Pulver, das in Wasser gelöst ein süßes, schäumendes Getränk mit verschiedenen Geschmacksrichtungen ergibt, bis in die achtziger Jahre hinein beliebtes Getränk für Kinder

Cream Soda süßes Erfrischungsgetränk mit Kohlensäure und Vanillegeschmack

Crossroads beliebte britische Fernsehserie (1964–1988) um einen von Noel Gordon gespielten Motelbesitzer in Mittelengland

Crumpets flache Brötchen aus einem Hefe-und-Backpulver-Teig, die in speziellen Crumpet-Ringen in der Pfanne auf dem Herd gebacken werden

Custard Vanillesauce, die im Vergleich zu der bei uns bekannten mehr Eier enthält

Dandelion & Burdock (»Löwenzahn und Klette«) süßes, klassisches britisches Erfrischungsgetränk mit Kohlensäure

David, Elizabeth einflußreiche britische Kochbuchautorin, die mit ihren Büchern in den fünfziger Jahren die italienische und ländliche französische Küche in Großbritannien bekannt machte

Digestive Biscuits (»verdauungsfördernde Kekse«) klassische britische Kekssorte, Butterkekse mit Vollkornmehl

Double Cream Sahne mit mindestens 48% Fett

Escoffier, Auguste Auguste Escoffier (1846–1935), der »König der Köche«, Meister der klassischen französischen Kochkunst und Reformator der Küche des 20. Jahrhunderts

Flapjacks in Großbritannien ein flacher Kuchen aus Haferflocken, Butter, Zucker und Sirup, der traditionell zum Tee gereicht wird

Fairy Cakes Rührteigtörtchen mit Sultaninen (oder anderen Zutaten) und Zuckerguß, beliebtes Kinderrezept

Gammon naß gepökelte Schweinekeule

Garibaldi Biscuits rechteckiger Keks mit Rosinen

Gentlemen's Relish Paste aus Butter, Sardellen, Kräutern und Gewürzen

Gobstoppers (»Maulstopfer«) klassische Bonbonart, kugelförmige Bonbons mit mehreren Schichten, die jeweils eine andere Farbe und einen anderen Geschmack haben und sich im Mund nur sehr langsam auflösen

The Golden Shot beliebte britische Gameshow der sechziger und siebziger Jahre, in der Teilnehmer aus dem Publikum oder Fernsehzuschauer einen Kameramann, dem die Augen verbunden waren, anwiesen, mit einer an der Kamera befestigten Armbrust auf ein Ziel zu schießen

Golly Die Negerfigur Golliwogg war die Hauptgestalt einer um die Jahrhundertwende erschienenen beliebten Kinderbuchserie von Bertha und Florence Upton. Die Firma Robertson machte ihn 1910 als »Golly« zu ihrem Maskottchen und verschenkte seit den zwanziger Jahren bis 2001 als Treueprämie Golly-Anstecknadeln, die ein beliebtes Sammelobjekt sind.

Horse Brasses am Pferdegeschirr angebrachte Messingplaketten, in Großbritannien beliebtes Sammelobjekt

HP Sauce Anfang des 20. Jahrhunderts erfundene braune Fertigsauce auf der Basis von Malzessig; »HP« steht für »Houses of Parliament«, wo diese Sauce angeblich im Restaurant serviert worden sein soll

Irish Stew im Ofen gegarter Schmortopf mit Hammel- oder Lammfleisch, Kartoffeln und Zwiebeln

Jam Tarts mit Marmelade gefüllte Törtchen aus Pie-Teig

Jammie Dodgers (Markenname) Kekse mit Marmeladenfüllung

Kipper aufgeklappter, eingesalzener und dann kalt geräucherter Hering, den man in England pochiert, gegrillt oder in der Pfanne gewärmt zum Frühstück ißt

Lemonade and Lime nichtalkoholischer Cocktail aus Limonade und Limonensaft

Lemon Curd Brotaufstrich aus Zitronensaft, Butter, Zucker und Eigelb

Lemon Meringue Pie traditionelle Pie mit einer Füllung aus angedicktem Zitronensaft und Eigelb sowie einer Baiserhaube

Love Hearts herzförmige Brausepulverbonbons mit aufgedrucktem romantischen Text

Marmite Soldiers Marmite (Markenname) ist ein Hefeextrakt; Marmite Soldiers sind Toaststreifen mit Butter oder Margarine und Marmite, in den fünfziger und sechziger Jahren klassische britische Frühstückskost für Kinder

Milk Stout dunkles Bier, das durch die Zugabe von Milchzucker vor der Gärung eine gewisse Süße behält

Mince Pie Pie mit einer Füllung aus Äpfeln, Rosinen, Korinthen, Zitronat etc. und manchmal noch Fleisch

Munchies (Markenname) Milchschokolade, gefüllt mit weichem Karamel und Keks

Mushroom Ketchup kein Tomatenketchup, sondern eine traditionelle britische Pilzsauce, die auch fertig in Flaschen verkauft wird

Narnia der Schauplatz der sieben Bücher umfassenden »Chronicles of Narnia« des aus Belfast stammenden Autors Clive S. Lewis, in deren erstem Band *The Lion, the Witch and the Wardrobe* (1950; dt. *Der König von Narnia,* 1977) vier Kinder durch einen Schrank in das Zauberland Narnia gelangen

Piccalilli klassische britische Pickle-Sorte: in Essig eingelegtes gemischtes Gemüse mit Ingwer, Senf und Kurkuma

Pie gefüllte Pastete oder Kuchen aus einem Teig aus Mehl, Fett und Wasser (s. aber Cottage Pie und Shepherd's Pie) mit oder ohne Teigdeckel

Porridge traditioneller britischer Frühstücksbrei, in der ursprünglich schottischen Version aus in Wasser gekochtem Hafermehl mit Salz, sonst zum Teil aus Haferflocken, gesüßt und in Milch gekocht

Randall & Hopkirk *(Randall & Hopkirk [Deceased])* beliebte britische Krimiserie um zwei Privatdektektive, von denen der eine verstirbt, seinem Partner und Freund jedoch als Geist weiterhin bei den Ermittlungen zur Seite steht

Refreshers (Markenname) Kaubonbons mit Brausepulver

Ribena (Markenname) ursprünglich als Vitamintrunk für Kinder vermarktetes Getränk mit Johannisbeersaft

Rice Pudding süßer Milchreis-Auflauf

Ring of Fire	(Markenname) eine in den USA hergestellte scharfe Chili-Tomaten-Sauce
Rock Cakes	»steinförmige«, schnell »steinhart« werdende Küchlein aus festem Teig mit Trockenfrüchten
Salad Cream	(ursprünglich Markenname) von Heinz 1914 auf den Markt gebrachte Mayonnaisesauce aus der Flasche, die zu einem britischen Standardprodukt wurde
Salade Tiède	(»lauwarmer Salat«) Blattsalat mit warmen Zutaten (z. B. gebratenem Speck)
Scones	traditionelle südwestenglische Brötchen aus Backpulverteig, die man nachmittags zum Tee ißt
Shandy	Bier mit Limonade
Shepherd's Pie	Auflauf mit Lammhackfleisch und Kartoffelpüree (s. Cottage Pie)
Sherbet Fountains	mit Brausepulver gefüllte Papierröhren mit einer Lakritzstange in der Mitte
Sherbet Lemons	klassische britische Bonbonart, mit Brausepulver gefüllte Zitronenbonbons
Sponge Cake	(»Schwammkuchen«) Torte bestehend aus zwei Böden aus einem lockeren Rührteig und einer Marmelade- oder Cremefüllung
Sponge Pudding	im Wasserbad gegarter oder im Ofen gebackener Pudding aus Rührteig

Steak-and-Kidney Pie	mit Steakwürfeln und gehackten Rindernieren gefüllte Pie
Steak-and-Kidney Pudding	ähnlich der Steak-and-Kidney Pie, nur im Wasserbad gegart
Syllabub	Weinschaumcreme
Toffee Crisp	(Markenname) Riegel aus Puffreis mit Karamel in einer Schokoladenhülle
Top of the Pops	seit 1964 vom BBC ausgestrahlte Fernsehshow, das britische Äquivalent zur deutschen *Hitparade*
Treacle Sponge Pudding	Sponge Pudding, der mit Sirup übergossen wird
Treacle Tart	Torte aus Pie-Teig mit einem Belag aus Sirup und Semmelbröseln
Trifle	(»Kleinigkeit«) klassische britische Süßspeise, bei der mit Alkohol getränkte Sponge-Böden, Früchte und Custard (und gegebenenfalls noch andere Zutaten) in einer Glasschüssel übereinandergeschichtet werden
Turkish Delight	Fruchtgelee-Konfekt aus Zucker und geliertem Rosenwasser
Typisch Lucy	*(I Love Lucy)* beliebte amerikanische Sitcom (1951–1957) um den kubanischen Nachtclubmusiker Ricky Ricardo (Desi Arnaz) und seine Frau Lucy (Lucille Ball), die versucht, ihrem Hausfrauen-

dasein zu entfliehen, und in allerlei absurde Situationen gerät

Victoria Sandwich Cake klassische englische Torte aus zwei Sponge-Böden, mit Marmelade (und gegebenenfalls Sahne) gefüllt

Walnut Whip (Markenname) Schokoladenpraline mit Cremefüllung und einer Walnuß obendrauf, im Dreier- oder Fünferpack vertrieben

Welsh Rarebit mit einer Mischung aus Butter, geschmolzenem Käse, Senf und gegebenenfalls Ei überbackener Toast

Williams, Kenneth britischer Fernseh- und Comedy-Star (1926–1988), dessen Markenzeichen der beschriebene Gesichtsausdruck war

Yorkshire Pudding Küchlein aus Mehl, Eiern und Milch, ursprünglich unter dem sich am Spieß drehenden Roastbeef gebacken, so daß der Fleischsaft darauf tropfte, in der Regel als Vorspeise oder Beilage zu Fleisch serviert

Ich danke Louise Haines, Araminta Whitley und Allan Jenkins für ihre Unterstützung, Geduld und Ermutigung sowie Justine Picardie, die die zuerst im Observer *erschienene Kurzgeschichte in Auftrag gab, auf der dieses Buch basiert.*

Vom Autor von »Billy Elliot« LEE HALL
Toast
Helena Bonham Carter
Ken Stott
Freddie Highmore
www.mfa-film.de
AB 11. AUGUST 2011 IM KINO!
AB DEZEMBER 2011 AUF DVD UND BLU-RAY ERHÄLTLICH!